Rüdiger Nehberg
Echt verrückt!

Erlebte Geschichten

Mit 17 Cartoons von
Kim Schmidt und zahlreichen Fotos

Ein MALIK Buch
Piper München Zürich

Fotonachweis
Klaus Denart (S. 99, 103), Daniel Grolle (S. 25), Christina Haverkamp (S. 20),
Klaus Lucht (S. 61, 62), Kirsten Nehberg (S. 127), Maggy Nehberg (S. 231, 257),
Rüdiger Nehberg (S. 118, 124, 125, 137, 145, 155, 157, 181, 207), Christine Schmidt
(S. 173), Frank Stange (S. 163), Michael Teichmann (S. 11)

Von Rüdiger Nehberg liegen in der Serie Piper vor:
Überleben in der Wüste Danakil (1809)
Die Kunst zu überleben – Survival (2622)
Survival-Abenteuer vor der Haustür (2715)
Medizin Survival (2717)
Survival-Lexikon (3055, 6110)
Abenteuer am Blauen Nil / Drei Mann, ein Boot, zum Rudolfsee (Doppelband, 3251)
Mit dem Baum über den Atlantik (3607)
Die Yanomami-Indianer (3922)
Echt verrückt! (4324)

Ungekürzte Taschenbuchausgabe
März 2005
© 2003 Piper Verlag GmbH, München,
erschienen im Verlagsprogramm Malik
Umschlagkonzept: Büro Hamburg
Umschlaggestaltung: Birgit Kohlhaas
Umschlagfotos: Annette Weber
Satz: EDV-Fotosatz Huber / Verlagsservice G. Pfeifer, Germering
Druck und Bindung: Clausen & Bosse, Leck
Printed in Germany   ISBN 3-492-24324-X

www.piper.de

Inhalt

Vorwort 7

Umarmung des Pythons 9
Meine Rache an den Yanomami 19
Abdallah Rudi 29
Das erste Kondom 41
Das erste Rendezvous 49
Aller Anfang ist schwer 54
Der Frosch 61
Lausebande 64
Die Kobra 79
Die Reise im Sarg 97
Um die Wurst 104
Alois, der Schlangen-Yogi 111
Ins ausverkaufte ABBA-Konzert 120
Susi 128
Grab des Grauens 136
Die armen Clarissen 144
Telefonterror 156
Hella von Sinnen 161
Die Ohnmacht 168
In der ersten Reihe 171
Der Autogrammjäger 176
Mordverdacht 182
Die Beerdigung 192

Das Gebiss *199*
Zum Kotzen *205*
Die Ehevermittlerin *210*
Der Hauptgewinn *228*
Der Feinschmecker *245*
Waidmannsheil! *249*
Adel verpflichtet *254*

Nachwort *265*
Ein Appell an meine Leserinnen und Leser *266*

Vorwort

Es gibt Geschichten, die gibt's gar nicht. Und genau die möchte ich hier erzählen. Es sind Erlebnisse, die in anderen Büchern keinen Platz hatten, weil sie zu den jeweiligen Themen nicht passten. Es sind Anekdoten aus dem Freundeskreis, der Familie, der Leserschaft. Geschichten zum Schmunzeln, zum Lachen, zum Gruseln, zum Staunen. Jede einzelne ein Kabinettstückchen. Zu schade, sie alle hintereinander zu lesen. Genau richtig zum häppchenweise Konsumieren. Zum Beispiel als abendliche Gutenachtgeschichte. Einige dieser Geschichten mag man aus der Presse oder dem Fernsehen kennen. Ihren Ursprung hatten sie bei mir am Lagerfeuer.

Da Interessantes – laut BILD – keiner langen Sätze bedarf, halte ich auch das Vorwort kurz. Lediglich noch ein paar Zitate von anderen:

»*Es wäre ein Jammer, wenn diese völlig verrückten Geschichten der Welt verloren gegangen wären.*«
Martin Tzschaschel,
stellvertretender Chefredakteur von P.M.

»*Wenn bei Nehbergs Dia-Vorträgen das Licht ausginge – keiner würde es merken. So kann der Mann erzählen.*«
Axel Brümmer und Peter Glöckner,
neidlose Konkurrenten im Lichtbilder-Vortragsgeschäft

»Dieser Typ und seine Geschichten! Sie beweisen: Verrücktes zieht sich an. Beide herrlich durchgeknallt. Ich beneide ihn um seinen Lebenslauf.«
Bertel Bühring,
Chefredakteur bei Radio GONG, Würzburg

»Jemand, der es als Konditor versteht, den Verzehr von Insekten und Gewürm gesellschaftsfähig zu machen, ohne dabei Pleite zu gehen, der stattdessen zum umweltfreundlichsten Insektenvertilgungsmittel avanciert und das Thema Survival mit Selbstversuchen, die an Selbstmord grenzen, europaweit zu einer neuen Branche durchsetzt, der kann nicht nur verrückt sein. Der hat auch etwas mitzuteilen.«
Joachim Jessen, mein früherer Verleger

»Die irren Geschichten des Rüdiger Nehberg sind ein Lebenslauf der ganz speziellen Art. Eine Vita, die ihresgleichen sucht. Es sind Episoden, die man verfilmen müsste. Brüllkomisch, witzig bis aberwitzig, unglaublich manchmal, aber doch allesamt wahr.«
Bettina Feldweg, meine Lektorin im Piper Verlag

»Ein wirklich unmöglicher Mensch!«
Nehberg über Nehberg

Und hier sind sie: **meine verrückten Geschichten!**

Viel Lesefreude wünscht allen

Rüdiger Nehberg

Umarmung des Pythons

»Ich lasse mich von einer Riesenschlange probewürgen! Kannst du mich abwickeln, wenn ich es nicht schaffe, mich selbst zu befreien?«

Klaus, mein langjähriger Freund, verspricht es.

Seit meiner Kindheit hatte ich mich für Schlangen interessiert und viele Jahrzehnte auch selbst Schlangen gehalten. Giftige, wohl verschlossen in Terrarien. Ungiftige Riesenschlangen in einem großen Tropenraum.

Wenn ich die Schlangen wöchentlich fütterte, wunderte ich mich, dass manche der lebenden Futtertiere beim Würgevorgang sofort starben, während andere lange und qualvoll litten. So lange, dass ich mich dann jedes Mal entschloss, die Opfertiere per Kopfschuss mit dem Luftgewehr zu töten, ohne die Schlange zu verletzen. Lieber hätte ich tote Tiere von der Landstraße verfüttert. Aber Schlangen nehmen nur selten tote Nahrung an.

Den *schnellen* Tod der Opfer führte ich darauf zurück, dass die Reptilien ihnen mit ihrer ungeheuren Kraft spielend den Brustkorb zerdrückten, auf dass die Knochen krachten. Tod durch Kraft, schnell wie ein Schuss ins Herz. Den *langsamen* Tod hielt ich für das weniger schnell funktionierende Erwürgen.

Welche Gefühle die Opfer dabei wirklich erlitten, wollte ich nun am eigenen Leib erfahren. Gesichert durch meinen Freund Klaus, den Abwickler. Mit Klaus habe ich 1977 in viereinhalb Monaten die Danakilwüste in Äthiopien durchwandert. Später gründete er die Firma *Globe-*

trotter Ausrüstung, inzwischen Europas größter Anbieter für jegliches Reisevolk. Auf Klaus war Verlass. Notfalls würde er der Schlange die Kehle durchbeißen.

Angeregt zu dem Entschluss hat mich mein Felsenpython. Ein Prachtexemplar von viereinhalb Metern Länge und etwa 100 Pfund Schwere. Aber nicht nur diese Maße machen das Tier zu etwas Besonderem. Es ist seine Aggressivität. Im Gegensatz zu meinen Tigerpythons und der Anakonda war dieser Felsenpython ungewöhnlich aggressiv. Näherte ich mich ihm auf weniger als anderthalb Meter, ging er sofort zum Angriff über. Wie ein Faustschlag schnellte er dann mit offenem, zahnbewehrtem Mund in die Höhe und versuchte, sich in mir zu verbeißen. Ein ideales Versuchstier also.

Schon ein Ein-Meter-Tier ist in der Lage, die Schlagader abzuklemmen. Ich hatte das manchmal erlebt, wenn ich das Troparium reinigte. Um junge Riesenschlangen bei den Arbeiten nicht nervös zu machen, legte ich sie mir um den Hals. Normalerweise verhalten sich die Tiere dort ruhig. Aber nicht immer. Um nicht zu Boden zu fallen, ziehen sie ihre Körperschlingen etwas fester zusammen und schnüren mir damit unbeabsichtigt die Blutzufuhr zum Kopf ab. Dann ist es manchmal eine Frage von Sekunden. Es wird einem schwarz vor Augen und man muss mit schnellem Griff die Schlinge lockern. Bei einem kleinen Tier ist das kein Problem. Aber wie verhält es sich mit dem großen Reptil? Würde ich seine Umarmung auch noch lockern können? Wohl kaum. Und erst recht nicht, wenn meine Arme in den Schlingen unbeweglich eingeschnürt wären. Deshalb also meine Vorsicht. Lieber feige als tot. Freund Klaus ist mein Sicherheitsbeauftragter.

»Wenn ich *Jetzt* sage, wickle mich vom Schwanz her ab!«, instruiere ich ihn. »Oder wenn es mir die Sprache verschlägt und mein Gesicht blau anläuft.«

»Bist du sicher, dass ich das schaffe?« Klaus kennt sich mit Pferden aus, nicht mit Schlangen.

»Ganz sicher. Im Schwanz haben sie keine Kraft. Der Schwanz ist ihr Schwachpunkt. Sobald du sie von dort abwickelst, löst sie den Biss. Wahrscheinlich kriegt sie dann sogar einen gewaltigen Schock, einen Minderwertigkeitskomplex, weil sie so was noch nie erlebt hat. Würdest du vom Kopf her anfangen, mich zu befreien, und mit bloßen Händen versuchen, ihre Kiefer zu öffnen, wäre das kaum möglich. Zu fest ist ihr Biss, zu spitz sind die Zähne. Du würdest dich verletzen. Ihre Zähne sind wie schmutzige Injektionsnadeln. Sie gehen tief ins Fleisch, hinterlassen so gut wie keine blutenden Wunden. Der Schmutz bleibt im Gewebe. Du würdest dir schlimme Entzündungen zuziehen. Bis hin zur Blutvergiftung.«

»Mit anderen Worten: Auch ungiftige Schlangen sind giftig«, schlaumeierte Klaus. »Nicht du bist hier also gefährdet, sondern ich! Was mache ich denn, wenn ich es nicht schaffe? Vielleicht verkrampft sie sich beim Würgen. Wie die Füße der Vögel, die auf einem Baum sitzen. Vielleicht liegt sie wie ein Stahlseil um deinen Körper.«

Gott, hatte der Fragen! Mit seinem Globetrotter-Imperium ging er jedes Risiko ein, aber hier ließ er den Besorgten raushängen.

»Ich bin sicher, dass sich da nichts verkrampft. Du wirst es schaffen. Ich habe einmal ein bereits ergriffenes großes Opfertier auf diese Weise aus den Wicklungen einer Schlange befreit. Es war ganz leicht.«

Dass es sich dabei um Nurmi, unseren geliebten Mischlingshund gehandelt hatte, verschwieg ich mit Rücksicht auf den Familienfrieden. Er hatte sich unbemerkt während der Fütterung im Troparium zu mir gesellt. Ich gewahrte ihn erst, als sich die Anakonda hinter mir aus dem Baum fallen ließ, ihn ergriff und umarmte.

Klaus glaubt mir nicht. Vorsichtshalber legt er sich ein Messer bereit. Tierquäler.

»Wehe, du tust meiner Schlange was zuleide!«, drohe ich ihm.

Dann kann es losgehen. Gegen die nadelspitzen Zähne meines Felsenpythons sichere ich mich mit einem gefütterten Parka. Den Kragen klappe ich hoch. Schlangen greifen ihre Opfer bevorzugt am Hals. Die Zähne ersetzen dem Tier die fehlenden Hände. Mit den Zähnen halten sie sich fest. Dann ziehen sie in derselben Sekunde ihre Schlingen nach, peitschen sie um den Brustkorb des Opfers und ziehen zu.

Ich bin mir ganz sicher, dass es dem Python niemals gelingt, meinen Brustkorb einzudrücken. Erstens ist er elastisch. Zweitens ist er rund. Kreise, Eier, Bogen, Rohre – alles Runde ist zu stabil, um zerdrückt zu werden. Also auch mein Brustkorb. Er fällt unter die Kategorie Rohr, Betonring. Als es noch keine Eisenträger gab, hat man mit runden Bogen gewaltige Kirchen und Brücken gebaut, die Hunderte Tonnen Gewicht trugen. Ich hingegen brauche nur dem Druck der Python zu widerstehen. Klaus' Frage ist einfach lachhaft. Aber vielleicht sorgt er sich ja wirklich um mich.

Ich hole das Tier aus dem Troparium ins Freie. Damit es nicht jetzt schon beißt, halte ich es mit einer Hand direkt hinterm Kopf. Sein Körper liegt in Windungen auf meinen Schultern. In diesem Zustand vermag es nicht zuzuziehen. Es ist Sommer und warm. Das Tier wird sich nicht erkälten. Schlangen sind Wechselblüter und nur dann in Hochform, wenn sie ihre gewohnte Vitaltemperatur haben.

Sie liegt auf dem Rasen und ringelt sich sofort auf. Wie eine Hefeteigschnecke. Ihre Habtachtstellung. Der züngelnde Kopf in der Mitte. Nur so kann sie ihren gesamten Körper optimal verteidigen. Schlange und Power kompakt. Sie zischt. Ihre Warnung. Ihre Körperwindungen reiben sich aufgeregt aneinander. Imponiergehabe. Mich kann sie nicht beeindrucken. Ich kenne ihre Tricks. Sie verrät mir damit lediglich ihre Erregung. Auch ich bin aufgeregt. Wie vor allem, das man zum ersten Mal macht. Es wird schon klappen.

Kaum habe ich ihren Hoheitsbereich von anderthalb Metern überschritten, schnellt sie wie ein Pfeil von der Sehne in die Höhe. Diagonal. Mit geöffnetem Mund. Treffsicher verbeißt sie sich im Kragen. Volltreffer, obwohl ich im Reflex doch zurückzucke. Keiner der Zähne scheint bis auf die Haut durchgedrungen zu sein. Zeit zum Nachdenken lässt sie mir nicht. Zubeißen und die Schlingen um den Körper peitschen sind ein Vorgang. Wie ein Schlag. Wie eine Peitsche, die man um einen Pfahl schlägt. Zwei schenkelstarke Windungen umschließen Arme und Brustkorb. Die Wucht des Angriffs lässt mich zu Boden stürzen. Da liegen wir nun. Wäre sie eine Anakonda, die mich am Flussufer erwischt, würde sie mich nun ins Wasser ziehen. Dort hätte ich null Chancen. Sie kann 20 Minuten die Luft anhalten. Ich mal gerade eine einzige. Am Wasser würde ich das Experiment nicht wagen. Hier an Land entfällt das Risiko. Alles ist nur Spiel. Bestimmt wäre ich sonst aufgeregter. Zumal ohne Klaus.

Ich bin überrascht. Alles geht so irre schnell. Längst hat sie weitere Schlingen nachgeordert. Sie spielt mit mir Kohlrouladenwickeln.

Das Erste, das ich spüre, ist der Druck der Schlingen. Aber er ist völlig anders, als ich erwartet habe. Ich hatte damit gerechnet, dass sie augenblicklich und nach Kräften zuziehen und mir, pffft, die Luft aus der Lunge drücken würde. Das tut sie nicht. Vielmehr fühle ich mich nur fest umschlungen. Wie bei einer Liebesumarmung nach sehr langer Trennung. Aber nicht mehr und nicht weniger. Nur nicht ganz so erotisch. Ich bin überrascht und ein wenig enttäuscht. Ich hatte Mordskräfte erwartet und nun hält sie sich lediglich an mir fest. Hat sie Mitleid mit mir, weil ich ihr Futterbeschaffer bin? Oder ist sie schlapp?

Wenn das alles ist, kann ich mich selbst befreien, denke ich noch. Aber weitere Gedanken erstickt sie bereits im Keim. Ich bin aufgeregt und habe eine entsprechend schnelle Atmung. Kaum habe ich ausgeatmet, da haben sich ihre Muskeln synchron dem engeren Brustkorb angepasst und geben keinen Millimeter nach. Wie eine Metallschelle, mit der man per Schraubenzieher einen Schlauch am Wasserhahn befestigt. Und das scheinbar ohne jede Anstrengung. Auf jeden Fall ohne Schraubenzieher.

Um doch noch Luft zu bekommen, muss ich also *noch* tiefer ausatmen. Natürlich kennt sie meine Tricks und hat sofort wieder zwei Zentimeter nachgezogen. 20 Millimeter, die meine Niederlage bedeuten. Ihr ganzer Körper ist eine gewaltige Spannfeder. Ich versuche erneut, noch tiefer auszuatmen und gleichzeitig mit den Armen ihrem Druck zu widerstehen. Ich will mir einen Atemfreiraum schaffen.

Seitwärts sehe ich ihren Mund in meinem Parka. Ich glaube, sie lacht. Dazu hat sie allen Grund. Noch sind wir keine Minute zu Gange und ich habe schlechte Karten.

»Warte, Pythy«, wage ich einen Schnellschwur, »das gibt vier Wochen Nahrungsentzug!« Dabei weiß ich, dass vier Wochen Fasten für eine Schlange gar kein Thema sind. Auch da ist sie mir haushoch überlegen. Sie kann notfalls zwei Jahre ohne Nahrung auskommen. Eine Fähigkeit, von der ich nur träumen kann. Einmal um die Welt ohne Nahrung.

Sie ist weiterhin voll auf Spannung. Wie ein Gummiband. Meine Arme kommen gegen diesen Kompaktmuskel nicht an. Eine animalische Hydraulik, um die jeder Bagger sie beneiden würde. Mir bleibt nur noch die Möglichkeit zu hecheln. Sofort ist mir klar, dass ich auch damit keinen Milliliter Sauerstoff reinziehen kann. Spätestens jetzt habe ich verspielt. Es ist mir klar, dass ich mich von jeglicher Luft verabschieden kann. Ich gebe auf.

»Jetzt!«, krächze ich Klaus zu. Immerhin, das kriege ich noch zustande. Wer weiß, ob ich gleich noch sprechen kann, und weiß der Teufel, wann ich blau anlaufe und ob Klaus überhaupt von selbst darauf kommt, einzugreifen.

»Jetzt schon? Warum krächzt du den so heiser? Du hast doch noch gar nicht angefangen!« Klaus und sein Humor. Und lach mal einer, wenn er keine Luft kriegt. Zumindest das lerne ich nebenbei: auch zum Lachen bedarf es der Luft.

»Nun mach schon!«, hauche und fauche ich. Es wird verdammt eng. Im wahrsten Sinne des Wortes. Vielleicht des letzten Wortes, wenn er noch weitere blöde Fragen stellt. Eigentlich hatte ich mir meine letzten Worte anders vorgestellt. Inhaltsschwerer. Und nicht nur simpel »Jetzt!«

»Nun mach schon, Klaus! Sein Kopf läuft rot an«, mischt sich jemand ein. Das ist der Fotograf. Er muss es wissen. Er macht Farbfotos.

Aha, ich laufe also *rot* an und nicht *blau*, registriere ich. Schon wieder etwas dazugelernt. Der reinste Crashkurs heute. Solcher und ähnlicher Schwachsinn geht mir durch den Kopf, während das Reptil mich weiter wie ein Paket verschnürt. Doppelknoten, Dreifachknoten.

Endlich greift Klaus das Reptil am Schwanz und löst den ersten Wickel. Offenbar mühelos.

»Mach schnell«, drängt der Fotograf. »Seine Augen werden ganz dick.«

Das sieht nun auch Klaus und löst – endlich etwas schneller – den nächsten Wickel. »Geduld, Geduld, ich will dem Tier ja nicht wehtun!« Dabei grinst er sogar, während mir die Augen aus dem Kopf gepresst werden.

Da verreckt sein bester Freund, und er lässt sich Zeit für Witzchen. Selbst jetzt geht ihm Tierliebe vor Freundesliebe. Wie heißt es so treffend? Freunde in der Not, tausend auf ein Lot. Das trifft genau zu. Klaus ist ein Typ, der Ölsardinen nur isst, um sie aus der Enge der Dose zu befreien. Wie eng es um mich steht, ist ihm egal.

Ich bereue bereits, ihn als Abwickler gewählt zu haben. Warum habe ich nicht jemanden aus seinem Paketversand genommen! Einen, der sich mit Paketen und Knoten perfekt auskennt? Schlechte Planung, gestehe ich mir unhörbar ein.

Endlich greift Klaus kräftiger zu und wickelt sich voran bis zur ersten dicken und entscheidenden Schlinge. Eine der beiden, die mein Leben besonders einschränken. Er hat sie gerade gelöst – da gibt der Python auf. Die andere Umwindung ist plötzlich locker. Ich atme tief durch. Wie kostbar doch Luft sein kann! Das weiß man immer erst dann zu schätzen, wenn sie einmal knapp wurde. Beim Tauchen oder unter der Bettdecke. Gerade will ich mich bedanken, bei Klaus und der Schlange, da schnellt sie mit offenem Mund auf ihn zu. Schlangenrache! Ha. Er kann sich gerade noch zur Seite werfen. Der Biss geht daneben. Vielleicht ist die Attacke auch nur als Drohung gedacht. Aber gegönnt hätte ich Klaus und dem Tier einen Treffer. Auge um Auge.

Ich stehe wieder auf den Beinen.

Mit langer, gummigepolsterter Astgabel drücke ich den Kopf der Schlange ins Gras und greife sie hinter dem Kopf. So ist sie wieder machtlos. Zu zweit tragen wir das aufgeregte, laut zischende Tier zurück in seinen Raum.

Der Versuch hat nur wenige Augenblicke gedauert. Viel kürzer, als ich gedacht habe. Wir sitzen auf der Veranda und ich will gerade beginnen, Klaus und den Gästen von der neuen Erfahrung zu berichten. Da merke ich, wie mir der Schweiß aus allen Poren meines Kopfes schießt. So, als stünde ich unter der Dusche. Ich brauche ein Handtuch, um das Wasser zu bändigen.

Im gleichen Moment beginnt mein Herz zu rasen: wum, wum, wum ... Ich habe das Gefühl, als wolle es aus dem Hals springen und mich verlassen, weil ich ihm zu viel zugemutet habe. Mir ist, als müsste ich es bei jedem Schlag zurückstecken.

Ganz offensichtlich hat mein Körper unbewusst doch viel mehr Lebensnot durchgestanden als mein Verstand. Denn nicht eine Sekunde lang hatte ich vorher Angst empfunden.

Erst sehr allmählich beruhigt sich mein Kreislauf wieder. Der Schweiß versiegt. Das Herz pocht normal. Und dann, nach etwa einer halben Stunde, kommt ein drittes ungewohntes Gefühl hinzu. Keine Angst, keine Panik, keine Nervosität. Es ist eine völlig neue Erfahrung. Ein ungeheures Glücksgefühl durchströmt mich. Mir ist, als hätte ich soeben eine exzellente Ganzkörpermassage erhalten. Durchgeknetet bis in den letzten Zipfel meiner Lunge und Därme.

Seitdem rate ich jedem, der einmal auf sehr besondere Art massiert werden möchte, zu einer Umarmung durch eine Riesenschlange.

Meine Rache an den Yanomami

Die Indianer rüsten sich zur Jagd. Zu gerne will ich mit. Nirgends kann man so schnell und so viele Survival-Tricks dazulernen, wie wenn man mit Landeskundigen zu Fuß unterwegs ist.

»Nein!« Der Dorfchef lehnt kategorisch ab. »Ihr Weißen könnt nicht schleichen.« Ich schwöre, dass ich es doch kann.

»Ich gehe barfuß wie ihr, gehe als Letzter und trete immer in die Fußstapfen meines Vordermannes«, gelobe ich.

Weil es mir an Vokabeln mangelt, demonstriere ich meine Absichten sogleich praktisch. Mit viel Gestik, mit viel Übertreibung. Indianer lieben das. Alle Völker lieben das. Die Jagdgruppe belohnt mein akrobatisches Debüt mit großem Gelächter, aber keiner macht Anstalten, seine Meinung zu ändern. Sie haben ihre Erfahrungen mit den weißen Tollpatschen. Und die sind negativ.

Nachdem ich mit meinem Schauspielauftritt durchgefallen bin, greife ich zur Weltwunderwaffe: Bestechung. Indianer sind nicht minder korrupt als Weiße, Schwarze und Bunte aller Schattierungen. Für eine Hand voll Kautabak ist plötzlich alles in Ordnung. Ich packe die Sandalen, einen Fotoapparat und zehn Bananen in den Rucksack, und los geht's. Im Gänsemarsch, wie im Regenwald üblich.

»Halt ja die Klappe«, bedeutet mir der tabakhungrige Chef, »tritt nie, knacks-krach, auf Äste.«

Schwör-schwör, ich will vorsichtig sein. Zur Bestätigung halte ich mir mit beiden Händen den Mund zu und

stapfe demonstrativ wie ein stolzierender Storch hoch hinweg über jeden mickrigen Ast.

Stundenlang laufen wir nun bereits hintereinander her. Da hebt der Häuptling unerwartet den Arm. Alle bleiben wie angewurzelt stehen. Einige ducken sich. Ihre rotbraune Haut, auf denen die Schatten der Pflanzen schwarze Linien zeichnen, lässt sie augenblicklich unerkennbar werden. Wie Chamäleons werden sie eins mit der Umgebung. Ich Bleichhaut wirke bestimmt eher wie ein heller Lichtfleck. Ich folge dem Blick des Häuptlings. Er hat zwei Affen ausgemacht und wartet auf eine gute Schussposition für seinen Pfeil.

Das Foto muss ich haben!, denke ich. Den Häuptling in schussbereiter Pose und da oben die Affen. Womöglich gar eine Sequenz der getroffenen Affen im Sturz.

Das Licht ist ideal. Mit dem 400-ASA-Film ist das machbar. Weniger ideal ist mein Abstand zum Chef. Ich bin zu nah. Um alles ins Bild zu bekommen, die Affen und den Häuptling, muss ich ein paar Schritte zurückweichen – und dabei trete ich, kracks!, auf einen Ast!

Die Affen blicken aufgeschreckt herunter, quieken, kreischen, hüpfen erregt hin und her. Ich verstehe: »Da ist wieder dieser Tollpatsch aus Hamburg!« – und weg sind sie. Der Häuptling schießt daneben und ist stinksauer.

»Ich hab's doch gleich gesagt!«, deute ich seinen Fluch. Denn nur das kann er gemeint haben. Seine Gesten und Blicke sind eindeutig. Besser als alle Worte. Und dann weist er energisch in eine Richtung in den Wald: »Geh nach Hause, du Idiot!« Die Blicke der anderen bestätigen ihre Vorahnung: die Weißen sind unfähig.

Der Befehl des Dorfchefs stellt mich vor ein Problem. Es ist unlösbar. Ich weiß überhaupt nicht, wo es nach Hause geht. Der gebieterische Arm des Chefs ist das einzige und vage Indiz für die grobe Richtung. Nie hatte ich auch nur im entferntesten auf den Weg geachtet. Ich fühlte mich in der Jagdgemeinschaft geborgen, und die würde mich schon sicher heimbringen. Nun stehe ich da. Ihrem Zorn und dem Wald ausgeliefert. Survival hin, Survival her.

Schuldbewusst, kleinlaut, sage ich: »Ich finde niemals den Weg« und erhoffe Erbarmen. Ich will retten, was zu retten ist. Tabak für weitere Bestechungen habe ich nicht. Die Indianer blicken sich ratlos an. Bestimmt haben sie mich falsch verstanden. Ich wiederhole mein Problem gestenreich. »Du weißt nicht, wo es nach Hause geht?« Endlich hat der Häuptling begriffen. Er spricht etwas Portugiesisch. »Sag mal, wie blöde bist du eigentlich wirklich? Du kannst nicht schleichen, du kannst keine Spuren lesen, du erkennst keine Wege, du kannst nicht mit Pfeil und Bogen umgehen, keine Tierstimmen nachmachen ...« Er zählt noch mehr auf, und jedes Mal hebt er einen weiteren Finger hoch, um das gesamte Maß meiner Unfähigkeit optisch zu unterstreichen.

Es besitzt nur zehn Finger. Mein Unvermögen ist größer. Ich bin dümmer als zehn. Er fordert zwei Jäger auf, sich neben ihn zu stellen. Jedes Mal, wenn sein Tonfall ein weiteres Manko erraten lässt, schnellt einer von ihren Fingern in die Höhe. Bestimmt sind darunter auch Kritikpunkte wie »Er isst kein weißes Fleisch, obwohl das so gut ist. Er geht nie ohne Schuhe. Er hat keine Haare ...« Denn sonst wüsste ich nicht, warum sich da letztendlich 30 Finger in die Luft recken. Ich bin 30 Einheiten blöde, heißt das. Alle lachen. Der Zorn scheint verraucht. Das macht mir Hoffnung. Lass sie gern und lange lachen. Meine Dummheit bringt mir mildernde Umstände ein. Jetzt werden sie mich nicht mehr hängen lassen. Und wenn doch, werde ich eine deutliche Spur hinterlassen. Damit sie mich wiederfinden. In meinem Kopf schwirrt es.

»Wie kann man den Weg nach Hause nicht finden?«, beginnt der Chef erneut. »Schau dich mal um in unserem schönen Wald. Siehst du etwa irgendwo zwei Bäume, die genau gleich sind, wodurch man sie vielleicht verwechseln könnte? Nein, sie sind alle verschieden. Und sie alle sprechen zu dir und sagen, wie du gehen musst. Da kann man gar nichts verwechseln!«

Zustimmendes Nicken in der Jägerrunde. Ich gebe mich kleinlaut. »Die Bäume sprechen *eure* Sprache. Ich verstehe sie nicht. Es sind so viele. Sie verwirren mich.«

Sie beraten sich. Nach einer Weile blickt der Häuptling zu Boden und redet mit dem Humus. Bestimmt irgendeine Beschwörung, rate ich. Hoffentlich vertraut er mich jetzt nicht den Göttern des Weges an. Die verstehe ich ebenso wenig.

»Mein Sohn, bring du ihn nach Hause!«, sagt er dann. Ich folge seinen Augen und sehe zum ersten Mal einen ganz jungen Knirps. Entweder bin ich blind, oder er ist uns nachgegangen oder unterirdisch unterm Humus mitgelaufen, maulwurfartig. Wie er da so klein vor seinem Vater steht, höchstens vier Lenze alt, habe ich den Eindruck, er habe sich gerade aus dem Humus frei geschaufelt. »Mein Sohn, bring du ihn nach Hause!«

»Ja, Vati«, sagt der Knirps, dreht sich um und stapft schon los. Ich hinterher.

Der Kleine läuft wie aufgezogen. Alle 100 Meter dreht er sich um, um sich meiner Gegenwart zu versichern. Woran er sich orientiert, kann ich nicht ausmachen. Er schaut weder links noch rechts. Er windet sich geschickt durchs Unterholz. Wie eine Schlange.

Nach einigen Stunden sind wir im Dorf. Ich bin nassgeschwitzt und fix und fertig. Ich plumpse in die Hängematte. Der Kleine ist pulvertrocken und topfit.

»Was ist los, mein Sohn?«, will die Mutter wissen. »Hat er sich verletzt? Warum seid ihr schon zurück?«

Der Knirps blickt die Mutter aus seiner Maulwurfperspektive an und piept: »Nein, Mami, er ist zu blöde zum Schleichen. Er hat Vati die ganzen Tiere vertrieben und da war Vati sauer und hat ihn weggeschickt. Ich musste ihm den Weg zeigen.« Und schon spielt er wieder mit den anderen Kindern.

Die Frauen lachen, dass sogar die zwei zahmen Papageien mitkrächzen. Das Lachen gerät zur wahren Volksbelustigung, als die Jäger zurückkehren. Gott sei Dank haben sie noch Jagdglück gehabt. Sonst würde ich wohl alt aussehen.

Kaum betreten sie das Dorfrund, kaum haben sie ihre Beute an der Feuerstelle des Häuptlings niedergeworfen, da ruft der unüberhörbar: »Kommt mal alle her. Ich habe wieder eine neue Rüdiger-Geschichte.«

Was dann kommt, hätte Eintritt kosten müssen. Aber diese Sonderschau ist gratis. Sie geht auf meine Kosten. Flupp, flupp, flupp – setzen sich die Frauen und Männer hin. Dazwischen die Kinder, drum herum die Hunde. Riesige Heiterkeit. Wie Vorschussapplaus. Ich hocke mich dazu.

Sechs Jäger stellen sich in Reih und Glied auf.

»So sind wir geschlichen«, übertreibt der Chef. »Unhörbar wie die Nebelschwaden, leiser als die Mücken.« Dabei stapfen sie alle mit hoch erhobenen Füßen hinter ihm her. Bei jedem Schritt, den sie tun, meint man, sie steigen über einen Baumstamm hinweg. Indianer sind gute Pantomimen. Sie lieben die Übertreibung.

Der Alte schert aus der Reihe aus. Die anderen stapfen ihren Rüdiger-Tanz weiter.

»Dann kam dieser Fremde!«, verkündet er. Schnell reiht er sich nun als Letzter in die Prozession ein.

Und jetzt legt er eine Solonummer hin, dass die Bäuche vor Lachen beben. Die Frauen kippen vor Freude rückwärts zu Boden, die Kinder klatschen, die kleinen Kinder heulen, die Hunde bellen. Das Dorf ist im Aufruhr. Und der Dorfchef fährt fort mit seiner Show. Er poltert und stolpert, er tritt auf Äste, die er vorher dort hingeworfen hat, er stapft und stöhnt und benimmt sich wie ein brunftiger Tapir. Ich schwöre alle Eide: Der Typ übertreibt maßlos.

Als ein paar Tage später Indianer aus anderen Dörfern zu Besuch kommen, taucht sehr bald die Frage auf: »Wer ist denn das da, der Blasse, der Glatzkopf?«

»Ach, der?«, heißt es dann gedehnt und mit abwertender Handbewegung. »Der heißt Deutscher und ist zu allem zu blöd. Nicht wahr, Männer?«

Das ist jedes Mal das Stichwort, der Schlachtruf. Kaum hat der Häuptling ihn laut übers Dorf gerufen, als alle Männer sich neben ihn aufstellen und auf ihren Einsatz warten, wenn es heißt: »Er kann dies nicht, er kann das nicht.« Klar, dann müssen wieder Finger ausgeliehen werden. Heute, im Nachhinein, möchte ich wetten, dass er manche meiner Schwächen sogar zweimal aufgezählt hat. Soo blöde kann nämlich gar niemand sein. Aber Dank seiner Rhetorik bringt er immer wieder diese 30 Finger zusammen. Ich bin der Dorftrottel.

Einmal geschieht es sogar, dass eine Horde Kinder mich aus meinem Mittagsschlaf weckt. »Alemão, Alemão!«, kreischen sie. Ich schrecke hoch und sehe sie vor Vergnügen wie Flöhe hüpfen. Dabei strecken sie beide Hände hoch und klappen ihre zehn Finger auf und zu. Dorftrottel, hieß das.

So kann das nicht weitergehen! Wer mag schon zur Lachnummer verkommen, zum Dorftrottel? Ich beschließe, etwas vorzuführen, was Eindruck schindet. Ich will ihnen eine Sondervorführung in Deutschießen bieten. Das ist jenes blitzschnelle Schießen aus der Hüfte, wo man nicht lange über Kimme und Korn visiert, sondern mit dem Lauf, mit beiden Armen und mit den Augen zielt. Ein echtes Notwehrschießen in letzter Lebenssekunde auf kürzeste Distanz. Könner treffen so ein Fünfmarkstück.

Munition habe ich genug. Aber ich bin aus der Übung. Deshalb arbeite ich mit einem Trick. Statt des

Fünfmarkstücks stelle ich fünf dicke Holzstücke nebeneinander auf einen Balken. Die Hölzer so groß wie Fußbälle. Also unverfehlbar. Und ganz bewusst nehme ich nur fünf, obwohl ich sechs Schuss im Revolver habe. Sollte ich einmal danebenschießen, habe ich immer noch einen Reserveschuss. Es sieht einfach überzeugender aus, wenn alles getroffen, wenn alles weggeputzt ist.

Dazu muss man wissen, dass diese Indianer nur bis zwei zählen können. Diese Bildungslücke mache ich mir zunutze. Sie werden nicht merken, wenn ich sechsmal schieße und nur fünfmal treffe. Ich Schweinehund.

Mit coolem Gehabe dirigiere ich die Leute hinter mich. Dann reiße ich unvermittelt ohne Ankündigung den Revolver aus der Tasche und peng, peng, peng, peng, peng, fünf Schuss, fünf Treffer. Alle Scheite liegen am Boden. Ich bin der Größte.

Sekundenlange Stille. Schrecken zum einen, Überraschung zum anderen ist ihren Gesichtern abzulesen. Dann ein Ruf des Häuptlings. Alle Männer hocken sich zu ihm ans Feuer. Mit Neugier und Faszination blicken sie zur Waffe, dann erneutes, endloses Palaver. Wie zehn Grüne, die versuchen, auf einen Nenner zu kommen und das nie schaffen. Dann erhebt sich der Häuptling.

»Wo gibt es diese Wunderwaffe zu kaufen? Eine Waffe, die von selbst trifft!« Einen Moment verschlägt es mir die Sprache. »Was heißt hier ›von selbst‹, du Waldmann? Das ist Können, das liegt an mir!« Stolz blicke ich in die Runde. Auf deutsch sagte ich: »Von wegen Dorfdepp und so!«

»Nein, nein, nein. Das kannst du uns nicht weismachen. Das haben wir ja soeben des Langen und des Breiten diskutiert. Und alle waren der Meinung, das muss an der Waffe liegen, denn du bist ja zu allem zu blöde.« Dazu fällt mir nichts mehr ein. Aber in diesem Moment schwöre ich mir Rache. Ich habe auch sogleich einen Plan. Inzwischen hat er sich gefestigt.

Sollte ich diesem Dorfchef noch einmal über den Weg laufen, werde ich ihn entführen – nach Hamburg. Ich weiß auch schon genau, wie ich das einfädle.

Ich werde durchblicken lassen, dass Hamburg in der größten Tabakplantage der Welt liegt. Mehr muss ich gar nicht sagen. Ich wette, dass er darauf reinfällt. Alle Indianer sind nikotinabhängig. In Hamburg werde ich ihn in mein Auto packen und über die Autobahn nach München düsen. Aber nicht einfach geradeaus und hoppla. Dann fände er ja wieder zurück. Bei jeder zehnten Abfahrt werde ich die Autobahn verlassen, durch ein bis zwei Dörfer fahren, um möglichst viele Ecken herum und dann zurück zum Highway. Damit er alles so richtig schön durcheinander bringt. Er soll staunen und denken, Mensch, kennt Glatze sich in seinem Land gut aus.

In München angekommen, spiele ich den Großzügigen. Ich werde ihm eine Tüte Fritten spendieren und eine Cola. Vielleicht noch ein Tamagotchi, damit er sieht, wie spannungsgeladen bei uns ein Tag ablaufen kann. In der Nacht geht es zurück. Wieder dreimal runter, durch die Dörfer und retour. Und dann kommt mein Auftritt!

Plötzlich werde ich halten und erschreckt gestehen: »Verdammt noch mal, ich habe mich verfahren! Ich weiß nicht mehr, wo es nach Hause geht!« Diese Worte lasse ich einen Moment wirken. Er wird denken: »Das kennen wir ja.«

Dann täusche ich Erleuchtung vor. »Häuptling, du bist doch so ein großer Wegfinder. Bitte, wo geht es nach Hamburg?« Ganz flehentlich werde ich das hervorbringen, zerknirscht, verzweifelt.

Damit aber nicht genug. Ich lehne mich ganz ruhig zurück, Rücken an die Fahrerscheibe, und beobachte ihn. Und zwar genüsslich. Ich werde die Ratlosigkeit in seinen Augen spüren und mich daran laben. Und ich werde darauf warten, dass er sagt: »Weiß ich doch nicht, wie man von hier nach Hause kommt.«

Jetzt, jetzt endlich wird mein Moment gekommen sein! Eben, das war ja nur das Vorspiel.

»Du findest nicht nach Hause zurück?« Ich werde Lächeln Nr. 3 aufsetzen: dezent mit einer Prise Geringschätzigkeit. »Wie kann man den Weg nach Hause nicht finden? Dreh doch mal dein Fenster runter (das wird er ja wohl bis dahin können). Schau dich mal um in unserem schönen Deutschland. Siehst du nicht die vielen blau-weißen Schilder? Und siehst du da irgendwo zwei, die völlig gleich aussehen? Nein«, liefere ich die Antwort gleich mit, »sie sind alle unterschiedlich. Sie alle sprechen zu dir und rufen ›Häuptling, hier geht es nach Hamburg.‹ Und du verstehst ihre Sprache nicht?«

Das wird meine Rache an dem Indio-Chef.

Abdallah Rudi

Saada, Nordjemen, 1985

Ich bin zu Gast bei Scheich Ibrahim As-Sabah. Schon seit vier Wochen genieße ich die Gastfreundschaft dieses eindrucksvollen Mannes. Er ist auffallend groß, kräftig und meist in den landesüblichen Mantel gehüllt. Vor seinem wohlgenährten Bauch prangt der mit Silberdraht ziselierte Krummdolch. Als Zeichen seiner Scheichwürde ist sein Kopftuch mit Goldfäden durchwirkt. Das haben seine untergebenen Stammesleute nicht. Ihre Kuffiyaat sind schlicht weiß. Aber auch ohne die Goldfäden ist er als Anführer zu erkennen. Es strahlt Würde und Weisheit aus. Ständig ist er von Ratsuchenden umlagert. Er hört sich deren Anliegen mit großer Ruhe an, denkt kurz darüber nach und trifft seine Entscheidung. Mit einer Verbeugung und meist auch mit dem Bruderkuss auf beide Wangen wird sein Richterspruch widerspruchslos akzeptiert.

Und noch etwas unterscheidet ihn von den anderen. Und das ist seine Maschinenpistole. Es ist eine Heckler & Koch, made in Germany. Okay, die haben auch andere. Eigentlich hat hier fast jeder eine Maschinenpistole. Schon die 14-jährigen. Die meisten eine Kalaschnikow. Maschinenpistolen gibt es hier auf dem Markt. Ganz öffentlich. Für jeden käuflich. Auch für Fremde. Genau wie Minen, Kanonen, Raketen. Produkte aus aller Welt. Aber die von Scheich Ibrahim As-Sabah ist vergoldet und mit Silbermetall verziert. Ein Prachtstück, bei dessen

Anblick man sich fragt, ob die Patronen wohl auch vergoldet sind.

Wir sitzen im Tagungsraum des Scheichs. Der Raum ist schmal und lang. Auf dem Boden lederne Sitzkissen, auf denen Mann bei Mann sitzt und jeder das teure Qat kaut, des Jemens allgegenwärtiges Rauschmittel. Es ist Nachmittag. Da ist für nichts anderes mehr Zeit. Das Qat liegt lose auf dem langen, flachen Mitteltisch. Jeder bedient sich nach Bedarf. Man pflückt sich ein Ästchen, reibt die grünen Blätter zwischen Daumen und Zeigefinger sauber, rupft sie langsam ab und steckt sie in den Mund. Dazu trinkt man Wasser und raucht Wasserpfeife. Die Blätter werden aber nicht runtergeschluckt, sondern gekaut, mit Wasser aufgeschlämmt und in die Backentaschen geschoben. Manche haben bereits so viele Blätter im Mund, dass sich die Wangenhaut dünn wie ein prall gefüllter Luftballon darüber spannt. Noch ein paar Blätter mehr, und die Haut muss platzen, denkt man als Fremder. Aber das tut sie nicht. Jemenitische Wangenhaut ist elastisch wie die von Meistertrompetern und damit dehnbarer als Kondome. Wer zum ersten Mal in eine solche Qat-Sitzung gerät, glaubt, ein Schwarm Heuschrecken sei über den Raum hergefallen und sei dabei, alles Grün zu vernichten. Die Augen der Männer werden zunehmend glasig und haben einen abwesenden Ausdruck. Bis jemand sagt: »Es ist Zeit zum Gebet.«

Einer nach dem andern erhebt sich. Die Moschee ist hier im eigenen Haus, der imposanten Lehmburg vor dem Stadttor. Umgeben ist das Domizil von einem Gemüsegarten. Dattelpalmen spenden Schatten. Eine Mauer weist möglichen Dieben die Grenze. Niemand wird sich je erdreisten, sie zu überklettern. Denn aus vielen Fenstern und Schießscharten hat man unerwünschte Eindringlinge jederzeit unter Kontrolle, und jeder Landeskenner weiß, dass hier sofort von der Schusswaffe Gebrauch gemacht wird. Ohne Anruf. Wofür sonst hat man sie schließlich erworben?

Jetzt lehnt man die Waffen gegen die Außenwand der Moschee. Die Gefahr, dass sie jemand während des Gebetes stehlen könnte, besteht nicht. Der Gebetsraum befindet sich in der ersten Etage der scheicheigenen Lehmburg. Er führt von einem Flachdach ab, das für keinen Dieb erreichbar ist. Er müsste von unten her an den zwei Leibwächtern vorbei und durch die schwere Holztür hindurch. Und das gelingt nur *willkommenen* Gästen.

Ich gehe mit zum Beten. Diese Geste schulde ich meinem großzügigen Gastgeber. Es fällt mir leicht, denn an eine irgendwie geartete einzigartige und geniale Schöpfungskraft glaube auch ich. Hier nennt man sie Allah.

Wir waschen uns die Hände, die Unterarme, das Gesicht, den Hals, die Ohren. Wir entleeren die Nase und reinigen die Füße. Alles mit nur sehr wenig Wasser aus einer Kanne mit feinem Auslauf. Denn Wasser ist knapp. Diejenigen, die seit dem letzten, dem Mittagsgebet auf der Toilette waren, haben sich ihrer Unterhose entledigt und waschen sich das Genital. Wer nicht genau hinschaut, bekommt das nicht mit. Es geschieht alles unter dem wallenden Burnus, der Jellabiyah.

Nachdem auch der letzte der Mannen im Gebetsraum verschwunden ist, befinden sich draußen neben den Maschinenpistolen nur noch ihre Schuhe und die Unterhosen. Auch meine. Sie nimmt sich vergleichsweise unbedeutend aus neben den wallenden knielangen Baumwollhosen.

Nach dem Gebet kleiden wir uns wieder an. Kleine Diskussionsgruppen bilden sich. Man nutzt die angenehme abendliche Kühle zu einem Plausch auf dem Dach. Ich suche derweil verzweifelt meine Unterhose. Die Schuhe sind dort, wo ich sie abgestellt habe. Aber die Hose bleibt verschwunden. Ob sie einen Liebhaber gefunden hat? Immerhin war sie komplett anders als alles, was ich hier an Textilien gesehen habe. Aus Versehen kann sie niemand genommen haben, eine Verwechslung ist unmöglich. Wenn sie verschwunden ist, kann das nur Absicht sein. Aber unmöglich kann ich dem Scheich sagen, dass man sie mir *gestohlen* haben könnte. Ein solcher Verdacht wäre eine kaum überbietbare Beleidigung seiner Gastfreundschaft. Da steht er zufällig neben mir. Er sieht meinen suchenden Blick.

»Fehlt dir was? Kann ich helfen?«

»Ja«, sage ich. »Ich weiß nicht mehr, wo ich meine Unterhose abgelegt habe. Ich meine, ich hätte sie neben die Sandalen gelegt.« Gut, dass mir diese Formulierung so schnell eingefallen ist!

»Dann muss sie auch noch hier sein. Das werden wir gleich haben. Hier kommt nichts weg.«

Im nächsten Moment höre ich ihn auch schon ausrufen: »Da ist sie ja!« Ich folge seinem Blick und seiner Hand. Und da sehe ich sie auch. Gerade hält sie jemand hoch über alle Köpfe hinweg. Eine Gruppe Gläubiger steht herum und lacht. Sie schauen zu mir.

»Abdallah sucht seine Unterhose!«, ruft ihnen der Scheich zu. Sie hatten mich Abdallah getauft, Diener Gottes.

»Das soll eine Unterhose sein?«, höhnt es aus mehreren Kehlen gleichzeitig. Schallendes Gelächter verleiht der Frage schon fast etwas Musikalisches, verstärkt ihre Bedeutung. Zwar reicht mein Arabisch nicht aus, die Nuancen ihrer Häme zu enträtseln, aber ihre Gesten sprechen mehr als tausend Worte. Auch ohne Lexikon.

»Hat er *Unterhose* gesagt? Das ist ein Stofffetzen!!«, brüllen sie vor Vergnügen und werfen mir meine 50 Gramm Baumwolle in hohem Bogen zu. Ich fange sie auf. 30 Augenpaare verfolgen plötzlich, wie ich mir das Ding über die Beine ziehe und möglichst diskret unter meinem Burnus zweckgetreu verstaue. Ich ignoriere die Blicke und das Gelächter, gönne ihnen die Freude nach der anstrengenden Qat-Sitzung.

Irgendwann hat man sich beruhigt. 50 Gramm Baumwolle sind schließlich kein abendfüllendes Thema. Eher würde *mir* einiges zu *ihren* monströsen Türken-Pluderhosen einfallen. Aber man ist ja Gast und hat sich höflich zu verhalten. Denn auf des Scheichs guten Willen bin ich angewiesen. Schon seit vier Wochen warte ich bereits auf einen Führer und Kamele. Ich will vom Jemen aus durch Saudi-Arabien bis zum Arabischen Golf, früher Persischer Golf. Er hat mir fest versprochen, diese Durchquerung der Rub'al-Khaali zu ermöglichen. Diese wasserlose Wüste zu bezwingen ist mein Traum.

Dass ich hier bereits so lange ausharren muss, liegt an den Führern. »Das macht keiner mehr zu Fuß. Die haben alle ein Auto.« Kamele gab es noch genug. Wunderschöne Dromedare allerorten, wohin ich schaue. Aber sie sind nur noch Statussymbole, Relikte vergangener Zeiten. Sie werden zur Schau gestellt und liebevoll begutachtet, aber den Güterverkehr und den Besuch beim Nachbarn wickelt man per Geländefahrzeug ab.

»Bukra, jimkim bukra. Morgen, vielleicht morgen«, werde ich immer wieder vertröstet. Er will sich weiter umhören. Und das lässt mich hoffen. Berechtigt hoffen, denn meine Bewirtung kostet den Scheich ja schließlich so manchen Jemen-Rial. Auf der anderen Seite keimt ein Verdacht in mir. Will er mich vielleicht gar nicht weiterziehen lassen? Möchte er mich lieber vorzeigen? Kein Tag vergeht, ohne dass er mich stolz seinen Besuchern präsentiert. Das scheint sein Ansehen zu heben. Einen ausländischen Gast hatte man nicht alle Tage, zumal einen, der etwas Arabisch spricht und aus einem Land stammt, das einen guten Namen genießt: Almaanya!

Das leckere Frühstück am nächsten Morgen entschädigt mich wieder ganz und gar für das zermürbende Warten. Die ofenfrischen Brotfladen, der Schafskäse, der mit frischer Pfefferminze getränkte schwarze Tee und die warme Kamelmilch.

Heute wird schneller gefrühstückt. Ich bin noch gar nicht satt. Da steht der Scheich auf und gebietet »Nimschi! Lasst uns gehen!«

Auch die anderen Gäste sind sofort auf den Beinen. Ganz offensichtlich ist Größeres geplant. Das bestätigt sich, als ich vor das Tor trete. 30 schwer bewaffnete Männer hocken geduldig im Schatten. Sie haben uns erwartet. Sie begrüßen den Scheich und erheben sich. Es bildet sich eine lockere Marschordnung. Der Scheich und ich voran. Brüderlich hält er mich an der Hand.

»Was ist los? Wollt ihr in den Krieg ziehen? Soll ich den Fotoapparat mitnehmen?« Im Jemen ist alles möglich. Auch mal eben ein kleiner Krieg. Nein, man sei privat unterwegs.

Ehe wir das gewaltige Stadttor erreichen, haben sich uns noch weitere Männer angeschlossen. Jetzt sind wir mindestens 100. Eine kleine Privatarmee.

»Nein, wir ziehen nicht in den Krieg«, versichert mir Ibrahim As-Sabah erneut und lacht verschmitzt. Das scheint zu stimmen. Die Stimmung unter seinen Mannen ist für einen Krieg zu heiter. Man ist gut drauf. Man macht Witze. Passanten bleiben neugierig stehen und stellen Fragen. Die Antworten belustigen sie. Was man ihnen antwortet, verstehe ich nicht. Aber ich merke, wie sie mich anschauen. So, als hätte der Aufmarsch mit mir zu tun. Oder sie sind einfach neugierig auf den Ehrengast des Scheichs. Einige schließen sich unserer Prozession an.

Nicht weit hinterm Stadttor liegt ein Platz. Hier ist es nicht ganz so eng wie in den Gassen. Auf ein Zeichen des Scheichs halten wir an. Jeder setzt sich, wo er gerade steht. Dekorativ im Schneidersitz. Die Maschinenpistolen werden quer über die Knie gelegt.

»Komm mit, Abdallah!« Der Scheich weist auf einen schmalen Laden unmittelbar vor uns. Davon gibt es hier viele. Einer gleicht dem anderen. Textilhändler.

»Guten Morgen, o mein Freund Ibrahim!«, begrüßt der Scheich den bärtigen Ladeninhaber. »Das ist mein Freund Abdallah aus dem fernen Almaanya. Er braucht eine Unterhose.«

Nun ist die Katze aus dem Sack. Die Männer schütten sich aus vor Lachen. Man könnte befürchten, dass ihre MPs losgehen. Mir soll's egal sein. Ihre Läufe zeigen zu den Seiten. Nur ihre Augen sind auf mich gerichtet. Und die verkünden Frieden und Freude. Sie haben es alle gewusst. Sie freuen sich diebisch. Ich werde eingekleidet.

Ibrahim begrüßt mich, fragt nach dem »Wie geht's?«. Mindestens dreimal. Das ist das Minimum, das die Höflichkeit gebietet. Schließlich kommt er zur Sache. Er schaut mich an, nimmt mit den Augen Maß. »Welche Größe hast du, Abdallah?«

»Größe sechs«, antworte ich ohne nachzudenken.

»Was ist das denn?«, will er wissen. »Wir haben hier nur groß, mittel oder klein.« Er zeigt auf drei Stapel Stoffgebilde.

Als ich die drei hohen Säulen der weißen Riesenhosen sehe, ist mir klar, dass selbst die kleinste zu groß sein wird. Ich bin mir sicher, dass ich ihn falsch verstanden habe. Das sind weiße Riesensäcke für Großfamilien. Gemeinschaftszelte. Niemals sind es Unterhosen für Einzelpersonen. Aus jeder einzelnen könnte ich mühelos 20 von meiner Slipgröße fertigen. Warum bloß so viel Stoff in dieser warmen Gegend, frage ich mich. Ich sage »klein« und male mir aus, wie sehr ich darin schwitzen werde.

»Klein ist zu klein«, vermutet der Händler sofort mit Sachverstand und misst mich erneut mit Blicken von oben bis unten.

»Probier sie an!«, befiehlt der Scheich. Ich quetsche mich in die Ladenritze. Aber nach einem Meter versperren mir weitere Unterhosen den Weg. Ich will mich Hilfe suchend an Ibrahim wenden. Da bauen sich zwei umfangreiche Krieger wie eine Wand vor der Ladenritze auf. Ich stecke in einer lebenden Umkleidekabine.

Schnell entledige ich mich meines Slips und arbeite mich in das verwirrende neue Beinkleid. Ein Labyrinth aus Falten und geheimen Sackgassen. Mein bodenlanger Burnus kommt mir dabei ständig in die Quere.

Zwischen den beiden Bodyguards hindurch erschiele ich mein Publikum. Es sitzt wie gebannt und blickt in meine Richtung. Keinen einzigen der Abläufe wollen die Männer verpassen.

»Fertig«, verkünde ich der lebenden Wand vor mir und drängle nach draußen. Ich habe eine turnerische Glanzleistung vollbracht. Draußen brandet Applaus auf. Mit einer souveränen Geste gebietet der Scheich Ruhe. Die Männer verstummen. Ich sehe sofort, dass wir längst mehrere Hundert Zuschauer haben. Nicht ein Passant, der weitergegangen wäre. Plötzlich hat jeder Zeit und lässt seine Geschäfte ruhen. Kostenloses Theater. Niemand will sich das Spektakel entgehen lassen. Ein Lustspiel mit fünf Personen: *Abdallahs neue Unterhose*. Hauptdarsteller Rüdiger Nehberg, alias Abdallah.

»Geh mal ein paar Schritte!« Der Scheich will begutachten, was er da zu bezahlen gedenkt.

Ich bin ob des Publikuminteresses ein wenig befangen. Dann mache ich erste zaghafte Schritte. So viel Wirrwarr unterm Burnus – das ist gewöhnungsbedürftig. Ich gehe fünf Meter hin und schreite fünf Meter zurück. Irgendwie kommt es mir vor, als wären meine Beine beengt. Ich vermag nicht, weit auszuschreiten. Der Schritt ist trotz aller Baumwollfülle zu eng.

»Sie kneift ein wenig zwischen den Beinen«, gebe ich zu.

»Das hab ich doch gesagt! Der Mann braucht ›mittel‹.« Couturier Ibrahim ist stolz auf seinen fachmännischen Blick. Ich muss zurück in den Laden. Die beiden Bullen bilden wieder die Wand. Ich wechsle die Hosen. Hatte ich eben schon Probleme mit all dem Stoff, wird es jetzt noch enger, weil die neue Hose ungeheure Dimensionen hat. Ich stolpere und berühre einen der Bodyguards. Der meint, ich sei fertig, und geht zur Seite. Hunderte von Augenpaaren starren gebannt auf mein artistisches Solo mit der nicht zu bändigenden Hose. Szenenapplaus und spontanes Gelächter. Ich sollte Eintritt verlangen. Selbst der Scheich muss schmunzeln. Wieder gebietet sein Arm Ruhe. Er muss wirklich der absolute Oberboss hier in Saada sein. Sofort ist es grabesstill. Nur ein Imam wagt es zu stören. Er ruft von der nahen Moschee zum Gebet.

Ich schreite erneut den Fünf-Meter-Laufsteg ab. Und tatsächlich! Ein Unterschied wie Tag und Nacht. Kein Kneifen, kein Scheuern. Die reinste baumwohlige Wohltat! Unter meinem Burnus wirkt auch die Stoffmenge gar nicht mehr störend. Eher empfinde ich sie auf einmal als nützlich. Die schweißklamme Enge des Slips ist einer angenehmen Beinfreiheit gewichen. Wie die Rotorblätter eines Ventilators fächeln die Stofflappen mir Wind zu.

»Tamaam? O.k.?«, fragt der Landesfürst. Und auch das Publikum will es wissen. Ihre fragenden Gesichter und die dazugehörige typische arabische Handbewegung sprechen Bände ohne Worte. Ich nicke. »Kwayes! Gut!« Das Publikum klatscht. Die Vorstellung ist beendet.

»Gib mir noch zwei Reservehosen mit!«, fordert der Scheich vom Händler.

Eilfertig packt der alles in eine alte Zeitung.

»Was schulde ich dir, mein Freund Ibrahim?«

Der Händler gibt sich empört. »Um Himmels willen! Es war mir eine Ehre und Freude zugleich. Betrachte sie als mein Geschenk für deinen Ehrengast aus Almaanya.«

Der Scheich nickt.

»Einverstanden, Ibrahim, du bist ein guter Freund.« Während sie sich mit Umarmung und Küsschen verabschieden, greift der Scheich unter seinen dicken Mantel und zaubert ein Bündel Geldnoten aus seinem Körpertresor hervor. Das drückt er dem Händler in die Hand. Der will gerade der Form halber protestieren, als der Scheich ihm zuvorkommt. »Nimm dies als *Geschenk* von mir. Du musst deine Ladenfront mal wieder neu streichen. Den Rest gib deinen Kindern.« Ibrahims Verbeugung reicht bis auf den Erdboden. Demnach muss es ein üppiges Entgelt gewesen sein.

Dann hakt der Scheich sich bei mir ein. Wir folgen seinen Leuten, die bereits in dichter Staubwolke den Heimweg angetreten haben.

»Ich habe noch eine Überraschung für dich«, verrät er mir. Ich ahne, was es sein könnte.

»Du willst mir noch weitere Hosen kaufen.«

»Fast richtig«, lacht er, »aber nicht ganz. Trotzdem hat es mit deinen Hosen zu tun. Du wirst sie gut brauchen. Deine Kamele sind da. Heute Nachmittag könnt ihr zu eurer Wüstendurchquerung starten.«

Ich mache einen Freudensprung, dem meine neue Leibwäsche kaum gewachsen ist. Ich kann es gar nicht mehr erwarten, nach Hause in das Lehmschloss zu gelangen. Schon von weitem sehe ich die beiden schönen Tiere. Hoch erhobenen Hauptes stehen sie auf der Ladefläche eines Pick-ups. So als würden sie bereits auf mich warten und nach mir Ausschau halten. Ich fühle mich sofort erinnert an die Durchquerung der Danakilwüste in Äthiopien 1977, zusammen mit meinen Freunden Klaus Denart und Horst Walther (*Überleben in der Wüste Danakil*, Piper Verlag). Es war diese unvergessliche erlebnisreiche Zeit, die mich bewogen hat, mich noch einmal einer Wüste anzuvertrauen. Ich will diese Zeit nicht wiederholen. Ich will sie überbieten. Sechs Wochen habe ich dafür veranschlagt. Das Hauptproblem, noch dringlicher als in der Danakilwüste, wird das Wasser sein. Die Rub'al-Khaali, das »Leere Viertel«, ist bekannt für seine Wasserlosigkeit.

Der Scheich schaut mich an. »Sind es nicht zwei phantastische Tiere?«

Er hat Recht. Sie sind so herrlich anzuschauen, dass ich versucht bin zu glauben, sie sollen mich nicht durch die Wüste tragen, sondern zu einem Schönheitswettbewerb. Das eine ist dunkel gefärbt, das andere chamois. Sie scheinen frisch gebürstet und geföhnt. Meisterwerke der Schöpfung. Keine einzige der üblichen Schürfwunden vom Lastentragen. Alles nur Edelrasse und strotzende Gesundheit. Von der Nasenspitze bis zum Schwanz. Der Vorbesitzer muss ein Tierfreund sein. Und reich. Mir ist sofort klar, dass auch ich ihnen kein Haar krümmen darf. Ich werde noch ein paar Decken mehr besorgen, um den Sattel zu polstern. Ich sehe mich schon im Geiste eine ganze Fotoserie schießen, nur um die Anmut dieser Kamele zu dokumentieren.

»Phantastisch!«, lobe ich den Scheich. »Da hast du mir bestimmt die besten Tiere deines Stammes beschafft. Dann lass sie jetzt runter vom Wagen. Ich hole derweil mein Gepäck. Dein Sohn könnte schon die Wassersäcke füllen.« Ich bin aufgeregt. Die lange Wartezeit hat ein Ende. Wie oft hatte ich diesen Moment herbeigesehnt!

Ibrahim As-Sabah schaut mich sichtlich überrascht und verständnislos an. Dann blickt er auf seine Mannen. Längst haben sie sich alle um uns versammelt, um zu erleben, wie ich die Tiere belade und am Horizont verschwinde.

»Wieso ›runter vom Wagen‹?«, fragt er entgeistert. »Hol dein Gepäck und steig auf. Übermorgen seid ihr am Arabischen Golf. Inscha'Allah.«

Ich fliege zurück nach Hamburg. Um einen Traum ärmer. Um drei Unterhosen reicher.

Das erste Kondom

1951. Ich bin fünfzehn. Seit einigen Wochen erlerne ich das ehrbare Bäckerhandwerk bei Obermeister Theo Pohlmeyer in Münster, Westfalen, in der Ludgeristraße. Die Woche hat 80 Arbeitsstunden. Mein Lohn beträgt *eine* stolze Deutsche Mark pro Woche. Also 100 Pfennige. Dazu Kost und Logis. Durchaus branchenüblich. Nach den Kriegswirren bin ich stolz, schon in so jungen Jahren auf eigenen Füßen zu stehen, meine Eltern entlasten zu können. Denn die müssen noch zwei jüngere Geschwister durchbringen. Unser Haus haben wir im Krieg verloren. Jede Mark muss für den Neuanfang gespart werden.

Logis ist ein großes Wort. In meinem Falle ist es ein Zimmer im Hinterhaus in der Marie-Evchen-Gasse. Vier Betten und ein Schrank. Ach so – und ein Kleiderhaken an der Tür. Fast hätte ich ihn vergessen. Er entlastet den überfüllten Schrank. Sechzehn Quadratmeter misst der Raum. L-Form. Hier schlafe ich mit drei Gesellen. Ich liege etwas abgesondert im kurzen Schenkel des L. Die anderen teilen sich den langen Schenkel.

Meist aber schlafen wir zu fünft in dem Zimmer. Nämlich dann, wenn Sonja sich in nächtlicher Dunkelheit durch die Tür schleicht. Sie ist die Betriebsköchin. Und sie ist Erichs große Liebe. Erich hat das Bett im Winkel des L. Deshalb kriege ich das befremdliche nächtliche Treiben oft mit. Dann, wenn alle bereits schlafen. Oder wenn die beiden glauben, dass wir schon alle schlafen. In Wirklichkeit spitzt jeder die Ohren.

Da geschehen dann seltsame Dinge. Ich kann sie meist nur erahnen, weil fast alles unter der dicken Daunendecke vor sich geht. Gesprochen wird nicht. Zunächst sitzt sie auf der Bettkante. Sie beugt sich zu ihm. Oder er zieht sie zu sich herunter. Sie umarmen sich wie Polypen und haben sehr schnell Probleme mit der Atmung. Sie schnaufen, stöhnen, wälzen sich. Klar, bei solch unbequemer Stellung. Dann fallen Sonjas Schuhe zu Boden. Sie verschwindet ganz unter der Decke, die ab jetzt nicht mehr zur Ruhe kommt. Die Decke raschelt hin und her und rauf und runter. Sie wollen wohl einschlafen und können es nicht. Ganz eigenartig. Ich könnte schlafen wie ein Murmeltier. Aber nicht bei dem Gestöhne und Geraschel. *Wenn* sie schlafen wollen, sage ich mir, und das Bett zu eng ist, warum geht die Frau dann nicht auf ihr eigenes Zimmer? Offenbar gefällt es ihr dort nicht. Da liegen die Mädels wohl ebenso eng.

Was ich allerdings nach kurzem Gemenge immer wieder deutlich zu sehen bekomme, sind ihre eigenartig verrenkten Füße. Sie ragen in meine Richtung unter der Bettdecke hervor. Mal hat Sonja einen Fuß links und den anderen rechts, die Zehen schräg nach oben gerichtet. Und seine Füße liegen aneinander geschmiegt, mit den Zehen nach unten. Eine komische Art zu schlafen. Entweder hat er die Frau halbiert und liegt zwischen ihren Hälften. Oder er liegt einfach auf ihr. Wie kann die Frau das nur ertragen. Das muss doch schwer sein. Stöhnt sie deshalb so? Dann müsste Erich ja ein taktloser Typ sein. Eigentlich kenne ich ihn nicht so. Erich ist höflich und geduldig. Ich kann gut von ihm lernen. Nur wenn Sonja durch die Backstube rauscht, wird er ungeduldig. Dann muss ich schneller begreifen oder lieber gar nichts fragen und Bleche putzen. Da gibt es nichts zu fragen, und ich kann nichts falsch machen.

Dann wieder weisen Sonjas Füße nach unten, während seine nach oben ragen. Wie kann man nur so unbequem schlafen wollen? Jetzt liegt er doch glatt auf seinem Rücken. Ich möchte ihre Bettdecke hochheben und Sonja helfen. Aber wenn es ihr nicht gefiele, würde sie bestimmt das Zimmer verlassen.

Was die beiden da alles anstellen, um einzuschlafen, muss kraftraubend sein. Mir bleibt der Sinn der Übungen verborgen. Nach kurzer Zeit setzt sich Sonja einfach auf ihn, das Gesicht ihm zugewandt, und die Bettdecke wie eine Stola um sich drapiert. Dann hüpft sie auf und ab. Wie Kinder, die Hoppe-hoppe-Reiter spielen. Als wenn man so schlafen könnte! Da weiß ich bequemere Stellungen. Ich rolle mich wie ein Embryo zusammen, und weg bin ich. Bis der Wecker mich hochschreckt. Dann ist es halb vier und Sonja ist meist fort.

Interessant wird es, wenn es Erich irgendwann doch zu viel wird und er endlich schlafen will. Dann höre ich ihn »Jetzt!« flüstern. Und sie antwortet »Ja«. Sie soll wohl gehen und ist einverstanden. Aber *wie* sie das beide sagen, kann man gar nicht beschreiben. Bestimmt fällt ihnen die Trennung schwer. Ihre Atmung wird heftiger, sie stöhnen, die Bettspiralfedern quietschen schneller, und dann ist plötzlich Ruhe. Bestimmt umarmen sie sich gerade noch einmal zum Abschied. Die Füße sortieren sich in der Weise, dass jeder die seinen parallel übereinander legt und die Körper Bauch an Bauch zusammenliegen müssen. Anders kann ich mir die Endstellung nicht erklären. Es dauert dann zwar noch immer eine ganze Weile, aber schließlich schleicht Sonja wieder aus dem Zimmer. So leise, wie sie gekommen ist.

Was sich tatsächlich unter der Bettdecke abspielt, wird mir bald klar. Die Gespräche unter den Gesellen sind unverblümt, ihre Witze drehen sich nur um das Thema Nummer eins, Mann und Frau. Bei mir meldet sich die Pubertät zu Wort. Nun begreife ich, was Erich und Sonja da unter der Decke der Verschwiegenheit miteinander treiben. Verlangen kommt in mir hoch. Ich vertraue mich Günther an. Er ist mein Lieblingsgeselle. Immer heiter, immer geduldig. Er kann gut erklären. Und er kann gut aufklären. Das brauche ich jetzt dringend. Die allgemeinen Witze verstehe ich meist nicht und lache nur, wenn alle lachen.

»Als Allererstes brauchst du Kondome«, rät er mir. »Ein Mann muss immer Kondome bei sich haben. Wenn du nämlich mit einem Mädchen schläfst – und so was passiert manchmal von einer Minute zur anderen – musst du jedes Mal eins der Gummis über dein Glied ziehen, damit kein Tropfen dich mit fünfzehn zum Vater macht.«

Um Himmels willen! Nur das nicht! Ich bin kein Vatertyp. Schon gar nicht mit fünfzehn. Ich will die Lehre beenden und hinaus in die Welt. Vater kann ich mit vierzig noch werden.

»Ich werde mal die Augen offen halten und dir eine Frau besorgen, damit sie dich aufklärt.«

Nun wird es Ernst. Schon bei dem Gedanken kriege ich Herzklopfen und Schweißausbrüche. Ich brauche Kondome. Allzeit bereit.

»Die gibt es in Drogerien«, informiert Günther mich, »drei Stück 'ne Mark.«

Selbst in meinen verwegensten Träumen kann ich mir nicht vorstellen, in eine Drogerie zu gehen und nach Kondomen zu fragen! Nicht einmal, wenn da nur Männerbedienung wäre.

»Dann geh in die Bahnhofstoilette. Die Klofrau verkauft die Dinger auch.«

Das wäre diskutabel. »Sie ist eine etwas dicke ältere Frau. Ein Mutti-Typ. Das geht ganz unkompliziert.« Günther gesteht, seine auch immer bei ihr zu kaufen. *Mutti-Typ* ist gut, denke ich. Als würde ich je meine Mutter um Kondome anhauen.

»Kannst du mir nicht eine Packung mitbringen?« Mehr als eine will ich mir nicht zulegen. Schließlich stellt der Preis einen Wochenlohn für mich dar.

Günther lacht. »Nein, das musst du schon selbst machen. Sonst lernst du es nie.«

Ich schiebe den Kauf auf die lange Bank. Es eilt nicht. Ich kenne kein Mädchen, das mich entknaben will. Doch das droht sich zu ändern. Günther ist auf die Suche gegangen. Schon morgen kann er fündig werden. Er kennt viele, weil er so ein netter Typ ist. Aber ich bin verklemmt. Das wird sie abschrecken. In meiner Familie existierte *Aufklärung* nicht mal als Vokabel. Ich stehe vor einem Riesenproblem.

»Ich habe jemanden für dich gefunden. Susi will es dir zeigen.« Mir fällt das Herz in die Hose. Susi ist fünfundzwanzig! Für mich eine erwachsene, reife Frau. Sie war schon zweimal verheiratet. Ich würde in ihrer Gegenwart kein Wort rauskriegen. Geschweige denn, sonst was.

»Weißt du«, meint Günther, »das geht jedem Mann beim ersten Mal so. Frauen haben's da leichter. Sie müssen sich nur hinlegen. Aber der Mann muss wissen, was er mit einer liegenden Frau anstellen soll. Deshalb triffst du dich jetzt mit Susi. Aber die Kondome musst du selbst mitbringen, hat sie gesagt.«

Ich schleiche zur Bahnhofstoilette. Sie ist leicht zu finden. Zum einen ist da das Hinweisschild. Zum anderen riecht es nach Ammoniak. Das kenne ich. Es ist für manche Gebäcke ein Triebmittel. Wie Backpulver. Insofern fühle ich mich auf der Bahnhofstoilette fast so daheim wie in der Backstube. Es ist Samstagnachmittag. Der einzige Nachmittag, an dem ich frei habe. Seit 20 Minuten stehe ich da bereits vorm Becken in der Ecke und warte darauf, dass ich die Klofrau erwische. Allein und ohne Zeugen. Sie sitzt vor der Toilette auf dem Flur an einem Tischchen, auf dem ihr Trinkgeldteller steht. Aber sie ist nie wirklich allein. Sowohl die Frauen als auch die Männer müssen an ihr vorbei und ihren Obolus auf das Porzellan werfen. Und das sind viele, denn Münsters Hauptbahnhof ist groß.

Und scheinbar ist dies die einzige Toilette in Münster. Woher kommen sonst die vielen Menschen?

Ständig klingelt der Porzellanteller, und der »Mutti-Typ« kratzt die Kupfer- und Messingmünzen gleich vom Teller in die Tasche. Nur 50-Pfennig-Münzen und Markstücke haben eine Chance, ein wenig Luft zu schnuppern. Mutti muss das Geld abends säckeweise nach Hause schleppen. Ganz schön ungerecht, diese Welt, denke ich. Ich schufte als Lehrling wie ein Elefant und kriege nur eine Mark die Woche. Plus Kost und Logis.

Jedes Mal, wenn ich mir einen Ruck gebe, die Frau anzusprechen, stürmt ein neuer Pulk Männer ins Klo. Die Tür steht sperrangelweit offen. Sie könnten mitkriegen, was ich von ihr will. Mein Gott, denke ich, wenn das in der Zukunft immer ein solches Prozedere ist, sollte man den ganzen Lebensvorrat auf einmal kaufen. Leider habe ich nur eine Mark mit. Und überhaupt – wie soll ich meinen Wunsch artikulieren? »Für eine Mark Kondome«? Oder: »Für eine Mark Pariser«? Unter den Gesellen hießen die Dinger immer Pariser. Auch »Präservative« und »Verhüterli« habe ich schon gehört – oder »Schutzmittel«. Allein die Formulierung bedeutet ja schon ein gewaltiges, unaussprechliches Hindernis.

Ich will aufgeben, denn es ist nicht leicht, immer in Sprungbereitschaft vor den Pinkelbecken zu stehen und das Bedürfnis nur zu simulieren. Da kommen einige Männer rein, die sehr genau zu mir herschielen. Sie merken, dass ich untätig herumstehe. Ungeniert starren sie an mir hinab. Sie wollen ergründen, ob ich ein Problem habe. Vielleicht kriege ich den Hosenschlitz nicht wieder zu. Auf jeden Fall wirke ich deplatziert. Oder schwul. Ich muss mich professioneller geben. Entweder man pinkelt, oder man geht. Aber Herumstehen bedeutet, dass man andere Absichten hegt. Bestimmt denken sie, ich suche Männerkontakt. Ich tue so, als ob ich den letzten Tropfen abschüttele, schließe die Hose und wasche mir die Hände. Dabei lasse ich mir Zeit. Gerade als ich glaube, jetzt sei der entscheidende Moment gekommen, strömen neue Kunden herein. Ich stelle mich erneut in Reih und Glied, im wahrsten Sinne des Wortes, und kaschiere mit meiner Jacke die Untätigkeit.

Die ungenierten Blicke irritieren mich. Ich werde es lieber am nächsten Samstag noch einmal versuchen. Hoffentlich ist dann weniger los. Ich verlasse das Klo. Flugs an der Frau vorbei. Ohne Trinkgeld einzuwerfen. Das kann ich mir bestimmt nicht noch einmal erlauben. Dann erteilt die Klofrau mir Hausverbot. Und erst recht verkauft sie mir keinen einzigen Gummi.

Eine halbe Stunde schleiche ich durch den Bahnhof, die Toilette immer wieder irgendwie im Blick. Da wechselt jemand bei der Wärterin sein Papiergeld in Münzen. Das dauert. Ein größerer Akt. Ich nutze die Gelegenheit und bin, schwupp, wieder drin. Jetzt werde ich entschlossener handeln. Sonst stehe ich hier morgen noch. Mit einer Hand simuliere ich das Pinkeln. Mit der anderen befühle ich das Markstück in der Tasche. Kein einziger Tropfen verhilft mir zum Alibi.

Im vergilbten Spiegel habe ich alles im Blick. Da kommt ein ganz junger Steppke die Treppen heruntergestolpert. Er mag sieben Jahre alt sein. Schnurstracks geht er auf die Frau zu und sagt laut, für alle hörbar: »Für meinen Vati für eine Mark Männerschutz!«

In genau derselben Sekunde bin ich neben ihm. Fast wäre ich auf dem nassen Boden der Länge nach hingeschlagen. Meine Hose ist noch offen. Die Jacke verdeckt hoffentlich alles Ungebührliche. »Ich auch!«, stoße ich aufgeregt hervor. Schon lege ich ihr meine Mark auf den Tisch. Sie greift in die Tasche und legt jedem von uns wortlos ein Paket *Blausiegel* hin.

Weg bin ich. So einfach war das.

Das erste Rendezvous

Ich bin stolzer Besitzer dreier Kondome. Sie warten in meiner Tasche auf ihren Einsatz. Sie haben mich eine ganze Deutsche Mark gekostet. Einen Wochenlohn. Den will ich nicht fehlinvestiert haben.

Und ich bin der jüngste Kollege im Kreise netter Kollegen, die alle nur ein Ziel haben: Sie wollen mir behilflich sein bei der Einführung ins Liebesleben. Und sie nehmen mich auf den Arm.

»Steht auf deinen Gummis ein Verfallsdatum drauf?«, will Hermann wissen und lacht. Und Erich weiß sofort, dass die Dinger ewig halten. Er hatte noch nie ein poröses Kondom.

Irgendwann wird Hermann in der Frauenwelt fündig. »Rüdiger, die Moni hätte Lust, es dir zu zeigen.« Hermann ist ganz aufgeregt. So, als wollte die Moni es *ihm* zeigen. Moni ist zwei Läden weiter als Floristin in der Lehre. Rothaarig, 17 Jahre, reichlich Männererfahrung.

Jeden Samstag bringt sie einen Napfkuchen zum Abbacken in unserem Ofen. Diese so genannten »Fremdlinge« werden immer erst dann in den Ofen geschoben, wenn wir mit allen unseren Gebäcken fertig sind. Nachmittags kommen die Hausfrauen und holen sich ihre Kreationen wieder ab. So auch Moni, die den Kranzkuchen für ihre Chefin abholen muss.

Für Moni ist das Abholen der Kuchen stets eine Gelegenheit zum Flirten. Manchmal poussiert sie so lange, dass ihre Chefin bei meiner Chefin anruft, damit wir der Moni

Beine machen. Moni ist ein heiterer Typ, immer gut drauf. Ihre roten Haare hängen mit einer auffallenden Geschmeidigkeit auf ihre Schultern herab und ihr Glanz erinnert an Haarpflegemittel-Reklame. Das Schönste an ihr sind aber ihr Lachen, ihre schneeweißen Zähne und ihre Unbekümmertheit. An Männern hat sie keinen Mangel. Zuletzt hat sie einer unserer Gesellen mit einem älteren Mann gesehen, der einen dicken Mercedes fuhr. Dagegen werde ich es schwer haben mit meinem rostigen Fahrrad und nur einer Mark Wochenlohn. Da ist allenfalls ein Gang ins Kino drin. Zwei Billigplätze zu 50 Pfennigen. Es wird sie auch nicht beeindrucken, dass mein Fahrrad aus Schrottteilen selbst zusammengebaut und trotzdem funktionstüchtig ist. *Wenn* sie sich mit mir einlässt, dann allenfalls aus sozialer Berufung.

Aber Hermann hat sie einfach angehauen, und sie hat zugesagt. Ganz spontan. Sie hat mir sogar zugenickt und mir den Anblick ihrer Zähne gewährt.

»Morgen Nachmittag um siebzehn Uhr auf der ersten Bank links im Schlosspark.« Das hat Hermann noch schnell für mich festgemacht. Ich hatte ganz vergessen, danach zu fragen.

Den ganzen Sonntag über bin ich aufgeregt. Die Zeit will und will nicht vergehen. Wie so eine praktische Aufklärung wohl abläuft? Ich weiß es nicht, zerbreche mir Monis Kopf. Ob sie ein eigenes Zimmer hat? Heute am Sonntag könnte ich sie auch mit hochnehmen in unser Zimmer. In diese L-förmige Kleinbude, in der wir zu viert schlafen. Drei Gesellen und ich, der »Stift«. Sonntags sind alle Gesellen zu Hause bei ihren Familien. Für gewöhnlich kehren sie erst spät am Abend zurück. Ehe der Erste käme, wäre der Aufklärungsunterricht bestimmt beendet. Dann könnte ich mit ihr noch ins Kino gehen und niemand bekäme etwas mit.

Eine halbe Stunde vor der vereinbarten Zeit sitze ich auf der Bank. Ich wollte Blumen mitnehmen. Aber das fand ich dann doch deplatziert. Blumen hat sie als Floristin selber genug. Lieber ein Stück Kuchen. Das liegt neben mir, hübsch verpackt. Ich freue mich.

Als Verantwortlicher dafür, dass Moni nicht schwanger wird und ich nicht Vater, habe ich natürlich alle drei Kondome dabei. Zwei wärmen sich in der Hosentasche, eins habe ich mir bereits um halb drei in weiser Voraussicht übergezogen. Mann denkt ja mit. Moni will ich das nicht zumuten. Womöglich habe ich im entscheidenden Moment gar nicht die erforderliche Zeit.

Es wird fünf Uhr. Moni ist noch nicht da. Bestimmt muss sie noch den Laden aufräumen. Oder für morgen vorarbeiten. Auch sie hat meist Sonntagsdienst.

Um sechs bin ich sicher, dass meine Uhr vorgeht. Ich verlasse die Bank für einen Augenblick und eile auf den Schlossplatz. Zum Uhrenvergleich. Nein, die Uhrzeiten sind identisch. Ob sie mich sitzen lässt? Ich kann es mir nicht denken. Dann hätte sie ja nicht zusagen müssen. Dass ihr eine Absage schwer fallen könnte, kommt mir nicht in den Sinn. Wer so toll lachen kann, lügt nicht. Also harre ich aus. Ihr ist bestimmt etwas dazwischen gekommen, und eine gewisse Toleranz muss man da schon mitbringen. Sie hätte bestimmt auch auf mich gewartet.

Die Zeit verstreicht. Ich sitze immer noch allein. Einmal setzt sich ein alter Mann zu mir. »Na, verabredet?«, will er wissen. Vielleicht erinnert er sich an sein eigenes erstes Rendezvous.

»Ja«, hauche ich stolz. Er schweigt, schaut den Hunden zu, die ihre Notdurft auf dem kurz geschorenen Rasen verrichten.

Nach einer halben Stunde fragt er: »Sitzen gelassen?«

»Sie war sich nicht sicher, ob sie früher Feierabend bekommt«, lüge ich. Denn wer wartet schon so lange auf einen unpünktlichen Menschen? Nur Dumme.

Um 19 Uhr ist mir klar, dass da irgendetwas schief gelaufen sein muss. Schweren Herzens und Schrittes erhebe ich mich. Immer wieder schaue ich mich um, ob sie nicht doch noch gekommen ist. Genau in diesem Moment. Nein, die Bank ist leer. Zum Trost und gegen den Frust mampfe ich ihr Stück Kuchen selbst.

Ich will den Tag retten und schlendere langsam ins Kino. Ins Capitol. Es liegt genau gegenüber von meiner Arbeitsstelle. Irgendein Wildwestfilm mit Gary Cooper. Der alte Cowboy muss mich wieder aufrichten. Ich reihe mich in die Schlange. Drei Meter neben mir eine andere Warteschlange. Natürlich geht es bei der anderen Schlange schneller. Wie immer. Murphy'sches Gesetz. Eine Gruppe von Teenagern schaut zu mir herüber. Sie kichern, tuscheln. Immer wieder. Ich werde unsicher. Ich bemerke, dass ihr Blick nicht so sehr mir gilt als meinen Beinen. Oder vielmehr den Schuhen. Sollte ich in Hundekot getreten sein? Ein paar Mal hatte ich selbst beim Gehen dieses Gefühl. Aber ich habe den Rasen nie betreten. Also kann es nicht sein. Ich ignoriere ihre Blicke.

Ein Mann löst sich aus der Gruppe, kommt zu mir herüber. »Ich glaube, Ihr Schnürband ist offen«, raunt er mir zu und reiht sich wieder in seine Warteschlange.

Ich schaue zu Boden und erstarre zum steinernen Monument. Die Mädchen platzen vor Lachen. Ich bin unfähig, mich zu bewegen. Da unten ist kein Schnürband offen. Der Mann hat sich nur sehr gewählt ausgedrückt. Alle schauen jetzt in dieselbe Richtung. Zu meinem Schuh. Und darauf hängt, klebt, flattert, schleift hinterher: mein ausgeleiertes Kondom. Es hat sich im Laufe des Nachmittags verselbstständigt.

Nicht genug damit. Ich sehe noch etwas. Der Mann, der mich darauf aufmerksam gemacht hat, nimmt gerade seine zwei Karten in Empfang. Ein Mädchen hakt sich bei ihm ein. Sie gehen in den Saal. Das Mädchen ist Moni.

Ich lasse Gary Cooper sitzen und heize den Ofen für morgen vor. Eine neue Woche beginnt.

Aller Anfang ist schwer

Ich bin halt kein Glückspilz. Andere scheinen es da leichter zu haben mit dem »schwachen« Geschlecht. Alle Kollegen haben eine Freundin. Alle Kolleginnen haben einen Freund. Alle prahlen damit herum. Das Einzige, das ich vorzuweisen habe, ist meine erste große Radtour. Den Rhein rauf von Wesel bis Basel und am anderen Ufer zurück. Ohne Freundin. Mit jenem Fahrrad, das ich aus verschiedenen verschrotteten Rädern beim Schrotthändler selbst zusammengebaut habe. Aber eine Frau habe ich immer noch nicht kennen gelernt. Könnte man auch sie aus Einzelteilen zusammenbasteln, hätte ich das längst getan.

Hermann fühlt sich in meiner Schuld. Er hat mir eine Frau in Aussicht gestellt. Und es hat nicht geklappt.

»Was hältst du davon, wenn du in den Puff gehst und es dir von einer Hure zeigen lässt? Das ist idiotensicher. Es kostet zwar fünf Mark, aber davon kannst du dreiunddreißig Pfennige abrechnen für das Kondom, das im Preis inbegriffen ist. Das musst du nicht selbst mitbringen.«

Ein einleuchtender Vorschlag. Ohne das Risiko der weiblichen Unzuverlässigkeit, wie ich sie gerade erfahren musste.

»Ein Bordellbesuch ist ein Geschäft auf Gegenseitigkeit. Wenn eine Hure mit dir handelseinig geworden ist, dann hält sie ihr Versprechen auch.« Hermann macht mir Mut. Einen Flop wie mit Moni wird es also nicht geben. Dafür kann ich gerne fünf Mark investieren.

Der Mut reicht aber nicht, um *allein* in die Puffstraße zu gehen. Hermann muss mit. Das tut er bereitwillig. »Vielleicht gönne ich mir bei der Gelegenheit ja auch das Vergnügen.«

Wir stapfen los. Es ist dunkel, kalt und es schneit. Aber das ist gut so. »Dann sieht uns keiner«, meint Hermann. Er hat also auch noch Hemmungen. Das baut mich auf.

Mein Zittern führe ich auf die winterliche Kälte zurück. Die Dunkelheit und der hochgeschlagene Kragen sorgen dafür, dass uns garantiert niemand erkennt. Für einen Beamtensohn wie mich ist der Besuch in einem Puff gegen alle guten Regeln.

»Wenn uns doch einer erkennt, dann ist er nicht besser als wir. Mach dir darüber keine Gedanken.« Hermann sieht das lässig. Kann er aber auch. Seine Eltern wohnen in Emden. Das ist weit weg. Und sie sind keine Beamten.

Die kleine Puffstraße liegt im Zentrum der vom Krieg völlig zerstörten Stadt Münster. Unweit des Pferdefleisch-Restaurants »Ross und Reiter«. Es sind zehn Häuserruinen, die der Krieg nicht restlos dem Erdboden gleichgemacht und die wieder ein wenig hergerichtet wurden. Sie stehen nicht zusammen. Zwischen ihnen sind jeweils Trümmergrundstücke, die völlig danieder liegen. Und es gibt drei weitere Häuser, die nicht zum Bordellbetrieb gehören. Privathäuser. Sie verteilen sich über zwei schmale kurze Gassen. Vom ersten bis zum letzten Haus sind es etwa 100 Meter. Überall glimmen kleine rote und gelbe Lampen. Sie verleihen der winterlichen Atmosphäre etwas Gemütliches.

Hermann und ich sind nicht die einzigen Besucher der Szene. Viele kragenbewehrte Gestalten bummeln hin und her, bleiben stehen, sprechen mit den sparsam bekleideten Frauen, die sich soeben mutig eine Lungenentzündung holen. Mir läuft ein kalter Schauer über den Rücken bei dem Gedanken, ich müsste hier jetzt auch so entkleidet herumstehen und Schneeflocken zählen. Verstohlen beobachte ich die anderen herumschleichenden männlichen Gestalten. Mein Chef, der Ratsherr und Obermeister Theo Pohlmeyer wird mir hoffentlich nicht über den Weg laufen. Und meine Eltern ebenso wenig. Sie führen eine harmonische Ehe.

Die Auswahl unter den Prostituierten ist weder groß noch attraktiv. Ich bin jetzt sechzehn. Die Frauen sind nicht mein Jahrgang. Sie sind dreißig und älter. Und alle sind sie korpulent. Wahrscheinlich können sie nur deshalb der Kälte trotzen.

»Ich sehe keine, die mir auch nur annähernd gefallen würde«, beklage ich mich. Die Hände vergrabe ich tief in den Taschen. Es wird kälter.

»Mach einfach die Augen zu. Achte nicht auf den Frauentyp, sondern mach es aus rein biologisch-handwerklichen Gründen. Damit du den Vorgang kapierst. Damit du bei deiner ersten wirklichen Freundin schon Bescheid weißt. Wenn du's heute nicht machst, wagst du es ein anderes Mal auch nicht. Da muss jeder Mann irgendwann durch.«

Wir drehen Runde um Runde. Ich spreche nicht, sondern staune nur. Mir tut sich soeben eine neue Welt auf. Aufregend und erregend zugleich. Immer wieder bleiben wir stehen. Männer verwickeln die Frauen in Gespräche. Dann verschwinden sie mit ihnen in den Häusern oder bummeln weiter. Manchmal vernimmt man ein Lachen, manchmal einen Fluch. Andere Freier kommen wieder aus den Hauseingängen heraus. Hatten sie es vorher alle eher weniger eilig, sieht man sie jetzt schnurstracks davon stapfen.

»Versteh mich nicht falsch. Ich will dich nicht drängen. Ich habe Zeit. Schau dir alle in Ruhe an und warte noch ein halbe Stunde. Dann werden wir die gesamte Auswahl zu sehen bekommen haben. Es ist ja ein ständiges Kommen und Gehen. Vielleicht entdeckst du dann doch noch eine Schlanke, wenn du unbedingt nach Gewicht gehst.«

Jeder von uns hat einen anderen Grund, stehen zu bleiben oder eine weitere Runde zu drehen. Hermann ist soeben wieder um die Ecke gebogen. Und in genau diesem

Moment sehe ich die Frau, die mir auf Anhieb zusagt! Sie ist aus einem Haus herausgekommen und lehnt nun an der Mauer, die ihren »Vorgarten« abschirmt. Sie lächelt zu mir herüber, winkt mich heran. Mir läuft es eigenartig durch alle Glieder. Ich gehe hin. Sie ist zwar auch bereits über dreißig, für mich also eine erwachsene Frau jenseits meiner Vorstellungen von einer Freundin. Aber ich finde sie mit ihrer zurückhaltend freundlichen Art sympathisch. Sie hat einen schwarzen Mantel mit einem Pelzkragen an. Lange blonde Haare fallen ihr auf die Brust. Sie hat eine fein geschnittene Nase, strahlende Augen und Zähne wie schimmernde Perlen. Wie Moni.

Mit beiden Händen greift sie meinen Kragen, zieht mich zu sich heran. Ich spüre ihre Brust und rieche ihren Duft. Ihre Haare streicheln mich. Ich bin sofort erregt.

»Komm mit zu mir rein. Da ist es schön warm. Du holst dir hier draußen ja noch einen Erkältung.«

Fünf Mark müsste ich löhnen. Das sei ein Winter-Sonderpreis, weil ich ihr damit erspare, noch lange in der Kälte stehen zu müssen. Bestimmt nimmt sie die fünf Mark auch im Sommer, denke ich. Aber zu ihr möchte ich sofort und gern. Das Blut pocht mir in den Schläfen und klinkt meinen Verstand aus. Sie zieht mich an einer Hand hinter sich her. Willig folge ich ihr. Ein Entschluss von weniger als einer Minute. Nicht mal Zeit, Hermann Bescheid zu sagen.

Sie öffnet die Tür, und wir betreten ein gemütliches kleines Zimmer. Zwei gelbe Tischlampen sorgen für angenehmes Licht. Ein gusseiserner Ofen bullert und verströmt wohlige Wärme. Das Bett ist mit einer Wolldecke bespannt. Sie deutet auf eine Schale Äpfel. »Magst du einen essen? Die schmecken gut!« Höflich bedanke ich mich. Ich kriege jetzt keinen Bissen hinunter. Vielleicht nehme ich hinterher einen mit. In einer halben Stunde. Wenn ich fertig bin.

Ihren Mantel hat sie an die Tür gehängt. Sie erbittet die fünf Mark im Voraus. Dann sitzt sie vor mir auf der Bettkante. Sie ist eine schöne Frau. Ihre schlanken Finger streicheln meine Hose. Als wolle sie die Qualität des Stoffes abtasten. Was muss ein Mann glücklich sein, eine solche Frau zu besitzen, die offenbar auch immer Lust auf Zweisamkeit hat, geht es mir durch den Kopf. Langsam öffnet sie Knopf um Knopf.

»Na, dein Freund kann es ja kaum erwarten«, scherzt sie über meinen fühlbaren Zustand. Als sie den vierten Knopf unter ständigem Streicheln geöffnet hat, springt ihr das, was sie Freund nannte, aufgeregt entgegen. Sie begrüßt ihn mit warmem Händedruck, der mich schwindeln lässt.

»Leg dich mal hin und entspann dich. Du zitterst ja richtig. Bist du das erste Mal bei einer Frau?«

»Nein«, lüge ich. »Ich habe eine Freundin. Aber die ist verreist. Draußen ist es halt kalt.« Noch was Blöderes fiel mir wohl nicht ein. Sie durchschaut mich. Sie lächelt.

Während sie spricht, streichelt sie ununterbrochen weiter. Ihre schlanken Finger greifen an zehn Punkten gleichzeitig zu. Es ist unbeschreiblich schön. Ich bin elektrisiert. Von irgendwoher hat sie ein Kondom gezaubert. Geschickt öffnet sie es mit einer Hand und rollt es ein, zwei Umwindungen ab. Mit der anderen verwöhnt sie mich weiter. Dann stülpt sie es mir ganz über. Ganz langsam. Ich werde wahnsinnig. Ich bin nur noch Gefühl und Zittern. Jetzt hat sie den letzten Wickel des Kondoms entrollt. Da vernehme ich von weit her ihren Ausruf: »Oh, da ist es ja schon!«

Schwupp, ist das Gummi wieder abgestreift. Sie verschließt es mit einem Knoten, wirft es in einen Papierkorb. Er ist irgendwie gefüllt mit einer Flüssigkeit. Dabei war es doch eben noch leer, das könnte ich schwören. Die Frau kann offenbar zaubern.

Mit einem Papiertaschentuch verwischt sie die Spuren ihrer Tat. »Du bist ja ein ganz Schneller«, lacht sie. »Dann zieh dich mal wieder an.«

»Wie – das war's schon?« Ich kann es gar nicht fassen. Das war ja, wie fünf Mark einfach wegzuwerfen!

»Aber ich war ja noch gar nicht bei dir drin«, reklamiere ich.

»Es geht nach einmal und nicht nach drinnen oder draußen, klärt sie mich über die Geschäftsbedingungen auf.

Mein Gott, denke ich, als der Verstand zurückkehrt. Das waren schnell verdiente fünf Mark. Für sie. Und schnell verlorene fünf Mark. Für mich. Dafür muss ich jetzt wieder fünf Wochen arbeiten. Erst dann könnte ich die Frau erneut besuchen.

Ich kehre zurück auf die Straße. Der Schnee auf meiner Jacke hatte nicht einmal Zeit zu schmelzen. Da kommt Hermann um die Ecke. Trotz des Schneefalls erkenne ich ihn an seiner Gestalt.

»Na, willst du nicht endlich irgendwo reingehen? Mir wird's allmählich kalt.« Er hat gar nicht bemerkt, dass ich fort war! Er wird mich auslachen, wenn ich sage, dass ich meine erste Erfahrung soeben gemacht habe. Einen Fünf-Minuten-Quickie! Und dass es trotz der Kürze schön war. Ich behalte es für mich.

»Ach, lass mal. Ich finde meinen Typ Frau heute einfach nicht. Ich werde es wohl lieber ein anderes Mal versuchen ...«

Der Frosch

Deutschlandmarsch 1981. Hamburg–Oberstdorf. 1000 Kilometer. Ohne Ausrüstung. Ohne Nahrung. Dafür allerdings *mit* Hunger. Danach bin ich um 25 Pfund abgemagert.

Unterwegs eine Ringelnatter. Sie hat es eilig und will im Wasser verschwinden. Ich habe Hunger und es deshalb noch eiliger, sie zu fangen. Sie selbst scheidet jedoch als Nahrung aus. Ich habe mir vorgenommen, den Marsch zu bewältigen, ohne dabei Gesetze zu verletzen. Reptilien stehen unter Naturschutz.

Aber die Ringelnatter ist nur Mittel zum Zweck. Sie hat, deutlich sichtbar, einen Fisch im Bauch. Er ist mächtig ausgedehnt. Und Fische stehen ja nicht unter Natur-

schutz. Normalerweise spucken Schlangen, wenn sie in akuter Gefahr sind, ihren Mageninhalt sehr schnell wieder aus, um auf der Flucht wendiger zu sein. Diese jedoch bleibt stur. Ganz klar – sie weiß, dass sie unter Schutz steht, und denkt: Was will der Typ denn von mir? Das werde ich ihr zeigen. Ich will ihren Fisch. Rüdiger mag nämlich Fisch. Erst recht jetzt, wo ich Hunger habe. Ich halte sie am Schwanz fest und massiere ihr den Mageninhalt sanft ins Freie. Das kann man mit Schlangen sehr leicht machen. Es funktioniert so, als wolle man den Rest Streichwurst aus der Wurstpelle drücken.

Zu meinem Schrecken kommt aber kein Fisch hervor, sondern ein Frosch. Und Frösche stehen auch unter Naturschutz. Nun habe ich ein Problem. Ein ernstes sogar. Ich will ihn ihr zurückgeben. Aber die Natter verschmäht das Erbrochene. Feinschmecker. Sie verschwindet mit eleganten Bewegungen ins Schilf am Teichufer.

Was nun? Den guten Frosch verwesen lassen? Kommt nicht in Frage. Lebensmittel lässt man nicht umkommen. Und schon gar nicht, solange sie nicht verdorben sind.

Der Frosch entspricht einem bis zwei Frühstückseiern. Die findet man nicht jeden Tag. Ich wasche und verzehre ihn roh. Nouvelle Cuisine.

Diese Szene wurde im Film gezeigt, den das ZDF über meinen Marsch gedreht hat. Erstmals sehe ich die Episode aus Sicht der Kamera. Ich bin echt beeindruckt. Auch den Zuschauern geht es so. Es kommen Zuschauerbriefe: Zustimmung, Begeisterung, aber auch Ablehnung. Die Geschmäcker sind halt verschieden. Ich habe es bewiesen.

Doch einen Leserbrief gibt es, der es wert ist, verewigt zu werden. Ein Klassiker. Er stammt von einem 12-jährigen Schüler:

> 19.1.82
>
> Lieber Rüdiger,
> dein Film lief genau an meinem Geburtstag. Das tollste war, als du die Schlange den Frosch geklaut hast. Da rutschte meine Mutter ganz langsam vom Stuhl und wurde ohnmächtig. Das war mein schönstes Geburtstagsgeschenk.
> Danke!
> Dein David

Lausebande

»Ich bin völlig verzweifelt. Ich wollte meinen Bericht über die Kopflaus mit einer Fotoserie bestücken – und nun finde ich die Tiere nirgends. Keine einzige Laus weit und breit!«

Tropenarzt Dr. Herbert Lieske aus Hamburg klagt mir sein Leid. Ich habe ihn wie jedes Jahr wegen einiger Impfungen konsultiert. Er betreibt nicht nur eine gut gehende Praxis für Tropenkrankheiten, sondern gilt darüber hinaus auch unter Kollegen als gefragter Experte. Ständig ist er auf Reisen, um sein Wissen zu aktualisieren. Er schreibt Beiträge für die Fachpresse und hat in Büchern publiziert. Viele seiner Veröffentlichungen leben von den einmaligen Fotos. Er ist Spezialist in Mikro- und Makrofotografie. Ein Blick auf seine diabestückten Leuchttische ist ein Blick in ein medizinisches Gruselkabinett. Ob leprazerfressene Gesichter, meterlange Medinawürmer, die den Patienten aus den Augäpfeln hängen, oder durch Vipernbisse zerfleischte Beine – Lieske hat alles, was die Tropen an Schrecken und Abschreckung zu bieten haben.

Sein Fotostudio hält er penibel verschlossen, als lägen dort das Bernsteinzimmer oder Queen Elizabeths Kronjuwelen.

»Wenn das meine reiselustigen Patienten sähen, würden sie ihre Reisen umgehend stornieren, und ich wäre arbeitslos«, fürchtet Lieske. Und das zu Recht. Also trägt er den Schlüssel angebunden in seiner Hosentasche. Niemand soll die Schattenseiten der Tropen kennen lernen.

Auch nicht seine Mitarbeiterinnen. Die Patienten können sich in den Zimmern und Fluren an den Sonnenseiten der heißen Zonen erfreuen: den herrlich bunten Märkten, den palmenbestandenen Stränden, den lächelnden Gesichtern der Menschen. Oder den Orchideen voller Tautropfen. Effektvoll im Gegenlicht selbstverständlich. Wie es sich für einen Meister der Fotografie gehört.

Lieskes Archiv ist Gold wert. Kollegen, Universitäten, Verlage – sie alle begehren seine einmaligen Bilder für ihre Publikationen. Lieske ist eine Tropenmedizin-Koryphäe schlechthin. Das rege Interesse beschert ihm nicht nur Nebeneinnahmen, sondern auch Anerkennung und Erfüllung. Die Bilder sind sein ganzer Stolz.

Aber nun das: nirgends Läuse!

»Ganze Völker werden seit Urzeiten von ihnen heimgesucht«, klagt er. »Die Menschen kratzen sich die gesamte Kopfhaut ab. Wo andere Schmutz unter ihren Fingernägeln haben, haben die Leidtragenden Eier, Nissen, Läuse, Schorf und Blut vom ständigen Kratzen. Und hier in Hamburg finde ich einfach keine einzige Laus! Es ist schier zum Verzweifeln.«

Er wirkt völlig zerknirscht. Es ist, als habe ihm jemand die wichtigsten Notizen für eine karriereentscheidende Arbeit entwendet. Kein Bild der Läuse, nur ein Bild, das des Jammers.

Doch dann plötzlich dieser Funke der Hoffnung!

»Herr Nehberg, können Sie mir nicht helfen, an Läuse zu kommen? Sie sind doch Spezialist für die Lösung schwieriger Probleme. Wie kriege ich Läuse?«

Ich blicke in das sorgengefaltete Gesicht meines Leibarztes, strenge mein Gehirn an und habe eine Idee.

»Versprechen kann ich nichts. Aber ich werde es versuchen«, tröste ich ihn. Doch mehr sage ich nicht, obwohl ich mir sicher bin, die Lösung gefunden zu haben. Manchmal gibt es einfach Zufälle, die wie Fügung wirken. Aber die behalte ich lieber für mich. Ich will ihn in dem Glauben lassen, dass ich ein Allroundexperte bin, der einfach alles beschaffen kann. Von der Laus bis zur Flugzeugabwehrrakete. Das ist gut fürs Image.

Die Lösung heißt Kirsten! Sie ist meine Tochter. Letzte Woche hatte sie schulfrei. Genauer gesagt: läusefrei! Das ist ähnlich wie hitzefrei. Nur eben schlimmer. Unter Wohlstandsbürgern sogar eine Katastrophe. Ansteckend, ekelerregend. Schule geschlossen. Alle zur Untersuchung. Nach fünf Tagen wieder alles normal. Die zwei Mädchen, bei denen man die seltene Tierart entdeckt hatte, sind wieder clean, die übrigen waren verschont geblieben.

»Im Moment gibt es an allen Hamburger Schulen Läuse«, hatte Kirsten vor drei Tagen noch verkündet.

»Davon brauche ich unbedingt eine Hand voll«, beschwöre ich sie.

»Kein Problem, nichts leichter als das«, versichert sie. »Ich frage die Klassenlehrerin. Die kennt Schulen, die immer noch betroffen sind.«

Und weil das mit den vielen Schulen so war, brauchte Lieske die Tiere. Die Zeitungswelt schrie nach eindrucksvollen Bildern. Kollegen und Apotheker verwiesen die Journalisten an ihn. Und ausgerechnet diese Exemplare fehlten in seiner Sammlung! Manchmal könnte man schier verzweifeln. Eine Blamage ersten Grades, gesteht er sich ein. Da hatte er ordnerweise die phantastischsten Leprabakterien und deren Wirken, er hatte Medinawürmer bei der Paarung im Auge eines Patienten und er hatte Elefantiasisbeine im Breitwand-Querformat. Nur Laus hat er keine einzige. Weder Hoch- noch Querformat.

Nicht, dass es Lieske ums Bildhonorar geht. Geld verdient er genug mit der Praxis. Viel wichtiger ist ihm sein Name unter dem Bild. Der gute Ruf als Experte.

Das Einzige, das ihn in dieser Situation tröstet: die Kollegen haben offenbar auch kein Bild. Außer dem langweiligen, dem sachlichen, das man bei Grzimek nachschlagen kann. Und wo sich dann auch jeder bedient.

»Der Schulsprecher und die Vertrauenslehrerin meinten, in Wilhelmsburg und Billstedt seien zurzeit noch betroffene Schulen. Sie setzt sich noch heute mit den Schulleitern in Verbindung und sagt mir morgen Bescheid.« Kirsten ist ein Schatz.

Ich tröste derweil Dr. Lieske. »Haben Sie ein wenig Geduld. Meine Leute erkundigen sich. Die Aktion läuft auf vollen Touren«, gebe ich mich selbstsicher.

Sie läuft tatsächlich. Aber erfolglos. Weder am nächsten noch am übernächsten Tag, noch überhaupt gibt es Erfolgsmeldungen. Allenfalls Erfolgsmeldungen der Kammerjäger und Jakutin-Hersteller. Jakutin – das ist das Läusegift. Die *Freie und Hansestadt* Hamburg kann ihren Titel längst wieder erweitern auf *LäuseFreie und Hansestadt Hamburg*. Wo immer wir fragen, überall kommen wir ein paar Wochen, Tage oder auch nur Stunden zu spät.

Nicht nur Lieske versinkt in Depressionen, auch ich bin traurig und zweifle an meinem Improvisationstalent. Jeder hat da seinen Komplex.

Not macht erfinderisch. Ich inseriere im *Hamburger Abendblatt*. Samstags, unter *Verschiedenes*. Das ist genau die richtige Spalte für Kurioses aller Art. Unter *Verschiedenes* hatte ich meine ersten Reisepartner gefunden. Unter *Verschiedenes* würde man sogar Mitstreiter finden, wollte man einen »Saddam-Hussein-Freundeskreis« gründen. Die einzige Schwierigkeit ist, die Anzeigenberaterin davon zu überzeugen, das Inserat nicht unter *Tiermarkt* einzuordnen. Sie hätte da ihre Vorschrift. Läuse seien Tiere.

»Niemand, der Läuse hat, wird dort nachschauen, ob er sie verkaufen kann. Dann kann ich mir die Anzeige gleich sparen. So was muss unter *Verschiedenes*.«

Ich erkläre ihr den wissenschaftlichen Hintergrund, sie rückversichert sich bei ihrem Vorgesetzten. Der gibt grünes Licht. Wegen der Wissenschaft.

So lese ich am Samstag den schlichten Hilferuf:

LÄUSE, lebend, dringend gesucht! Telefon 040/6931809

Das ist die Nummer meiner Konditorei. Mit Telefonangabe, das weiß ich, hat man die besten Chancen. Die Leute wollen anrufen und nicht schreiben. Schon gar nicht würden solche schreiben, die tatsächlich Läuse besäßen. Denn Läusezüchter, das weiß doch jeder, sind in erster Linie Asoziale und Analphabeten. Meist beides in einer Person. Die können gar nicht schreiben.

Das Hamburger Abendblatt ist noch druckfrisch, da kommt schon der erste Anruf. Ich melde mich.

»Konditorei Nehberg. Guten Morgen. Was kann ich für Sie tun?«

»Konditorei Nehberg? Habe ich das richtig verstanden? Was haben Sie denn mit Läusen zu tun? Hier ist die BILD-Zeitung.«

Ich erkläre den Fall. Der Anrufer gibt sich euphorisch. Er macht ein Späßchen. »An wie viele Kilo haben Sie denn gedacht? Wir bringen das groß raus, und Sie werden sich wundern, was da zusammenkommt. Geben Sie mir mal die Nummer Ihres Bekannten.«

»Tut mir Leid. Das geht nicht. Deshalb hat er ja ausdrücklich mich um das Inserat gebeten. Wenn er selbst damit in Erscheinung tritt, so fürchtet er, wird die Ärztekammer ihm das als unerlaubte Werbung auslegen.«

»Tja, dann soll er sich seine Tierchen halt selbst beschaffen.«

Bautz. Beleidigt. Aufgelegt.

11 Uhr. Erneuter Anruf. Eine Jungenstimme.

»Oh, habe ich mich verwählt? Eine Konditorei?«

»Ja. Eine Konditorei. Worum geht es denn?«

»Ich rufe wegen der Läuse an.«

»Dann bist du hier richtig. Ich handle mit allem. Auch mit Läusen. Hast du welche?«

Kurzes Zögern. Eine Konditorei, die mit Läusen handelt, das muss er erst noch verdauen.

»Nein, ich habe keine. Ich suche selbst. Sogar dringend.«

»Wofür denn?«, will ich wissen. Hatte Lieske etwa Konkurrenz bekommen? Oder hatte er mehrere Fahnder auf die Fährte der Läuse angesetzt? Der Junge druckst herum.

»Es ist nämlich so: Wenn jemand bei uns in der Schule Läuse hat, gibt es sofort schulfrei. Und nächste Woche schreiben wir drei entscheidende Arbeiten. Deshalb brauche ich Läuse. Ich kann von meinem Taschengeld fünf Mark pro Stück bezahlen.«

Nun bin ich hellwach. Habe ich da eine Marktlücke entdeckt? Läuse, Flöhe, Zecken für fünf Mark das Stück? Das wäre ja der helle Wahnsinn. Was gäbe es da noch? Mehlwürmer zum Beispiel. Die könnte ich notfalls über Kollegen mit weniger sauberen Backstuben organisieren. Wie hoch mochte da der Stückpreis, der Kilopreis liegen? Sind satt getrunkene Läuse doppelt schwer? Sind Weibchen wertvoller als Männchen? Fragen über Fragen. Sicher kann Lieske mir das alles beantworten, falls es für meine neue Existenzgründung relevant würde.

Ich notiere mir die Telefonnummer des Schülers und verspreche, ihm Überschüsse abzugeben. Und während ich meine Marzipanschweine modelliere, stelle ich Hochrechnungen an in Sachen *Nehberg, Insektenhandel*.

Leider ist das der letzte Anruf in dieser Angelegenheit. Ich muss meine Erwartungen zügeln und weiter kleine Brötchen backen. Kleinanzeige, Fehlanzeige.

Die Sache ist quasi vergessen. Mein Image als Organisator kann ich begraben. Da kommt, drei Wochen später, ein dritter Anruf. Ich melde mich wie üblich. Der Typ revanchiert sich mit seinem Namen. Aber ich verstehe ihn nicht. Ich mag auch nicht nachfragen. Wer will schon zugeben, dass er schlecht hört. Lerne leiden, ohne zu klagen, sagen die Kampfschwimmer. Also halte ich die Klappe und lasse ihn reden. Vor allem ahne ich nicht, dass ich diesen Namen noch dringend benötigen werde.

»Das darf nicht wahr sein!«, jubelt er dann sofort. »Wissen Sie, dass ich Kunde bei Ihnen bin und Ihr größter Fan?« Blöde Frage. Wie soll ich das wissen, wo ich ja nicht einmal den Namen richtig verstanden habe.

»Es geht um Ihr Inserat vor drei Wochen. Wegen der Läuse. Ich hatte es verlegt. Und nun habe ich es wieder gefunden. Und deshalb melde ich mich.«

»Aha«, gebe ich mich geistreich.

»Ich arbeite im St.-Georg-Hospital und bin zuständig für die Entlausung der Obdachlosen.«

Das ist ein Ding! Jetzt bin ich hellwach.

»Das heißt, Sie können mir ein paar Läuse besorgen?«

»Was heißt hier ein paar?«, lacht er durchs Telefon. »Ich rechne nicht in Stück. Ich rechne in Kilo.« Angeber, schießt es mir durchs Gehirn. Aber er schwört, mich mit so vielen Kopf- und Filz- und Kleiderläusen zu versorgen, wie ich nur will.

»Es ist mir geradezu eine Ehre, meinem Idol behilflich sein zu können«, schleimt er. »Sie haben mir mit Ihren Büchern so viel Freude bereitet, dass ich mich wirklich glücklich schätze, Ihnen auf diese Weise danken zu können«, schließt er die vielversprechende Ankündigung meines zukünftigen Nebenerwerbs. »Geben Sie mir mal die Adresse Ihres Bekannten. Dann regle ich das direkt. Morgen bringe ich ihm ein ganzes Glas voll. Der wird staunen.« Ich nenne ihm Lieskes Nummer.

Kleine Anzeige, großer Erfolg! Glücklich und stolz rufe ich Lieske an. »Wie viele Kilo brauchen Sie denn?«, hochstapele ich wie mein Anrufer und bin mächtig stolz, mein Versprechen doch noch einlösen zu können.

»Fünfzig Stück wären der helle Wahnsinn«, antwortet er. »Ideal wären die verschiedenen Stadien: Eier, Nissen, Häutungen, Läuse bei der Paarung, Schwangere, Weibchen bei der Eiablage, beim Blutsaugen, Kratzwunden ...« Er kriegt kaum noch Luft. So euphorisch redet er sich in Form. Jetzt dreht er völlig ab, denke ich. Die Läuse steigen ihm wohl zu Kopf. Bildlich und tatsächlich. Aber ich kann ihn verstehen. Sammlerleidenschaft. Endlich kann er die Archiv-Lücke auffüllen. Er verspricht mir als Dankeschön das Blaue vom Himmel. Nie mehr muss ich bei ihm im Vorzimmer warten. Was immer ich für die Yanomami-Indianer an Medikamenten benötige, er wird es mir gratis geben. Und auch der Läuselieferant soll stets bei ihm bevorzugte Behandlung bekommen.»Das ist wirklich phantastisch. Solch ein Mann ist genau der ideale Lieferant.«

Noch nie habe ich meinen Tropenarzt so in Form erlebt. Will er wirklich nur medizinische Bilder für sein Archiv, oder will er in Wirklichkeit eine Kriminalgeschichte über Läuse fotografieren? Oder gar beides? Bis zu diesem Moment ahnte ich ja nicht, wie aufregend das Leben der gemeinen Kopflaus, *Pediculus humanus capitis,* sein kann! Und während er noch von Kontaktinfektion, Eiablage am Haarschaft und bevorzugte Regionen über den Ohren doziert, freute ich mich still über diese kostenlose Nachhilfe in Biologie und speichere seine Informationen ab als wichtiges erstes Elementarwissen für den geplanten Insektenhandel und Tier-Kriminalgeschichten in spe. Eine tolle Zukunftsmusik!

Doch dann höre ich nichts mehr von ihm. Sendepause. Lieske übt sich in Funkstille. Zwei Tage schon. Ist er etwa immer noch am Fotografieren? Hat er womöglich sogar seine Praxis geschlossen, nur um seinem Hobby zu frönen? Inzwischen scheint mir bei ihm alles möglich. Am dritten Tag wage ich nachzufragen. Ein kleines Dankeschön hätte ich schon erwartet. Zumindest kann man Vollzugsmeldung machen, denke ich.

Stattdessen die totale Enttäuschung. »Ja, Ihr guter Mann wollte um achtzehn Uhr hier sein. Ich habe die Praxis extra schon eine Stunde früher geschlossen und im Studio alles aufgebaut. Aber weder ist der Herr erschienen, noch kam ein erklärender Anruf. Da sind wir wohl einem Schwindler aufgesessen.«

Puuh! Zu blöde aber auch, dass ich mir den Namen des Entwesers nicht gemerkt hatte. Ich wusste nur von seinem Arbeitsplatz im St.-Georg-Krankenhaus. »Aber rufen Sie da bitte nicht an«, hatte er mich ausdrücklich gebeten.

»Es ist strengstens untersagt, die Tiere mit rauszunehmen.«

Dass er mich auf den Arm genommen hätte, glaube ich nicht. Zu überzeugend waren seine Argumente bezüglich »Kunde bei Ihnen« und »Fan von Ihnen und Ihren Büchern«. Meine Fans sind keine Betrüger. Wo kämen wir denn sonst hin? Dann hätten meine Bücher ja völlig ihren Sinn verfehlt.

Fünf Tage später sein erneuter Anruf. Wieder spricht er seinen Namen so hektisch undeutlich aus, dass ich ihn auch diesmal nicht verstehe. Und da er auch mich mit seinem nicht eingehaltenen Versprechen enttäuscht hat, interessiert er mich sowieso nicht mehr. Quatschköpfe, Wichtigtuer und Trittbrettfahrer können mir gestohlen bleiben.

Das ändert sich schlagartig, als er den Grund für sein Nichterscheinen nennt.

»Sie glauben gar nicht, wie peinlich mir das war. Zumal ich es vor allem für Sie und nicht für den Doktor tun wollte.«

Und so erfahre ich von dem stillen Drama, das sich vor einer Woche auf Hamburgs Straßen im gut verschraubten und per Luftlöcher ventilierten Marmeladenglas abgespielt hat. Ein Tierdrama, das für die betroffenen Lebewesen bestimmt ebenso grauenhaft war wie das Wal- oder Seehundsterben vor irgendwelchen Küsten, das so oft und gern und groß in den Medien Widerhall findet. Nur dass es diesmal ein paar Läuse betraf. Und die sind nicht medienwirksam. Obwohl auch Läuse eine Seele haben. Das weiß ich von Lieske.

Da hatte er also tatsächlich 50 der kleinen Blutsauger in mühsamer Handarbeit ins Marmeladenglas verlesen, dieses fest verschraubt (»Und alle halbe Stunde habe ich neue Frischluft reingelassen«) und stand pünktlich um 18 Uhr vor Lieskes Praxis. »Ich hatte die Läuse bereits morgens eingesammelt. Da war ich noch alleine im Dienst. Es durfte ja niemand sehen.«

Aber als er sich kurz vor der Übergabe seinen Fang vorsichtshalber noch einmal anschaut, erfasst ihn das nackte Grauen. Da liegen alle Tiere auf dem Rücken und sind mause-, pardon, lausetot. Schock und Scham sind so groß, dass er schnurstracks nach Hause umkehrt.

»Ich habe so was ja noch nie gemacht und nicht bedacht, dass *Pediculus humanus capitis* nicht lange ohne seinen Blutswirt leben kann. Das Tier ist halt doch ausgeprägt wirtsspezifisch«, protzt er nun mit seinem Fachvokabular. Das hat er sich bestimmt erst hinterher angelesen, denke ich. Sonst wäre ihm das ja nicht passiert. Aber immerhin hat er aus seinem Fehler gelernt.

»Das ließ mir keine Ruhe. Als ich die Ursache wusste, hatte ich sofort die Lösung. Und die will ich Ihrem Doktor heute Abend präsentieren.«

»Und die wäre?«

»Ich habe einen Obdachlosen überredet, sich die Läuse nicht wegmachen zu lassen und seine Tiere mit mir zusammen persönlich beim Doktor abzuliefern. Live gewissermaßen. Und das geschieht, wie gesagt, heute Abend.«

Genial, denke ich. So sind meine Fans. Aus Niederlagen lernen.

»Ich habe nur noch eine Frage. Der obdachlose Lausemann, der den Plagegeistern aus reiner Tierliebe bei sich Obdach bot, verlangt drei Flaschen Wermut, das Taxengeld und zwanzig Mark. Ob der Doktor das übernehmen wird? Ich hätte ihn auch schon selbst gefragt, aber ich habe seine Telefonnummer verlegt. Ich weiß nur noch die Adresse, weil ich da ja schon vor der Tür gestanden habe.«

Wie muss das nur bei dem zu Hause aussehen, denke ich. Hatte er nicht meine Telefonnummer damals auch verschlampt? Allzu viel hatte er dann aus meinen Büchern doch nicht gelernt. Aber ich halte die Klappe, wage nicht mal ein Witzchen. Die Läuse haben Vorrang.

»Selbstverständlich übernimmt er das. Sonst erstatte ich die Kosten.«

Stolz melde ich mich bei Lieske. Sind wir also doch keinem Spinner aufgesessen! »Heute Abend. Live. Auf dem Kopf eines Penners!« Ich sage die Worte extra in Zeitlupe und in Stakkatosätzen. Er soll staunen. Und das tut er.

Ich spreche die Kosten an.

»Selbstverständlich kriegt der seine drei Flaschen und das Taxengeld und die paar Mark. Gern gebe ich ihm mehr. Das ist doch klar. Ehrensache.«

Anderntags die erneute Enttäuschung. Der Lausekiller von St. Georg war zum zweiten Male nicht erschienen! Und wieder hatte er nicht abgesagt. Was war das nur für ein riesengroßes Läusearschloch! Ich bin richtig sauer. Man sollte ihm Hausverbot in meinen Läden erteilen. Man sollte ihn x-förmig auf nacktem Zementboden anbinden und mit Läusen überschütten. Zumindest – weil das ja nicht möglich wäre, ohne im Gefängnis zu landen – wünsche ich ihm den Kopf voller Läuse und Arme ohne Hände, damit er sich nicht kratzen kann. So furchtbar kann meine Rache sein.

Schließlich der dritte Anruf. Zwei Wochen später. Längst habe ich den Spinner im Geiste zu den Akten gelegt.

»Auf solche Pseudo-Fans kann ich gut verzichten«, geifere ich ihn sofort an. Ich brauche ein Frust-Ventil. »Und bevor ich dir weiter zuhöre, gib mir deinen Namen und die Telefonnummer. Ich rufe zurück, damit ich endlich weiß, wen ich wirklich vor mir habe. Und damit ich weiß, wessen Haus ich mit Ratten vollschütten und verseuchen werde. Du bist nichts als ein Laberkopf. Du bist ein Telefonterrorist.« Ich kann hundsgemein fluchen, wenn es darauf ankommt. Ich will auflegen. Lieber fliege ich nach Bangladesch und hole mir die Läuse höchstpersönlich.

Überraschenderweise ist er nicht sauer, nennt mir seine Nummer. Ich rufe zurück. Er meldet sich. Was um alles in der Welt stimmt mit diesem Mann nicht? Warum ist er zum zweiten Male nicht erschienen?

»Das will ich dir erklären.« Aufgrund unserer langen Bekanntschaft duzen wir uns immerhin schon.

»Ich wollte damals gerade mit dem verlausten Obdachlosen in die Taxe steigen. Da witterte der wohl die Chance seines Lebens und forderte statt der vereinbarten drei plötzlich fünfzig Flaschen Wermut und zweihundert Mark! Zweihundert Mark! Das musst du dir einmal vorstellen. Mit Nichtstun Millionär werden. Dafür muss ich über zwei Tage arbeiten. Andere Penner hatten ihn wohl aufgeheizt. Er wollte den Big Mac spielen und die ganz große Obdachlosen-Fete schmeißen. Ich habe eine solche Wut bekommen, dass ich ihn auf der Stelle aus der Taxe geschmissen habe. Dafür durfte ich dem Taxifahrer dann auch noch die Grundgebühr von drei Mark bezahlen.«

»Ja und nun?«

»Heute habe ich die absolut sichere Sache. Ich schwöre es bei allem, was mir etwas bedeutet. Aber ich möchte es nicht verraten. Ich möchte dich und deinen Bekannten überraschen.«

»Was weiß ich, welche Werte dir etwas bedeuten?«

»*Du* bedeutest mir etwas. Du und deine Indianerarbeit. Darauf schwöre ich hier und jetzt! Großes Indianer-Ehrenwort. Und nun sag dem Doktor, dass ich heute Abend um achtzehn Uhr auf seiner Matte stehe.«

Um 21 Uhr geht das Telefon. Lieske. Ich komme nicht einmal dazu, meinen Namen zu nennen, da rappelt er schon los.

»Herr Nehberg, diesmal hat es geklappt!!! Und nicht nur einfach geklappt, sondern es war das absolut Beste, was ich mir je hätte wünschen können. Der Mann muss ja ein Riesen-Fan von Ihnen sein. Nur so einer kann das zuwege bringen. Ich habe die beste Serie über den Läuseleben-Zyklus, die man sich denken kann. Die Fotofolge wird alles in den Schatten stellen, was ich aus der Fachliteratur kenne. Sie wird bei meinen Seminaren die unübertreffbare Diaserie und eine unermessliche Bereicherung darstellen. Kurzum: Ich bin nicht nur rundweg zufrieden. Ich bin ausgesprochen glücklich. Jetzt darf ich sogar sagen: Das lange Warten hat sich hundertprozentig gelohnt. Das Marmeladenglas oder der Penner – sie alle wären nicht annähernd das gewesen, was er mir eben präsentiert hat. Ich habe dem Mann spontan dreihundert Mark in die Hand gedrückt.«

Er holt nur kurz Atem und dann fährt er fort.

»Man kann sagen, dass ich alles, aber auch wirklich alles vorgefunden habe: die rundlichen lebenden Nissen mit ihrem unverwechselbaren grauen Farbton, die abgeplatteten leeren Nissen in den Farbspielen mattweiß bis gelblich, ein Weibchen, das gerade seine Eier an einen Haarschaft klebte – wie Weidenkätzchen sieht das aus –, ferner, in Super-Makro, die einschlagbaren Klauen an ihren Klammerbeinen, die Mundwerkzeuge, Läuse mit Biss und die blutiggekratzte Kopfhaut in allen Stadien. Das heißt von der Quaddel über ekzematöse Reizungen, Blutungen und Schorf bis hin zu eitrigen Geschwüren und abgekratzten Eiern unter den Fingernägeln der Befallenen.«

»Was für Befallene?«, schaffe ich es, blitzschnell eine Zwischenfrage in den Redefluss zu katapultieren.

»Ach ja, das habe ich ja noch gar nicht gesagt. Nach den zwei Fehlversuchen, jenem mit dem Marmeladenglas und dem mit dem Obdachlosen, hat er dann eine eigene Zucht angelegt. Das war eine streng geheime Aktion, weil weder sein Arbeitgeber noch seine Frau etwas davon mitbekommen durften. Er wäre in Teufels Küche geraten.«

»Heißt das, er hat die Zucht auf sich selbst angelegt?«
»Nein, noch besser! Auf seinen beiden blonden Kindern! Die hatten geschworen, der Mutter kein Sterbenswörtchen davon zu verraten, und haben ihr Versprechen eingehalten. Und deshalb war das auch alles so gut zu fotografieren, denn Blonde sind ja nicht so dichthaarig. Erst als seine Frau den Befall bemerkte, weil die Kinder sich die ganze Kopfhaut aufgekratzt hatten, hielt er den Moment für gekommen, die Sache zu beenden.«

Die Kobra

Der Anruf weckte mich aus tiefstem Bäckerschlaf. Es war zwei Uhr nachts. »Der Hanno* ist von der Kobra gebissen worden!« Martina war völlig aufgeregt. Sie war Hannos Freundin, und mit Hanno war ich dank unseres gemeinsamen Hobbys, der Schlangen, seit längerem befreundet. Sowohl er als auch ich hatten mehrere dieser Tiere in Terrarien in unseren Wohnungen. Giftige wie ungiftige. Mir war sofort klar: Das war Martina und niemand anderer, und es war tödlicher Ernst. Sie war nicht die Frau, die mich nur geweckt hätte, um mich auf den Arm zu nehmen.

»Er hat doch Serum im Kühlschrank!«, wusste ich. »Du musst es sofort spritzen. Möglichst in die Vene. Verlier keine Sekunde!«

»Nein, er ist inzwischen übern Berg. Er liegt im Tropenkrankenhaus. Ich wollte mich nur mal ausquatschen. Ich habe ein paar schreckliche Stunden hinter mir. Kannst du ihn morgen früh besuchen?«

Was war passiert?

Hanno arbeitete für einen amerikanischen Konzern, der eine Niederlassung in Hamburg hatte. Abitur und fließende Englischkenntnisse waren Voraussetzung, um überhaupt als Mitarbeiter in Frage zu kommen. Und hatte man das geschafft, hatte man sich in die strenge Hierarchie einzuordnen. Es herrschte Krawattenzwang, und für die Älte-

---

* Alle Identitäten auf Wunsch geändert

ren – d.h. ab dreißig – war es ratsam, verheiratet zu sein, ungeschieden, zwei Kinder zu haben, ein Einzelhaus und einen Wagen der gehobenen Klasse. Um sich diesen Standard leisten zu können, war die Besoldung entsprechend geregelt. Der Konzern expandierte, die Aktien waren begehrt, die jährliche Dividende für die Mitarbeiter war beachtlich. 14 Gehälter waren die Norm, wenn man länger zur Firma gehörte. Nicht zuletzt wegen der materiellen Anreize war das Betriebsklima trotz der straffen, fast militärischen Betriebsstruktur nicht schlecht.

1973. Wieder einmal war ein Fortbildungsseminar angesagt. Diesmal nicht, wie bisher, in einem deutschen Luxushotel, sondern, um es noch attraktiver zu machen, in einem amerikanischen in der Nähe von Kalkutta in Indien.

Für Hanno waren Event und Ort doppelt reizvoll. Vor allem, als er las: »Samstag zur freien Disposition«. Da gab es gar kein Überlegen mehr. Sofort hatte er sich zu dem Seminar angemeldet. Diesen freien Tag würde er nutzen, um sich einen lang gehegten Traum zu erfüllen. Hanno wollte durch den Dschungel stromern und sich eine Kobra fangen! Natürlich behielt er das für sich. Er konnte nicht damit rechnen, bei seinen Kollegen mit seinem extravaganten Hobby auf Verständnis zu stoßen. Eher würde er damit Irritationen auslösen und Probleme heraufbeschwören.

Während seine Kollegen sich zu verschiedenen Besichtigungsfahrten anmeldeten, nahm Hanno eine Taxe und fuhr in ein fernab gelegenes kleines Regenwalddorf. Sie hielt auf dem zentralen Marktplatz. Sofort war er von vielen Neugierigen umringt.

»Gibt es hier einen Schlangenfänger?«, erkundigte er sich. Er vertraute seinem Glück. Bestimmt würde es hier jemanden geben. Wenn nicht hier, dann eben ein Dorf weiter. Den Wagen ließe er warten, um flexibel zu bleiben. Er wollte keine Zeit verlieren.

Er hatte die Frage noch gar nicht richtig ausgesprochen, als ein Riesengedrängel und ein Höllenlärm einsetzten. Hände reckten sich gestikulierend in die Luft, Stimmen überschlugen sich. Im Nu war er in eine Menschenmenge eingekeilt. Spontan steckte Hanno seine Geldbörse in die Innentasche.

»Einen?«, lachte der Taxifahrer, der den Dolmetscher spielte. »*Alle* sind sie Schlangenfänger.«

Ja, filterte er den Wortschwall, überall und immer gäbe es hier Kobras. Und es wäre kein Problem, sie zu fangen. Massenhaft. Draußen ebenso wie im Haus. Zu jeder Tages- und Nachtzeit. Mehr, als einem lieb sein könnte. Jeder garantierte ihm beste Fänge.

Einer tat sich besonders hervor. Vor allem sprach er etwas Englisch. »Wenn die dich beißen, bist du sofort tot. Im unübersichtlichen Dickicht ist die Gefahr besonders groß. Deshalb lass sie mich für dich fangen.«

Der Taxifahrer schmunzelte. »Vereinbare mit ihm eine Fangprämie. Gib ihm einen kleinen Grundlohn und für jedes gefangene Tier eine besondere Prämie. Nur dann entwickelt er Ehrgeiz. Wenn du das nicht machst, verjagt er dir die Tiere sogar, damit du morgen wieder kommst.«

Der Taxifahrer kannte seine Pappenheimer. Hanno befolgte den Rat und entschied sich für den mit den guten Englischkenntnissen. Der Wagen würde warten. »Vor Einbruch der Nacht bin ich nicht zurück«, rief er dem Driver noch zu. Nicht, dass der nach zwei Stunden die Geduld verlor und verschwand. Das Dorf war so klein, dass es schwer sein würde, eine andere Taxe aufzutreiben.

Hanno und sein Fänger verschwanden im Wald. Doch so sehr sie sich auch umschauten – von Schlangen keine Spur. Auch nicht nach drei Stunden. Auch nicht nach fünf Stunden.

»Das Wetter ist heute nicht gut. Es hat geregnet. Da bleiben sie im Versteck.« Na klar. Es lag nicht am Fänger. Das

Wetter war schuld. Wäre es nicht das Wetter gewesen, dann hätte man den Schlangengott dafür verantwortlich gemacht. Aber Hanno kannte das aus früheren eigenen Erfahrungen in Botswana. Immer gerade dann, wenn man ein Tier brauchte, hielten sie sich alle versteckt. Je dringender man es brauchte, desto versteckter. Schlangen sind schlau. Murphy's Gesetz in seiner erbarmungslosesten Form.

Da hatte man schon mal die Chance, sich ein Tier selbst zu fangen, und prompt hatte die Zeit nicht ausgereicht. Hanno überlegte, ob er sich nicht vorm Heimflug ein Tier kaufen sollte. Schlangen wurden massenweise angeboten. Im Hafenviertel von Kalkutta gab es Speiserestaurants, die viele Käfige voller Kobras und Kraits, eine andere Sorte Giftschlange, vorm Eingang stehen hatten. Als Gast suchte man sich ein Tier aus, und dann wurde es gleich am Tisch bei lebendigem Leibe aufgeschlitzt, gehäutet, noch zuckend ins kochende Wasser geworfen, gekocht und schließlich verzehrt.

Aber eine Schlange zu *kaufen*, das ging Hanno gegen jede Tierfängerehre. Er wollte seine Kobra entweder selbst fangen oder darauf verzichten.

Als es dämmerte, kehrten sie heim. Hanno war traurig. Er zahlte den vereinbarten Mindest-Obolus und schlenderte lustlos in Richtung wartende Taxe. Er schaute weder rechts noch links, nur stur vor sich hin. Der Weg war uneben, voller Pfützen.

Und genau in diesem Moment, die Augen immer noch auf den tückischen Heimweg geheftet, kreuzte eine kleine Schlange seinen Weg! Dass es eine Kobra war, stand trotz der Dunkelheit keine Sekunde außer Zweifel. Denn sie hielt, als sich ihre Wege kreuzten, augenblicklich in ihrer Bewegung inne und richtete sich auf. Erregt spreizte sie ihren Nackenschild und zischte. Das typische Imponiergehabe. Schaut her, will sie demonstrieren, wie groß und breit ich bin! Mach dich aus dem Staub!

Hanno machte sich nicht aus dem Staub, beziehungsweise aus der Pfütze, sondern fingerte behände seinen Stoffbeutel aus der Tasche, riss sich einen Schuh vom Fuß und drückte das Tier damit vorsichtig zu Boden. Die Fanggabel aus Holz, die er sich im Wald gemacht hatte, hatte er längst missmutig weggeworfen.

Mehrfach lockerte er den Druck seiner Hand, bis die sich windende Schlange so unter dem Schuh lag, dass er sie mit dem Daumen und Zeigefinger genau hinterm Kopf greifen und im Beutel verstauen konnte.

Hannos Freudensprung muss man nicht beschreiben. Er hatte nun nicht nur seine heiß ersehnte Kobra, sondern er hatte sie auch noch ganz allein gefangen – ohne den einheimischen, selbst ernannten Experten! Ihn durchströmte das höchste aller Fänger-Glücksgefühle. Für Hanno hatte sich ein Traum erfüllt, das Seminar die Krönung erfahren! Spätabends lieferte ihn die Taxe vor dem Hotel ab.

Einige seiner Kollegen saßen noch in der Bar. Vor einem Glas Tee und ohne Frauen, wie man sich denken kann. Sie und Alkohol waren tabu. Alles andere hätte gegen die Firmen-Philosophie verstoßen.

Vor lauter Freude über sein Glück spendierte Hanno nicht nur eine Runde frisch gepressten Mangosaft. Er ließ die Schlange auf der kleinen Tanzfläche aus dem Sack und spielte den Schlangenbeschwörer.

Aus angemessener Distanz, aber völlig begeistert, schauten sich die Kollegen die Vorführung an. Diese Seite ihres Hanno hatte noch niemand kennen gelernt.

Anderntags der Rückflug Kalkutta–Frankfurt. Nonstop. Die Kobra war sicher im Handgepäck verstaut. Im Frachtraum wäre sie erfroren. Hanno genoss den Luxus der Ersten Klasse. Zurückgelehnt ins weiche Polster, las er die aktuelle *Süddeutsche Zeitung*, als sich ein Schatten zwischen Licht und Zeitung schob. Der stellvertretende Direktor und Seminarleiter höchstpersönlich. Die Firma in Person. Noch bevor er ein einziges Wort gesprochen hatte, war Hanno klar, dass sein Auftauchen mit der Kobra zu tun hatte.

»Sagen Sie mir bitte, dass es nicht wahr ist, was ich soeben erfahren habe: Sie haben eine lebende Kobra in Ihrem Handgepäck?« Die Art, wie er sich vor Hanno in Positur geworfen, wie er seinen Worten die Betonung verliehen hatte, wie er sich mit den Armen gymnastisch betätigte, machten zweifelsfrei klar: Hannos Position als Mitarbeiter der ehrenwerten amerikanischen Firma war nun in Frage gestellt. Egal, wie gut und untadelig er sonst auch immer gewesen sein mochte. Er hatte eine unsichtbare Grenze innerbetrieblicher Disziplin überschritten und bekam nun die Härte des Systems zu spüren. Nicht nur die Härte des Systems, sondern auch die Nachhaltigkeit eines Sprühregens von Speicheltropfen, die seinem Vorgesetzten in dessen Erregung aus dem Mund sprühten. Der Mann hatte Mühe, sich zu beherrschen und nicht vor den Mitarbeitern und den Stewardessen völlig aus der Rolle zu fallen. Hinter all dem Zorn und Unverständnis war auch deutlich zu spüren: die große Angst vor Schlangen. Für Hanno unbegreiflich. Für ihn war die Schlange etwas so Alltägliches wie für andere ein Schoßhund.

Es hatte in dieser Situation gar keinen Zweck, sich auf eine Diskussion einzulassen. Ohne Widerworte wischte er sich die Speicheltropfen mit dem Ärmel aus dem Gesicht.

Obwohl sein Chef sich um gedämpfte Sachlichkeit bemühte, hatten die Passagiere längst mitbekommen, worum es ging. Wohin Hanno auch mit schnellem Seitenblick schaute, überall sah er Sprachlosigkeit und blankes Entsetzen. Selbst die Stewardess, die schon seit drei Minuten wie angeschraubt im Gang verharrte, blickte mit Riesenaugen um sich, als fürchte sie, die Schlange sei frei und wolle höchstpersönlich die Maschine entführen.

»Was sagen Sie dazu?«

Endlich bekam Hanno die Chance, selbst zu sprechen. »Es besteht keine Gefahr für irgendjemanden. Sie ist erst achtzig Zentimeter lang und ich habe sie sicher im Beutel verstaut.« Dabei wies er mit kurzem Augenaufschlag zu den Handgepäck-Boxen über den Köpfen.

Der andere war unversöhnlich. »Erzählen Sie mir doch nichts von ›keine Gefahr‹. Ich weiß sehr wohl, dass Kobras tödlich sind, und hier an Bord gibt es kein Serum. Oder haben Sie etwa Serum dabei? Dann könnte ich wenigstens einen kleinen Pluspunkt für Sie verbuchen.« Aha, sein Chef füllte im Geiste bereits eine der berüchtigten Checklisten aus, die darüber entschieden, ob jemand im Unternehmen noch gelitten war oder gehen musste.

»Nein«, gab Hanno zu. Auch auf die Gefahr hin, nun kein einziges Plus in der Liste zu besitzen. »Ich habe sie ja gestern Abend erst gefangen.«

»Und ob achtzig Zentimeter oder zwei Meter, darüber gibt es für mich gar keine Diskussion. Als Mitarbeiter unseres Unternehmens haben Sie überall und jederzeit eine hohe Verantwortung für das Image des Hauses, von dem Sie und Ihre Familie leben. Da Sie dieser Verantwortung nicht aus eigenem Empfinden gerecht geworden sind und Sie überdies auch die Sicherheit der Mitpassagiere gefährden, zwingen Sie mich, an Ihrer statt diese Verantwortung zu übernehmen. Das bedeutet: Die Schlange kommt von Bord. Und zwar augenblicklich.«

Hanno verschlug es die Sprache. Vor allem überlegte er, wie das ›von Bord‹ praktisch geschehen sollte. Die Maschine befand sich in zehn Kilometern Höhe.

Sein Chef deutete die Sprachlosigkeit als Widerspruch. Deshalb legte er nach. »Falls Sie mit dem Gedanken spielen, sich zu weigern, werde ich unverzüglich Meldung beim Kapitän machen.«

Erstmals seit drei Minuten bewegte sich die Stewardess wieder von der Stelle. Sie vollführte eine elegante Kehrtwende um 180 Grad und enteilte ins Cockpit. Bestimmt würde sie nun alles brühwarm petzen. Gleich würde der Pilot erscheinen und dieselbe Forderung erheben wie Hannos Chef. Eine aussichtslose Situation – und gar nicht auszudenken, was eine Weigerung zur Folge hätte. Dann würde der Pilot garantiert eine Zwischenlandung »zwecks Entsorgung eines hochgefährlichen Gifttieres« einleiten. Hannos Chancen waren gleich null.

Dennoch wagte er eine Frage. »*Wie* soll ich die Schlange denn von Bord lassen? Wir können doch unmöglich die Tür öffnen?« – »Oder ein Bullauge rausschlagen«, hätte er am liebsten noch angefügt. Aber dann wäre er garantiert *fristlos* gefeuert worden.

»Das ist ganz einfach. Sie gehen jetzt auf die Toilette. Dort töten Sie die Kobra und spülen sie runter. So einfach ist das.« Man merkte deutlich, wie stolz sein Boss auf diesen Einfall war. Entscheidungsträger.

Hanno hatte sich zu fügen. Wohl oder übel. Selbst, wenn er sich seinem Chef gegenüber geweigert und die Kündigung in Kauf genommen hätte, hätte ihm der Flugkapitän einen Strich durch die Rechnung gemacht. An die Zwischenlandung und die damit verbundenen Kosten mochte er gar nicht erst denken.

Immerhin hatte er während der verbalen Attacke Zeit gehabt, über eine Lösung nachzudenken. Und die hatte er gefunden. Er nahm den Beutel aus seinem Handgepäck und verschwand in der Toilette, begleitet von den angsterfüllten Blicken seines Chefs, der Passagiere und der Stewardess. Sie war inzwischen aus dem Cockpit zurückgekehrt. Wahrscheinlich mit der Order, den Fortgang des Zwischenfalls zu beobachten.

»Das Tier töten kam gar nicht in Frage«, erzählte Hanno mir später. »Ich musste den Chef austricksen. Also schüttete ich die Kobra aus dem kleinen Baumwollbeutel in meinen Strumpf, band ihn mit meinem Schnürband gut zu und steckte ihn zwischen Hemd und Unterhemd auf den Bauch. Du weißt ja, Schlangen beißen nie durch den Beutel hindurch. Dann betätigte ich die Spülung und kam mit dem leeren Baumwollbeutel heraus. Ich gab mich ziemlich deprimiert, wie es sich für einen Tierfreund in einer solchen Situation gehört, faltete den leeren Beutel zusammen, glättete ihn sorgfältig mit der Hand und legte ihn zurück ins Handgepäck. Jeder sah es mir am Gesicht an, dass ich sehr niedergeschlagen war.«

Immerhin rang sich Hanno noch zu einer Entschuldigung durch. Vor seinem Chef und den Augenzeugen. Er musste schmunzeln, als er mir die Situation schilderte.

»Garantiert dachte niemand auch nur im Entferntesten daran, dass ich das lebende Tier am Körper trug. Und nur jemand wie du, Rüdiger, der Schlangen ebenfalls mag, wird meine Schadenfreude ermessen können, die ich in diesem Moment empfand. Ich war mächtig stolz auf mich. Vor allem, als der Boss sich mit dem Ausdruck höchster Selbstgefälligkeit wieder auf seinen Platz begab.«

Während er sich dann eine Zeitung nahm und so tat, als lese er, streichelte Hanno unauffällig das kleine Tier unter seinem Hemd und genoss seinen Etappensieg.

So landete die kleine Kobra in Hamburg. Schon am nächsten Tag musste ich sie mir anschauen. Ich beneidete Hanno nicht nur um den wunderschönen Fang, sondern in gleichem Maße um das verrückte Erlebnis. Es war ein Kabinettstückchen nach meinem Herzen. Und es war eine Episode mit Happy End. Hanno wurde nicht entlassen.

Vier Monate später.

Eingedenk der Worte seines Chefs im Flugzeug hatte Hanno sich gleich am nächsten Tag Serum gekauft. Eine 20-Kubikzentimeter-Ampulle. Sie lagerte im Kühlschrank. So konnte er dem Negativauftritt seines Chefs doch wenigstens auch etwas Positives abgewinnen. Er ahnte nicht, dass das Serum sein Leben retten sollte.

Zu dem Vorfall kam es eines Abends. Es war wieder Fütterung. Das wöchentliche Ritual. Hanno öffnete den Deckel des Terrariums und setzte eine Maus hinein. Aufgeregt tippelte der kleine Nager durch den Käfig. Die Schlange erwachte sofort aus ihrer scheinbaren Lethargie und war in Alarmbereitschaft. Aufgeregt züngelte sie sich die Witterung zu. Vorsichtig hob sie den Kopf. Ihr Leib bebte, aber sie zischte nicht, sondern fixierte die Maus.

Schlangen reagieren auf Geruch und auf Bewegung. Eine Maus, die absolut still sitzen bliebe, hätte eine kleine Chance, nicht behelligt zu werden. Aber diese Maus saß nicht still. Sie kam in die Nähe des Reptils. Geruch und Bewegung taten ihre Wirkung. Die Schlange schlug zu!

Doch genau in diesem Moment machte die Maus, völlig zufällig, einen Hüpfer und die Schlange biss daneben. Jetzt war die Maus gewarnt. Sie rannte im Viereck, immer an den Wänden des Käfigs entlang. Die Kobra wusste, dass das Opfer ihr nicht entkommen konnte, und verfolgte sie, ohne sich in der üblichen Taktik zu üben und in Lauerstellung zu verharren.

Hanno hatte seine Hände auf den Rand des Käfigs gelegt und schaute fasziniert von oben zu. Dieser elementare Kampf ums Dasein, das geduldige Warten der Schlange auf den richtigen Moment des Zuschlagens oder – wie heute – die Verfolgungsjagd waren immer wieder beeindruckende Naturschauspiele.

Potenzielle Opfer hatten nur dann eine Chance, von der Schlange nicht angenommen zu werden, wenn diese sich häutete. Das ist die Phase im Leben aller Schlangen, wo sie halb blind sind, relativ wehrlos und passiv. Passiv bis zu dem Moment, wo sich die alte Haut, das Hemd, löst und sie es sich ausziehen kann. Das ist ein mühsamer Prozess, aber wenn er denn abgeschlossen ist, kommt darunter die neue Haut, die neue Schlange zum Vorschein. Wunderschön, makellos, hochglanzpoliert. Wenige Tage nach dieser Prozedur beginnt die Jagd nach Nahrung aufs Neue.

Ein Biss erfolgt blitzschnell. Im Zuschlagen öffnet die Schlange den Mund auf fast 180 Grad. Die beiden Giftzähne im Oberkiefer schnellen aus ihren Hauttaschen nach vorn. Wie zwei Injektionsnadeln durchstechen sie die Haut des Opfers, injizieren das Gift und ziehen sich im Bruchteil einer Sekunde schon wieder zurück, so, als wäre nichts gewesen.

Nach dem Biss kann die Schlange sich Zeit lassen. Sie weiß um die Wirkung ihrer Waffe. Auch wenn das Opfer sich noch ein paar Meter fortbewegt, bevor es stirbt, die Schlange mit ihrem höchst sensiblen Geruchssinn findet es.

Die Maus in Hannos Terrarium floh in ein Stück Korkeiche. Die Schlange sah sie nun nicht mehr, hatte nur noch ihren Duft in der Nase. Genau in dem Moment aber bewegte sich Hanno. Seine Finger oben am Terrarienrand hatten einfach nur den Griff gelockert, neu nachgefasst. Das sah die Kobra. Den Mauseduft in der Nase, die Bewegung vor Augen – da biss sie zu. Reflex.

Den Biss spüren und den Deckel zuknallen waren eins. Hanno griff sich das Serum aus dem Kühlschrank. Er wusste um die Wirkung des Giftes. Es lähmt das Nervenzentrum im Gehirn. Man will sich die Spritze verabreichen, und die Hand führt den Befehl nicht mehr aus. Man will um Hilfe rufen, und die Zunge formuliert das Wort nicht mehr. Schließlich erhält die Lunge keine Impulse mehr zu atmen. Man erstickt. Man ist bereits tot, und das Herz schlägt noch einen Moment weiter. Kobragift.

Jetzt zählte jede Sekunde. Hatte das Gift eine Ader erwischt, konnte innerhalb von sechs Sekunden die erste Wirkung zu spüren sein. Das einzig Positive in diesem Moment: Das Gift ist für Mäuse und Vögel bestimmt, nicht für einen 80-Kilo-Menschen. Und dennoch tötet es ihn.

Mit Sicherheit wäre es Hanno so ergangen. Niemals wäre er noch allein ins Tropeninstitut gelangt. Aber da kam – dem Schlangengott sei Dank! – Hannos Freundin Martina nach Hause.

»Die Kobra hat mich gebissen!«, schrie er ihr zu. Wer weiß, wie lange er noch sprechen könnte. Martina kannte die Gefahr. Oft genug hatten sie über das Thema gesprochen. Sie zögerte keine Sekunde, schnappte sich das Serum, ihren Hanno, den Autoschlüssel. Sie hasteten die Treppe runter, rein ins Auto und unter Missachtung aller Verkehrsregeln ins Tropeninstitut. Schon im Auto versagte Hanno die Sprache. Die Zunge war gelähmt. Kurze Zeit später versagten die Beine ihren Dienst.

Im Tropeninstitut dann die Überraschung. Es gab keinen Arzt im Dienst, nur mehrere in Bereitschaft und Pflegepersonal! Zwar gab es genügend Patienten, aber sie alle lagen da mit Tropenproblemen, welche die Anwesenheit eines Arztes entbehrlich machten. Es gab keine akuten Fälle. Dafür ist Hamburg einfach zu weit entfernt von den Tropen.

Als der Pförtner dann doch von irgendwo einen Arzt aufgetrieben hatte, stand der völlig überfordert vor Hanno. Noch nie hatte er einen frischen Biss erlebt. Er rief einen Kollegen zu Hilfe und dieser einen dritten, eine Ärztin.

Martina in jener Nacht zu mir am Telefon: »Da standen sie herum, und einer war kopfloser als der andere. Keiner mochte zugeben, dass er keine Ahnung hatte. Statt dem Hanno die Spritze zu geben, studierten und diskutierten sie in aller Ruhe die Gebrauchsanweisung. Hanno lag immer noch auf der Trage und konnte sich weder bewegen noch sprechen. Die Augen guckten starr in die Luft. Es war nur noch eine Frage von Augenblicken und er musste sterben. Ich war voll in Panik und schrie die Typen an. Doch die studierten weiter den Beipackzettel. ›Nun werden Sie mal nicht hysterisch‹, giftete die Ärztin mich an. Dabei war es wirklich zum Ausrasten. Wie Analphabeten lasen sie den Text. Zum wiederholten Male. Und nicht nur das. Statt das Serum, das Hanno sich ja extra für die Kobra gekauft hatte, zu spritzen, bezweifelten sie plötzlich, dass es überhaupt eine Kobra gewesen sei. Ob ich den Biss denn persönlich gesehen hätte, ob wir das Tier hierher ins Krankenhaus mitgebracht hätten? Du kannst dir nicht vorstellen, welchen Schwachsinn die von sich gaben! Außerdem stünde da der Hinweis, dass manche Patienten allergisch auf das Serum reagieren könnten, weil es vom Pferd gewonnen sei. Ob er sich je schon jemals eine Probe gespritzt hätte. Rüdiger, ich bin völlig ausgerastet. Ich habe sie angeschrien, ich habe gesagt, ›Pfeif auf die Allergie! Lieber eine allergische Reaktion als eine Sekunde zu spät das Serum gespritzt. Sehen Sie nicht, dass er stirbt? Da kann man doch nichts mehr falsch machen. Wenn Sie nicht augenblicklich spritzen, rufe ich auf der Stelle die Polizei an und die BILD-Zeitung. Ich werde Sie wegen unterlassener Hilfeleistung verklagen. Wenn Sie zu feige und zu blöde sind, will ich sofort das Serum wiederhaben. Es ist unser Eigentum. Es ist *sein* Serum. Dann spritze *ich* es ihm. Auf meine Verantwortung. Oder ich rufe den Notarzt‹.«

Martina musste einen Augenblick verschnaufen. Ich konnte sie verstehen. Ob ein Notarzt sich anders verhalten hätte, sei dahingestellt. Auch für ihn wäre ein Schlangenbiss ein Novum gewesen. »Rüdiger, ich weiß gar nicht mehr, was ich alles gesagt habe. Bestimmt hat der Hanno alles mitgekriegt und das, wo er doch selbst überhaupt nichts mehr tun konnte.«

Martinas Drohungen hatten Wirkung gezeigt. Einer der Weißkittel zog die Spritze auf, ein Kollege staute die Armvene und dann endlich injizierten sie. Die Ärztin tröstete Martina. Echtes Teamwork.

»›Auf Ihre Verantwortung‹, sagte dieser Feigling noch vorher, ›vor diesen Zeugen.‹ Und ich dachte nur: Arschloch, gottverdammtes. Mein Gott, war ich zornig.«

»Wie geht es Hanno denn jetzt?«, lenkte ich sie ab.

»Er ist noch bewusstlos. Sie haben ihm sogar zwanzig weitere Kubikzentimeter gespritzt. Die hatten sie im Kühlraum. Das einzig Positive, das ich über sie sagen kann. Aber ich glaube, er würde sich freuen, wenn du ihn besuchst. Die Ärzte sagen, er ist über den Berg.«

Morgens um acht Uhr stand ich auf der Matte des Tropeninstituts. Ich eilte auf sein Zimmer. Er lag allein. Immer noch blickte er apathisch zur Decke. Als ich mich über ihn beugte, nahm ich eine kleine Bewegung seines Kopfes wahr. Ganz leicht zu mir hin.

Ich drückte seine Hand. »Wie geht's, Hanno?«

Keine Reaktion. Ich hockte mich auf die Bettkante. Vielleicht eine Viertelstunde lang, bewegungs- und wortlos, als ich einen leichten Gegendruck seiner Hand spürte. Aber sonst blieb er still, sprach nicht.

Martina hatte von irgendwoher Kaffee und ein paar Croissants besorgt. Alle zehn Minuten kam eine weiß bekittelte Person und kontrollierte die vitalen Funktionen. Für sie stand fest, Hanno kommt durch. Der Kreislauf stabilisierte sich.

»Martina, Rüdiger!«, meldete er sich dann unerwartet und noch völlig benommen. Wir waren wie elektrisiert. Hanno hatte die Sprache zurückgewonnen. Noch waren es keine Sätze, aber er war klar zu verstehen. Das Bewusstsein kehrte zurück. Die Blockade des Nervenzentrums war gewichen. Im Nu waren die drei Tropenärzte zur Stelle.

Es dauerte eine weitere Stunde, ehe er vollends berichten konnte. Ja, er hatte den Trubel bei seiner Einlieferung mitbekommen. »Ich fühlte mich wie jemand, der lebendig begraben wird und es nicht verhindern kann. Es war grauenhaft, diese Unentschlossenheit und Unfähigkeit um mich herum zu erleben und gar nichts dagegen tun zu können.«

Er brauchte wieder eine Ruhepause. »Das war vielleicht komisch vorhin. Als ich die Augen öffnete, sah ich alles doppelt. Aber ich konnte noch nicht sprechen und euch das mitteilen. Ich konnte mich auch noch nicht bewegen. Jedes Auge machte seine eigenen Wahrnehmungen. Da kamen zwei Martinas durch zwei Türen und setzten sich auf zwei Bettkanten. Erst jetzt gerade fügten sich die Bilder wieder übereinander und in dem Moment setzte auch die Sprache ein. So muss eine Wiedergeburt funktionieren, ging es mir durch den Kopf.«

Zwei Tage später wurde Hanno als geheilt entlassen. Martina hatte ihn krankmelden müssen. »Hanno X. liegt im Tropenkrankenhaus.« Die Nachricht machte auch in Hannos Firma die Runde. Hanno war klar, dass er nun die letzten Sympathien verspielt hatte. Sein Seminarleiter und Vizechef muss sich völlig verdummt vorkommen. Das konnte er nie und nimmer hinnehmen. Die Kündigung war nur noch ein Frage der Form.

Immerhin hatte Martina bereits eine Lehre aus dem Unglück gezogen. Sie hatte umgehend 40 Kubikzentimeter neues Serum beschafft. »Aber diesmal mit Spritze«, lachte sie erleichtert, »dieses Chaos im Krankenhaus will ich nicht noch einmal erleben. Das nächste Mal spritze ich selbst.«

Eigentlich gab es neben der zu erwartenden Kündigung nur einen einzigen Wermutstropfen in der Wiedergeburtsphase. Und das war der Finger. Er schmerzte immer noch. Hanno verbuchte es als das kleinere Übel. Hauptsache, er lebte. Und einen neuen Job würde er allemal finden.

»Das sind die Nachwehen«, glaubte jeder. Kompetenten Rat oder Trost konnte nicht einmal ich ihm geben, ich, der einzige im Bekanntenkreis, der seit Jahrzehnten mit

Schlangen zu tun und Bisserfahrungen hatte. Einmal war ich von zwei Kreuzottern gleichzeitig gebissen worden. Doch da hatte ich in einem nahe gelegenen Krankenhaus nach 30 Minuten Serum bekommen. Und beim anderen Mal war es der Biss eines ganz jungen Buschmeisters in Brasilien gewesen. Da hatte ich zwar *kein* Serum gehabt, aber das Tier hatte bei vorangegangenen Filmaufnahmen so oft in den Stock gebissen, mit dem ich es dirigiert hatte, dass die Giftmenge nicht reichte, um mir zu schaden. Es kam nur zu einer Schwellung, und damit wurde der Körper aus eigener Kraft fertig. Er neutralisierte das Gift. Beide Male waren es bei mir Vipern gewesen. Im Vergleich zu dem, was Hanno durchgemacht hatte, hatte es sich um Bagatellbisse gehandelt. Wie die Stiche fetter Wespen. Außerdem wirkt das Gift der Vipern ganz anders als das der Giftnattern vom Schlage einer Kobra.

Es gab einfach niemanden, der einen vergleichbaren Biss erlebt hatte und über etwaige Nachwirkungen Bescheid gewusst hätte. Und die Theoretiker-Ärzte im Tropeninstitut schon gar nicht. Sie ließen sich inzwischen als Lebensretter feiern.

Der Einzige, der sich kompetent zu Wort meldete, war der Finger selbst. Er pochte, und zwar immer heftiger. Und dann schwoll er von einem zum anderen Moment massiv an. Sollte sich doch noch irgendwo im Fettgewebe eine Restspur Gift befunden haben, das nun in die Blutbahn gelangt war? Der Schmerz nahm weiter zu. Der Finger wurde dicker, die Schwellung ging in das Handgelenk über. Ein roter Streifen schob sich den Arm hoch. Da war klar: Hanno hatte eine faustdicke Blutvergiftung!

Also erneut ab ins Krankenhaus. Und zwar schnell. Die drei Ärzte von neulich waren diesmal prompter zur Stelle. Sie waren telefonisch vorinformiert worden. Nach dem Wirbel um ihren Patienten in den Medien waren sie wie verwandelt. Aufgeregt, hilfsbereit, menschlich.

Auch sie diagnostizierten zweifelsfrei eine Blutvergiftung, die Hanno erneut zu ihnen gebracht hatte. »Das passiert schon mal«, dozierte einer der Schlaumeier. »Die nadelfeinen Giftzähne haben wie verschmutzte Injektionsnadeln gewirkt. Sie haben die Blutvergiftung ausgelöst. Das haben wir übersehen ...«

»... aber auch nicht ahnen können«, ergänzte ein anderer Kittelträger sofort.

Mit einer Dosis Antibiotikum allein war es jedoch nicht getan. Der große entzündete Herd musste sofort herausgeschnitten werden. Dabei wurde versehentlich eine Sehne in Mitleidenschaft gezogen. Hanno konnte sein vorderstes Fingerglied nicht mehr strecken. Es war sichtbar kleiner geworden. Ein Haken gewissermaßen.

Nach drei Wochen war aber auch das überstanden. Die persönliche Begegnung mit seinem Chef hatte er sich erspart. Er war der Kündigung durch die Firma mit der eigenen zuvorgekommen. Ja, er konnte bereits wieder scherzen. »Du siehst«, und dabei zeigte er mir seinen Finger vor, »die Sache hatte tatsächlich einen Haken. Aber der hat durchaus etwas Positives. Falls ich keinen adäquaten Job mehr finde, sattle ich um und werde Weltmeister im Fingerhakeln. Oder du, Rüdiger, nimmst mich mit auf deine nächste Reise. Als lebenden Angelhaken.«

Die Reise im Sarg

Addis Abeba, Äthiopien, 1962

»Was hältst du von dem Sarg? Der wäre doch ideal. Vielleicht nur ein wenig länger und breiter.«

»Wäre nicht schlecht. Wenn's schief geht, ersparen wir den Angehörigen sogar unnötige Bestattungskosten. ›Gestorben im eigenen Sarg‹ können sie dann in den Nachruf schreiben.«

»Die Beerdigung ersparen wir ihnen sowieso. Das übernehmen die Krokodile. Kein Rücktransport. Kein Grab.«

Wer Klaus Denart und Günther Kriegk zuhört, denkt, hier wird ein Mord beschlossen. Ein Doppelmord. Stilvoll im Doppelsarg.

Aber so ist es nicht. Eher ist es ein Doppel-Selbstmord, der hier konkrete Formen annimmt. Denn die beiden jungen Deutschen wollen den Blauen Nil befahren. Tausend Kilometer unbezwungenes Wildwasser. Enge Schluchten, weite Täler. Aber unbewohnt. Keine Menschen. Dafür Tsetsefliegen und Malariamücken. Sie halten das Gebiet menschenfrei. Außerdem viele Krokodile. Und Paviane, die streckenweise niemanden an Land lassen. Das und noch mehr macht den Reiz des Blauen Nils aus. Viele Menschen haben es schon versucht. Genauso viele haben es nicht geschafft. Mit teuren Glasfiberbooten, mit Kajaks, mit Flößen, mit GFK-Vehikeln. Niemand erreichte den Sudan. Unzulängliche Boote, Streit, Mord, Tod durch Ertrinken oder Krokodilhunger setzten den Vorhaben jedes Mal ein vorzeitiges Ende. Die Liste der misslungenen Vorhaben umfasste zehn Einträge. Das elfte soll ein Erfolg werden. Der Trick: ein Sarg. Solide, stabil. Urheber der Idee: Klaus Denart, mein bester Freund.

Die Idee kommt spontan. Geld haben die beiden Freunde nicht. Aber Unternehmungsgeist und Bereitschaft zum Risiko. Der Sarg ist der Kompromiss mit ihrem Geldbeutel. Sie stehen auf der Churchill Road, Addis Abeba. Eine der Hauptstraßen, eins der Haupt-Sarg-Shopping-Center. Laden an Laden. Särge über Särge. Überall wird fleißig gesägt, gehämmert und gehobelt. Die Toten sollen sich schließlich nicht noch einen Splitter in den Hintern reißen. Pietät.

»So ist der Sarg zu schwach. Wir brauchen dickere Bretter, starke Schrauben und eine Gummiisolierung in den Fugen.«

»Was kostet dieser große Sarg hier?«, fragt Klaus einen Händler.

»Das ist mein schönster«, umgeht der die direkte Antwort. »Solides Olivenholz, wunderschöne Maserung, beste Verarbeitung und erlesene Beschläge.«

»Das sehe ich ja alles selbst. Ich habe nach dem Preis gefragt.«

»Den nenne ich Ihnen gleich. Denn nachdem ich Ihnen die ganzen Qualitätsmerkmale aufgezeigt habe, werden Sie überrascht sein, wie niedrig er ist. Das, was Sie sich ausgesucht haben, ist Olivenholz und besonders lange haltbar. Ein schweres, gutes Holz. Ich habe auch weniger gute Hölzer. Zum Beispiel Eukalyptus ...«

Der Händler palavert endlos. Interessant, wie lange man über ein simples Brett dozieren kann. Die beiden hören kaum richtig hin. Sie haben das Wort *schwer* aufgeschnappt. Also kommt Olive gar nicht in Frage. Eukalyptus soll es sein.

»Möchten Sie eine Tee?«, unterbricht der Tischler seinen Wortschwall.

»Wenn Sie den nicht auf den Preis aufschlagen, gern.« Ein Boy bringt ein Tablett mit drei Gläsern Tschai.

»Hatten Sie inzwischen den Preis genannt?«, erkundigt sich Klaus.

»Das wollte ich gerade tun. Sie werden, wie ich bereits sagte, überrascht sein. Denn er beträgt nur lächerliche dreihundertzwanzig Birr*.«

»Sie haben Recht. Ich bin tatsächlich überrascht. Wahrscheinlich denken Sie, ich wolle im Auftrage des Kaisers Haile Selassie kaufen. Das ist ein Wucherpreis. Nein, danke.«

Klaus und Günther wenden sich dem nächsten Schreiner zu.

»Nicht so eilig, meine Herren. Warten Sie! Dreihundertzwanzig Birr sind der Preis, den mir jeder Äthiopier zahlt, der diesen Qualitätsstandard für seinen verstorbe-

---

* 8 Birr = ca. 1 Euro

nen Verwandten wünscht. Da Sie aber Gäste unseres Landes sind, kann ich Ihnen den Sarg für dreihundert Birr überlassen. Ist das ein Angebot?«

»Mag sein, dass Ihre Landsleute so viel Geld dafür ausgeben. Für einen Toten mag das gerechtfertigt sein. Wir brauchen ihn aber für einen ganz anderen Zweck. Für uns, für Lebende. Als Boot. Wir wollen den Abbai befahren. Da kommt es nicht auf Schönheit, auf Beschläge, auf Zierleisten und Schnickschnack an, sondern auf Stabilität. Die teuren Messingbeschläge brauchen wir zum Beispiel gar nicht.«

Dem Händler fällt der Kiefer aus dem Gesicht. Als Boot? Wollen die beiden ihn auf den Arm nehmen? Sind die hier nur zum Teetrinken hergekommen? Er ist ein paar Momente regelrecht ratlos. Dann hat er sich gefangen.

»Ja, warum haben Sie das nicht gleich gesagt? Dann kann ich Ihnen einen ganz anderen Preis machen. Dann erstehen Sie dieses wirklich schöne Stück für zweihundertachtzig Birr.«

Klaus ist immer noch nicht zufrieden. Seine Hand in der Hosentasche fühlt den dünnen Geldbeutel. Der mahnt ihn zu Geduld.

»Und den Deckel brauchen wir auch nicht«, wirft Günther ein. »Jedenfalls *noch* nicht. Nur die Kiste.«

Der Mann geht abermals runter. Auf 240.

Klaus und Günther beraten sich. Ein Boot für nur 240 Birr wäre natürlich sehr günstig. Günther hat letzte Bedenken. »Ich finde die Kiste zu kurz.«

»Wir liegen ja nicht darin. Wir sitzen doch hintereinander.«

»Trotzdem. Denk ans Gepäck.«

»Stimmt. Aber mir gefällt das Prinzip. Ein Sarg ist ideal. Schlank, etwas konisch, stabil. Gegen das Umkippen hängen wir an beide Seiten eine Rolle Papyrus. Wie Ausleger.«

Sie wenden sich erneut an den Händler. »Chef, wenn wir dir nun die ganze Arbeit abnehmen und dir nur die Bretter abkaufen – wie ist dann dein Preis?«

»Nur die Bretter? Und alles selbst machen?«

»Ja, und etwas länger. Vier Meter. Und auch etwas dicker.«

»Ihr wollt mich wohl ruinieren? Dann nehmt doch gleich einen Baum und macht euch die Bretter selbst. Das ist das billigste. Ich bin keine Bretterhandlung.« Der Händler wendet sich ab und fährt mit seiner Arbeit an der Hobelbank fort.

»Ihr wollt wirklich den Abbai runter?«, fragt er nach einem Moment.

»Haile Selassie muut, beim Tode Haile Selassies! Das ist gefährlich!« Er legt den Hobel beiseite. »Ich werde euch helfen.«

Die Kunde verbreitet sich schnell von Laden zu Laden. Schneller als der Straßenstaub.

Nachbarschreiner kommen. »Ihr wollt wirklich den Abbai befahren? Seid ihr wahnsinnig? Alle, die es bisher versucht haben, sind umgekommen oder umgekehrt.«

Jeder weiß plötzlich irgendeine Geschichte zu erzählen vom Schrecken dieses Flusses. Und immer größer wird die Bewunderung für die beiden Deutschen, die das trotzdem wagen wollen. Und das auch noch mit ihren Sargbrettern! *Haile Selassie muut*, loben die Christen. Beim *Barte des Propheten*, staunen die Muslime. Plötzlich sind die Bretter zum Spottpreis von 200 Birr zu haben. Sie sind länger und dicker. Ein Boy beschafft die zwei Kilo Schrauben und einen Motorradschlauch. Er wird in Streifen geschnitten und dient der Isolation der Fugen.

Nach drei Tagen ist das Fahrzeug fertig. Vier Meter lang, einen halben Meter hoch. Der Boden 50 Zentimeter breit, oben sind es 70.

»Ein Sarg auf dem Blauen Nil« titelt der SPIEGEL, als er später über die ungewöhnliche Reise berichtet. Weit über die Hälfte des Stromes trotzt das Gefährt den Wassergewalten. Katarakte, Wasserfälle, Drehströme und messerscharfe Felsen. Oft geht es nur mit Zerren, Ziehen, Schleppen. Dann macht ihm ein Fels den Garaus. Der Sarg ist gespalten. Die beiden Freunde schrauben alles auseinander und setzen es wieder zusammen. Diesmal nicht als Boot, sondern als Floß. Aber jetzt fehlt der nötige Auftrieb. Sie schweben mehr unter Wasser als über. Die Krokodile wittern ihre Chance und greifen an. Die beiden retten sich ans Ufer. Die Ausrüstung ist futsch. Die Nahrung seit Tagen verzehrt. Und immer Fisch? Wer mag das schon?

Ein mühsamer Rückmarsch durchs heiße Gebirge. Nach einigen Tagen stoßen sie auf Einheimische.

Heute lebt Günther Kriegk in Bad Nauheim.

Klaus Denart (rechts mit fünfzehn auf Wanderschaft durch Schleswig-Holstein) wurde mein Berater, als ich mich 1970 erstmals selbst auf dem Blauen Nil versuchen wollte. 1977 durchquerten wir gemeinsam die Danakilwüste in Äthiopien. Er wurde mein bester Freund. 1981 machte er sich selbstständig. Zusammen mit Peter Lechhart gründete er *Globetrotter Ausrüstung* in Hamburg. Ich habe die beiden zusammengebracht. »Jemand, der so feilschen kann, muss Kaufmann werden. Der wird auch nie Pleite gehen.« Davon war auch Peter sofort überzeugt.

Der kleine Laden mit zwei Angestellten blühte vom ersten Moment an und sprengte bald alle Fugen. Offenbar spürten die Kunden, dass hier nicht irgendwelche Laien nur Isomatten über die Theke reichten – das praktizierte längst jedes Großkaufhaus –, sondern dass hier Leute der Praxis berieten. Das Geschäft entwickelte sich mit Blue-Nile-Sarggeschwindigkeit zum größten europäischen Branchenkonzern. Mit Filialen in vielen deutschen Großstädten

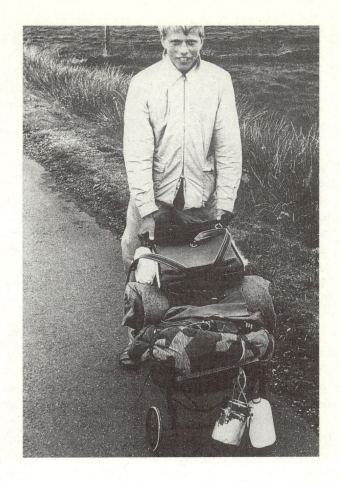

und einem angegliederten Versandhandel. Klaus' Unternehmen beschäftigt inzwischen 550 Mitarbeiter. 2002 wurde er für sein kaufmännisches Können mit dem Deutschen Handelspreis ausgezeichnet.

Nur eins vermisse ich im Sortiment: Särge als preiswerte Boote.

Um die Wurst

Die alte Dame ist empört. »Das ist *meine* Wurst! Geben Sie sie sofort her!«

Alle umsitzenden Köpfe wenden sich neugierig Tisch sieben zu und werden Augenzeugen eines ungewöhnlichen Zweikampfes. Auch ich habe den Hilferuf vernommen. Trotz meiner Schwerhörigkeit. Da sitzen eine ältere Dame und ein Schwarzer an einem kleinen Rundtisch. Die Frau hat mit beiden Händen den Teller ihres Gegenübers ergriffen und versucht, ihn zu sich heranzuziehen. Und der lässt sich das nicht gefallen.

»Sorry, das ist *mein* Teller!«, erklärt er ihr und hält ihn fest. Vier Hände umklammern das Porzellan und zerren es in gegensätzliche Richtungen. Der Kampf wird heftiger. Einige Pommes landen auf dem glatten Tisch. Die neugierigen Gäste ergreifen Partei für die Frau. Noch sagen sie nichts. Aber ihre Gesichter sprechen Bände. Wahrscheinlich so'n Afrikaner, der die Rentnerin um ihr karges Essen betrügen will. Die Frau wird lauter. »Ist hier denn niemand, der mir hilft? Der Mann hat meinen Teller weggenommen.«

»That's not true. It's my meal! Ich bezahlen.«

Aber schließlich lässt er los. Die alte Dame steckt sich behände die ersten Fritten in den Mund. Der Mann wühlt hastig in den Taschen und sucht seinen Kassenbon. Er findet ihn nicht. Je länger er sucht, desto mehr Fritten verschwinden im hungrigen Mund der Oma. Soeben beißt sie von der Thüringer Bratwurst ab. Nur eine Hand umfasst

den Teller. Das nutzt der Schwarze und zieht ihn blitzschnell zu sich zurück. Er schnappt sich ebenfalls ein paar Fritten und schluckt sie runter. Unzerkaut. Die Zuschauer wissen nicht, was sie von diesem Schauspiel halten sollen. Hunger oder Frechheit? Fasziniert und sprachlos schaue ich den beiden zu. Klar ist, dass sie nicht zu den wohlhabendsten Kunden des Kaufhauses Hertie zählen, die sich hier im Restaurant in der vierten Etage eingefunden haben. Wer sonst würde um ein solch preiswertes Essen streiten? Wahrscheinlich ist sie Rentnerin, für die das Würstchen der Höhepunkt ihres Einkaufs ist. Und für den

Schwarzen genauso. Wer es wagt, am helllichten Tage und unter den Augen so vieler Gäste einer alten Frau ein Würstchen streitig zu machen, der muss schon sehr hungrig sein. Wer weiß, wann er zum letzten Mal satt geworden ist. Oder aber er ist saudreist. Der alten Dame traut man jedenfalls nicht zu, dass sie es ist, die dem Mann das Essen stibitzen will. Das Würstchen kullert zu Boden. Der Mann packt es und nimmt einen großen Bissen.

»Hau ab, Afro!«, ruft jemand vom Nebentisch. Die Stimmung tendiert zur alten Frau. Ich mische mich ein. »Rassist!«, kontere ich dem »Afro«-Rufer. Er hält die Klappe und saugt an seiner Kippe.

Der Schwarze wird unsicher. Wortlos umklammert er den Teller. Er kann kaum Deutsch, sagt immer nur »It's mine! Ich bezahlen.« Das nutzt die Frau. Wer spricht, kann nicht essen. Sie lässt ihn seinen Teller halten und greift sich weitere Fritten. Über den Tisch hinweg.

Als er alle Köpfe sich zugewandt und gar noch den Geschäftsführer auf sich zukommen sieht, steht er wortlos auf, verneigt sich sogar noch höflich und verlässt den Raum. Die Frau entspannt sich, nimmt einen Schluck Cola.

»Was ist denn geschehen?«, erkundigt sich der Geschäftsführer.

Sie erklärt es ganz aufgeregt. Vom Nachbartisch mischt sich jemand ein.

»Das war wohl sicher ein armer Teufel, der Hunger hatte.«

»Quatsch. Das war ein Dieb!«, weiß der Rassist.

War es tatsächlich die Tat eines Verzweifelten, eines Verhungernden? Oder war die Alte womöglich meschugge? Nein, der Schwarze war schuld. Warum sonst hat er sich so schnell verdrückt? Jeder bastelt sich flugs seine Meinung.

Der Geschäftsführer will die Frau beruhigen. »Sie erhalten natürlich ein neues Menü.« Tatsächlich nennt er das Würstchen, die Fritten und die Mayo ein *Menü*! Auch er ist ein wenig aufgeregt und möchte kein Aufsehen erregen. Höchstpersönlich holt er der Frau ein neues Würstchen. Langsam kommt sie zur Ruhe. Sie schaut ihn an, bedankt sich. »Sie können ja nichts dafür.«

»Nun erzählen Sie mal in aller Ruhe, wie sich das abgespielt hat. Vielleicht ist das sein Trick und er macht es morgen schon wieder in einem anderen Kaufhaus.«

Die Frau beschleunigt das Runterschlucken ihrer Fritten. Endlich hat sie den Mund frei.

»Ja, das war so: Ich hatte mir am Büfett die Thüringer und die Pommes ausgesucht, habe bezahlt und mich hierher gesetzt. Dann fiel mir ein, dass ich vergessen hatte, eine Cola mitzunehmen. Deshalb ging ich noch einmal zurück ans Büfett. Ich kam zurück, meine Handtasche hatte ich hier an den Stuhl gehängt und ...«

Beim Wort *Handtasche* gleiten ihre Hand und ihr Blick automatisch zur Stuhllehne und – fassen ins Leere! Mit einem Satz ist sie auf den Beinen.

»O Gott!«, stammelt sie und schafft es, ihre Blässe noch um drei Stufen zu intensivieren. »Der hat meine Handtasche mitgenommen! Eben hat sie noch hier gehangen!«

Der Geschäftsführer, sportlich, durchtrainiert, ist sofort auf den Beinen. Die Oma kippt vor Erregung den Stuhl um. Wohin sie auch schaut – die Tasche ist weg. Weder an der anderen Stuhllehne noch über ihrer Schulter oder unterm Tisch. Was eben noch wie ein verzeihlicher Mundraub aussah, entpuppt sich nun als ganz raffinierter Trickdiebstahl. Jetzt ist Schnelligkeit angesagt. Der Geschäftsführer greift zum Handy. Alarmruf an alle Sicherheitsbediensteten: »Haltet den Schwarzen! Er ist ein Dieb! Sichert sämtliche Ausgänge!«

Vergeblich. Der Mann ist längst weg. Über alle Berge.
»Es tut mir Leid. Ich muss Sie nun um ein wenig Geduld bitten. Wir müssen die Polizei einschalten.«

Die ist schnell zur Stelle. Die Wache liegt fast in Sichtweite von Hertie hinterm Hamburger Hauptbahnhof.

Der aufnehmende Beamte ist sachlich und höflich. Vor allem geduldig. Denn die alte Dame ist nun komplett durcheinander. Fast 100 Mark seien in der Tasche gewesen. Das Ersparte ihrer Rente. Dafür wollte sie dem Enkel etwas zum Geburtstag kaufen.

Der genaue Tathergang wird rekonstruiert. »Erzählen Sie bitte noch einmal ganz genau, wie sich das Ganze abgespielt hat. Wir müssen jetzt davon ausgehen, dass der Mann diesen Trick schon öfter praktiziert hat und dass er ihn wiederholen wird. Nur dann haben wir die Chance, dass wir ihn finden und Sie Ihr Geld zurückerhalten.«

Die Frau schöpft Hoffnung. Haargenau erklärt sie, wie alles gewesen ist. Der Polizist unterbricht. »Am besten, wenn Sie alles noch einmal durchspielen und sich erneut an der Theke anstellen, um die Cola zu holen. Dann können wir am ehesten ermessen, wie viel Zeit der Mann hatte, wie sicher er sich fühlen, in welchem Moment er sich Ihrer Tasche bemächtigen konnte. Im Augenblick stellt sich der Tathergang so dar, dass er die Sache mit Ihrem Essen offenbar spontan inszeniert hat, um vom Diebstahl abzulenken. Vielleicht sind Sie überraschend schnell von der Theke zurückgekommen.«

Die alte Dame, der Polizist und der Geschäftsführer stehen auf. Die Frau reiht sich in die Schlange der Wartenden.

»Waren es vorhin auch so viele?«

»Nein, nur etwa drei.«

»Dann rücken Sie bitte etwas vor und nehmen sich das Getränk.«

Während die Frau sich ihre Cola nimmt und den Zahlvorgang simuliert, beobachtet der Polizist den Tisch. Auf jeden Fall hatte der Afrikaner reichlich Zeit gehabt, sich der Tasche zu bemächtigen. Vor allem in dem Moment, als die Dame sich auf das Bezahlen konzentrierte. Je nachdem, wie viele andere Gäste gerade hin- und hergegangen sind, war das für einen geübten Dieb denkbar einfach, eine Anfängernummer. In der Hektik achtete niemand auf den anderen. Wie das in einem Selbstbedienungsrestaurant eben so ist.

Die Oma stellt die Cola auf ein Tablett und balanciert es in Richtung Tisch.

Plötzlich stößt sie einen Schrei aus: »Mein Gott, da ist ja noch alles!«

Und vor ihr, nur einen Tisch entfernt von dem, an dem der Zweikampf stattgefunden hat, stehen, völlig unberührt, ein Teller mit der Thüringer, den Pommes und der Mayo! Und an der Stuhllehne hängt die Tasche. Sie hatte nur die Tische verwechselt!

Ich fand die Geschichte so amüsant, dass ich sofort meinen Freund Horst Schüler anrief, Lokalredakteur beim *Hamburger Abendblatt*. Am nächsten Tag stand sie in der Zeitung.

Abends rief er mich an. »Eine wunderbare Geschichte! Wir haben uns alle herzlich amüsiert. Übrigens meldete sich daraufhin der Geschäftsführer von Hertie. ›Das ist ja der Vorfall, der sich vorgestern bei uns ereignet hat‹, meinte er. ›Im Nachhinein tut es uns natürlich besonders Leid um den ausländischen Gast. Der muss ja völlig verdattert gewesen sein. Sonst hätte er bestimmt nicht nachgegeben und auf sein bezahltes Essen verzichtet. Hätten Sie nicht Lust, einen kleinen Nachbericht zu bringen? Wir würden ihm gern einen Warengutschein in Höhe von fünfhundert Mark schenken!‹«

Ein zweiter Bericht erschien, doch leider hat sich der Afrikaner nicht mehr gemeldet.

Einige Monate später hat ein junger Lehrer diese Anekdote zu einem Drehbuch verarbeitet. Sie wurde mit Inge Meysel verfilmt.

Alois, der Schlangen-Yogi

»Wenn man auf dieser Welt überleben will, muss man entweder vielseitig sein oder einmalig, konkurrenzlos.«

Alois, 83 Jahre, Österreicher aus Graz. Eine Hand voll Knochen, eingepackt in Haut, umwickelt mit Loden von Kopf bis Fuß. Unangemeldet steht er eines Tages vor meiner Tür.

»Habe die Ehre, Professor. Der Professor sucht ungewöhnliche Schlangengeschichten? Ich habe eine. Darf ich reinkommen?« Mit Professor meint er mich. »Wer so viele Bücher geschrieben hat ...«

Das stimmte. Ich wollte damals ein Schlangenbuch schreiben. Ein Buch, das mit ganz besonderen Geschichten diese Tiere einem breiten Publikum bekannt machen sollte. Ein Plädoyer für eine gefürchtete und diskriminierte Tierart, die mich schon als Kind immer besonders fasziniert hatte. 40 Jahre lang habe ich Schlangen gehalten, gezüchtet, geliebt.

Er kommt ins Wohnzimmer und dort gleich zur Sache. Er stellt eine antike Ledertasche auf den Teppich und entledigt sich seines grünen Leinenrucksacks. Beim Begrüßen war mir beides nicht aufgefallen. Es war kaschiert worden von den gewaltigen Falten seines überdimensionalen Lodenmantels.

»Ich brauche einen Topf Rama-Margarine.«

»Muss es Rama sein?«, will Maggy wissen.

»Ja, das hat sich bewährt«, beharrt er. Wahrscheinlich ein verkappter Haus-zu-Haus-Vertreter dieses edlen Brotaufstrichs, denke ich. »Ein halbes Pfund genügt«, ruft er ihr hinterher. Also doch kein Vertreter. Sonst hätte er von Kilo gesprochen.

Maggy beschafft die Margarine. Alois nutzt die Zeit und entkleidet sich. Als sie zurückkehrt, sitzt der Alte längst im Schneidersitz auf dem Teppich und meditiert. Bis auf einen Tanga hat er alle Kleidungsstücke abgelegt. Er ist wirklich nur Haut und Knochen. Man glaubt, es scheppern zu hören, wenn er sich bewegt. Er registriert unsere Blicke.

»Wenn der Professor erst einmal dreiundachtzig ist, wird er auch nicht besser ausschauen.« Da mag er Recht haben. Ich sehe heute schon ganz schön alt aus. Vor allem, wenn ich die Jugendlichen am Computer hantieren sehe.

»Textilien behindern dabei«, fährt er fort. »Sie werden es mir gleich glauben.«

Bald merken wir, dass das nicht stimmt. Er ist Nudist und Exhibitionist. Er entpuppt sich als ein perfekter Kleindarsteller. Auf jeden Fall versteht er, es spannend zu machen.

Aus seiner Ledertasche holt er einen Handspiegel, weiße und rote Farbstifte. Mit Geduld und Geschick zeichnet er damit eine weiße Schlangenlinie auf die Stirn. Sie wird rot umrandet.

»Das ist das Symbol unseres Yogi-Ordens«, erklärt er geheimnisvoll. Er verstaut die Schminksachen wieder in der Tasche und entnimmt ihr einen fingerdicken roten Schlauch. Etwa einen Meter lang. Er entrollt ihn, drapiert ihn über seine Knie, kratzt mit dem rechten Zeigefinger ein esslöffelgroßes Stück des guten Brotbelages aus der Rama-Dose heraus. Damit fettet er den Schlauch gewissenhaft ein. Sehr langsam, sehr sorgfältig, als wolle er jemanden mit Sonnenöl einreiben. Der Schlauch glänzt wie Speck. Aber deutlich bleibt erkennbar, dass es Margarine und kein Öl ist.

»Was hat der denn damit vor?«, flüstert Maggy. »Der will sich den doch hoffentlich nicht in den Darm einführen!?«

Sie fürchtet um ihren Teppich und schiebt ihm ein Handtuch zu.

»Nein, keine Sorge«, tröste ich Maggy. »Der will den Schlauch braten. Wie ein Würstchen.« Ich mime den Wissenden, der den Alten durchschaut hat.

Aber Alois tut weder noch. Vielmehr steckt er ein winziges Stück Holz in die Schlauchöffnung. »Damit sich der Schlauch nicht zusammendrückt«, murmelt er zur Erklärung. Und in dem Moment führt er den Schlauch in ein Nasenloch. Wie einen Schlüssel in die Tür. Sehr behutsam, ein wenig hin und her wackelnd, bis sich der »Schlüssel« dem »Schloss« angepasst hat. Es sieht ekelhaft aus. Alois stört das nicht. Er manövriert das rote, runde Gummi nun mit Drehungen und Schub immer tiefer in die Nase. Längst müsste seine Nase ausgefüllt sein. Aber offenbar nicht. Alois schiebt weiter. Es scheint kein Ende zu nehmen. Das ist ein Zaubertrick, deute ich dieses Phänomen. Anders kann ich mir das nicht erklären.

Alois stöhnt. Unverdrossen schiebt er weiter. Am Nasenflügel bildet sich ein dicker Margarinekranz. Den räumt er gekonnt mit seinen knochigen Fingern aus dem Wege und streicht ihn zurück in den Topf. Seine rheumaverdickten Fingergelenke sind ihm dabei behilflich. »Man noll Nebensmittel nicht numkommen nassen«, nuschelt er mit verstopfter Nase. Da hat er Recht. Aber von dieser Margarine werde ich garantiert nie etwas essen. Lieber verhungere ich. Zumal sie sich inzwischen mit Bändern von Nasenschleim mischt. Die zähen Fäden laufen ihm aus Nase und Mund. Maggy ist kreidebleich. Der Alte quält sich weiter. Ein typischer Masochist.

Zentimeter um Zentimeter verschwindet in der Nase. Sie ist gerundet wie eine Schlange, die sich überfressen hat. Die Haut spannt sich hauchdünn über dem Schlauch. Würde mich nicht wundern, wenn sie jeden Moment reißt. Das Stöhnen nimmt zu. Der Schleim auch. Es ist nur noch eine Frage von Sekunden, bis ihm die Nase um die Ohren fliegt. Ich gehe diskret in Deckung. Seine knorrigen Fettfinger drehen, schieben, ziehen zurück und schieben erneut vor. Längst ist mehr Schlauch in seinem Kopf verschwunden, als die Nase an Länge zu bieten hat.

»Wo bleibt bloß der verrückte Schlauch?«, fragen wir uns. »Ist das ein Zaubertrick? Schiebt sich der Schlauch ineinander wie ein Theaterdolch?« Anders kann ich mir den Vorgang nicht erklären. Oder hat der Typ kein Gehirn und deshalb so viel Platz? Wo bleibt, verdammt noch mal, der Schlauch? Ich passe höllisch auf. Zaubertricks kenne ich zur Genüge. Das Stöhnen nimmt zu, das Schlauchende ab. Der Schlauch verschwindet in Alois' Kopf. Er ächzt, stöhnt, muss eine Pause einlegen, atmet schwer. Diese Unterbrechung brauchen wir nötiger als er. Wir glauben ihm die Qual jetzt ohne Einschränkungen, leiden mit ihm. Irgendwo muss der Schlauch auf ein Stück Resthirn gestoßen sein. Alois hustet. Der Schlauch kommt nicht voran, muss eine Biegung machen. Wahrscheinlich drückt er gegen die Augen. Sie quellen hervor. Alois schnappt nach Luft, läuft rot an, scheint zu ersticken. Wir sind geneigt, ihm den Schlauch rauszureißen. Der Alte wehrt ab.

»Noch etwas Geduld«, entwirren wir seine schleim- und schmerzverzerrten Worte.

Er greift in den Mund. Bis tief in den Rachen. Er wimmert, die Augen quellen aus den Höhlen. Da! Jetzt hat er ihn gefunden! Die tränennassen Augen verkünden Sieg. Er gönnt sich eine Atempause. Zuerst zaghaft, dann immer flotter zieht er den Schlauch aus dem Mund hervor wieder ans Tageslicht. Aufatmen. Besonders bei uns.

Ein unfassbarer Anblick. Der Alte hockt vornübergebeugt. Der Schlauch pendelt aus Nase und Mund. Schleimig, fettig, glitschig. Ekelhaft. Langsam erhebt er sich. Breitbeinig steht er auf dem Orientteppich. Maggy schiebt ihm schnell mit abgewandtem Gesicht das riesige Handtuch unter die Füße. »Guck lieber hin, sonst entgeht dir was«, rate ich ihr. Alois lässt sich nicht aus der Ruhe bringen. Unbeeindruckt setzt er seine Arbeit fort. Er ergreift die beiden Schlauchenden mit den Händen. Und nun beginnt das Unvorstellbare. Zunächst langsam, dann mit zunehmendem Tempo zieht er den Schlauch hin und her. So, als wolle er mit seinem Kopf Jo-Jo spielen. Hin und her, rauf und runter. Ein neu gebildeter Margarinekranz hüpft fröhlich mit dem Schlauch auf und ab. Pfft macht es, platsch, pfft, platsch. Man kann es mit Worten nicht beschreiben. Das muss man gesehen haben. Ich zwinge Maggy, hinzuschauen. »Bitte, schmeiß die Margarine nachher in den Müll. Oder auf den Kompost!«, flehe ich. Die Pfft-Platsch-Geräusche sind die einzigen hörbaren Laute. Schließlich verschlägt es uns die Sprache. Ekel, Grauen, Mitleid, Faszination.

Alois legt ein Päuschen ein. Ein Kunstpäuschen, genau einstudiert, wie wir bald merken. »Ich muss jetzt durch den Mund atmen«, klärt er uns auf. »Durch die Nase geht es nicht mehr. Aber diese Übung ist wichtig. Sie weitet die Nasenscheidewand. Ich habe das nämlich lange nicht mehr vorgeführt. Da wuchert sie gern zu.« Kaum kann man ihn verstehen, weil die Nase verstopft ist.

Schließlich zieht er den Schlauch heraus. Wir atmen auf und applaudieren. »Nur keine Vorschusslorbeeren«, bittet er bescheiden. »Das war doch erst das Vorspiel. Die eigentliche Vorführung kommt jetzt.«

Alois reinigt den Schlauch sorgfältig mit zwei Tempotaschentüchern. Er rollt den Schlauch auf und sichert die Rolle mit einem Bindfaden. »Ordnung muss sein«, grinst er verschmitzt, und aus seinen Augen blitzte der Schalk. 83 Jahre und noch so herrlich verrückt, denken wir anerkennend. Alois beweist uns, dass man nicht unbedingt mit 65 in den Ruhestand treten muss.

Er begibt sich wieder in seine Position. Das voll gesabberte Handtuch hat Maggy schnell gegen ein größeres Badetuch ausgetauscht und die Aktionsfläche damit weiträumig abgedeckt. »Die werde ich nicht waschen«, raunt sie mir zu. »Die werfe ich in den Müll.« Dekadenz.

»Gib sie ihm lieber mit. Vielleicht mag er sich gern in

seinen Säften suhlen.« Ich finde es schade um die wertvollen Handtücher.

Der Alte öffnet seine Utensilientasche und entnimmt ihr einen weißen Leinenbeutel. Vorsichtig öffnet er den Knoten, erweitert die Öffnung und greift sanft hinein. Als befände sich etwas besonders Zerbrechliches darin. Ja, es *ist* etwas Zerbrechliches! Zum Vorschein kommt eine Ringelnatter. Dick wie der Mittelfinger eines Hafenarbeiters und 90 Zentimeter lang. Ein herrliches Tier. Frisch gehäutet, glänzend, die beiden gelben Leuchtflecken hinterm Kopf, schaut sie uns mit ihren hübschen Augen neugierig an. Ganz die kokette Hauptdarstellerin. Sie züngelt. Alois streichelt sie. Sie ist mit den Menschen vertraut, denn sie bleibt ruhig, zeigt keinerlei Angst, versprüht nicht ihr Stink- und Abwehrsekret. Das hätte auch noch gefehlt. Dann hätten wir die Bühne nach draußen verlegen müssen. Ich bin fasziniert von dem schönen Tier und erschrecke, als er sie wie seinen Schlauch behandelt: Er fettet sie mit Rama ein.

Ehe wir unserem Erstaunen Worte geben können, schiebt er das Reptil, mit dem Kopf zuerst, in seine Nase. Langsam, aber mit Nachdruck hilft er ihr, vorwärts zu kommen. Der Weg ist eng, trotz der Vorarbeit mit dem Schlauch, dem »Eisbrecher«. Allein hätte sie das nie und nimmer zustande gebracht.

Die kleinen Pausen, die er dem Tier gönnt, nutzt er, um die Rama-Kränze vom Nasenflügel in den Topf zurückzustreichen. Er lässt wirklich nichts umkommen. Der Mann hatte gewiss schon größte Hungersnöte durchlebt. Ich beschließe, ihm die Rama zu schenken.

Plötzlich Unruhe. Alois würgt. Aber anders als vorhin beim Schlauch. Sein Kehlkopf hüpft rauf und runter, der Speichelfluss nimmt zu. Wie ein Topf Milch vorm Überkochen. Wie die Elbe bei Hochwasser kurz vorm Deichbruch.

»Mein Gott!«, lallt er. »Die will abhauen in den Magen.« Er mimt Panik. Aber uns ist klar: Das Tier kann weder vor noch zurück. Schon gar nicht will sie in seinen Magen »entkommen«. Das hier ist Show. Aber auf jeden Fall hat das Tier sein Rachenzäpfchen erreicht.

»Na warte, du Luder«, entnehmen wir seinen Würgelauten. »Den Weg werde ich dir verbauen.«

Und schwupps hat er seine Klapper-Knochen gebündelt und sie zu einem sauberen Kopfstand in die Vertikale gebracht. Es scheppert wie eine Schaufel Steine. Eine falsche Bewegung, so muss man fürchten, und der Mann fällt auseinander wie ein Stapel leerer Dosen in der Schießbude. Doch nicht bei Alois! Denn außer Haut und Knochen besitzt er garantiert noch Sehnen, die alles ordentlich zusammenhalten.

»Nicht mit mir!«, droht er dem Reptil noch einmal. Dabei zieht er den Bauch dermaßen stark ein, dass sein Brustkorb nur noch per Wirbelsäule mit seinem Tangakaschierten Po verbunden bleibt. Darüber strampeln zwei Beine in der Luft. Der Mann ist ein Phänomen. Vorsichtig greift er in den Mund.

»Wo bist du, du Luder?« Richtig, er muss ja »über Kopf« denken. Alles ist seitenverkehrt. Aber er schafft es. Er bekommt die Schlange zu fassen, zieht an ihr, lässt ihr Zeit, den aus der Nase hängenden Körper nachzuziehen, und zerrt weiter. Bis sie schließlich aus dem Mund zum Vorschein kommt. Aufatmend züngelt sie, schaut nach links und nach rechts. So, als würde sie das täglich und mit Freude machen. Fehlt nur noch, dass sie einen Knicks vollführt. Oder eines Extrafischleins zur Belohnung harrt. Wie Zirkuspferde auf ihr Stück Zucker warten.

Stolz präsentiert Alois das Resultat. Das Handtuch ist tropfnass verschleimt. Die Vorführung ist beendet.

Seitdem habe ich nie wieder Rama gegessen.

Ins ausverkaufte
ABBA-Konzert

»Das ist Schiebung.« Meine Tochter Kirsten, zwölf, ist empört. »Da ist endlich mal ein ABBA-Konzert in der Nähe und alle Karten sind innerhalb von drei Tagen ausverkauft. Das kann doch nicht mit rechten Dingen zugehen. Die Stadthalle in Bremen fasst siebentausend Leute.«

Es kostet sie viel Kraft, ihre Enttäuschung zu unterdrücken. Tränen laufen ihr übers Gesicht. Sie tut mir Leid. Kirsten ist ABBA-Fan, seit *Waterloo* aus allen Lautsprechern erklang. Sie kennt jeden Song der vier Schweden auswendig.

»Ich verspreche dir, du kommst rein. Großes Ehrenwort!« Ich lege ihr väterlich die Hand auf die Schulter. Ihre Augen leuchten. Sie weiß um den Wert meiner Versprechungen. Meine Ehrenworte gelten quasi als bereits erfüllte Zusagen. Beruhigt kuschelt sie sich ins Kissen und schläft ein.

Ich entwerfe einen Schlachtplan. Wäre doch gelacht, nicht ins ausverkaufte Konzert zu kommen! Ich will die Sache survivalmäßig angehen. Dann darf ich mich keinesfalls auf nur eine einzige Vorgehensweise beschränken. Ich muss verschiedene Wege gehen. Schon am nächsten Morgen gebe ich im *Weserkurier* ein Inserat auf. »ABBA-Konzert. Wer gibt Karte ab?«

Unabhängig davon schreibe ich Herrn Clausen, den Geschäftsführer der Stadthalle, an. Ich erkläre kurz den Sachverhalt und unterbreite ein Angebot. »Ich bin Konditor und könnte von ABBA eine witzige große Marzipankarikatur modellieren.« Die könnte der Geschäftsführer ABBA statt der üblichen Blumen überreichen. Wäre doch mal etwas anderes, etwas viel Persönlicheres.

Ich rechne mit einer Absage. Manager sind Wesen aus einer anderen Gefühlswelt. Deshalb bastle ich sogleich auch an einer dritten Strategie. Ich baue eine Kiste. Nicht irgendeine. Sondern eine spezielle. Eine, in der meine Tochter zusammengekauert bequem Platz findet. Über ihr montiere ich ein festes Brett. Es wird sauber mit Mullbinden bestückt. Wer den Deckel öffnet, sieht auf einen Blick, dass es sich um eine Lieferung von Sanitätsmaterial für den Erste-Hilfe-Raum bei Großveranstaltungen handelt.

Entsprechend gestaltete ich den Kasten außen. Hygienischer weißer Kunststoff, ein dem Roten Kreuz entsprechendes auffallendes Grünes Kreuz, ein klangvoller Firmenname: »Dr. med. Hartmeier, Verbandsstoff-Großhandel« und zwei solide Tragegriffe. Was niemand sieht, befindet sich unter der Kiste. Ausreichend große Atemlöcher und ein lösbarer Boden.

Zusammen mit einer Freundin, beide in Doktorblendendweiß gekleidet, wollen wir sie, Kiste und Kirsten, durch die Kontrollen in einen stillen Winkel oder auf die Damentoilette bringen und sie dort unbemerkt aussteigen lassen. Ich freue mich diebisch auf diese Aktion. Die Generalprobe ist exzellent. Ein Freund wird mir seinen weißen Lieferwagen ausleihen. Damit fahren wir dann vor bis zum Eingang. Ein Gelblicht auf dem Dach und eine kistenidentisches Grünes Kreuz auf den Türen weisen uns als kompetenten Fachbetrieb aus. Zuständig für Massenunfälle, wenn Tränen und Blut eimerweise fließen könnten, wenn Ohnmachten angesagt sind, wenn Teenager orgiastisch ihre Stars feiern. Sehr viel Aufwand also, sehr viel kleinkriminelle Energie.

Und trotzdem alles für die Katz.

Denn: Auf das Inserat melden sich unerwartet 22 Kartenverkäufer! Das Telefon steht gar nicht mehr still. Mehr Anrufe als Sitzplätze, will mir scheinen. Das sind wahrscheinlich die Typen, die Karten üblicherweise horten, um sie dann zu überhöhtem Preis weiterzuverschachern. Mir soll's egal sein. Kirsten muss ins Konzert. Wenn ich schon sonst ein schlechter Vater bin, der zu wenig Zeit für sein Kind hat, dann will ich ihr wenigstens hin und wieder ein besonderes Ereignis verschaffen. Theoretisch verfüge ich jetzt über 100 Karten. Nun könnte ich selbst einen schwunghaften Handel beginnen. Aber ich brauche keine Zweiteinnahme. Meine Konditorei floriert. Kirsten sage ich nichts von den Karten. Meinetwegen soll sie ihre Freundinnen mitnehmen. Wir können einen Bus chartern.

»Heute Nachmittag muss ich mit dir nach Oldenburg«, verrate ich ihr. »Großes Geheimnis! Nichts zu Mutti sagen«, schiebe ich nach und lasse ihre Neugier explodieren. Fast freue ich mich mehr als sie. Ich freue mich auf ihr fassungsloses Gesicht, sie freut sich, weil sie weiß, wenn ich etwas geheimnisvoll mache, wird sie nicht enttäuscht sein.

Schließlich sind wir in Oldenburg bei einem der Kartenanbieter. Eine Frau. Ihre Kinder wollen plötzlich lieber nach Mallorca als zu den Schweden-Stars. Also weg mit den Karten. Es lebe die spanische Inselwelt! Mit keinem Gedanken vermutet Kirsten einen Zusammenhang zum ABBA-Konzert.

»Wir hatten vorhin miteinander telefoniert«, nenne ich ihr unseren Codesatz. Sie lächelt verständnisvoll, freut sich mit mir auf die Überraschung. Ich hatte sie gebeten, keinesfalls das Wort ABBA fallen zu lassen.

»Ach, Sie kommen wegen des Kinderfahrrads«, lächelt sie und blinzelt mir zu. »Kommen Sie rein.«

In Kirsten zucken Gedanken. Kinderfahrrad? Deswegen extra nach Oldenburg?

»Nehmen Sie Platz! Darf ich Ihnen etwas zu trinken anbieten?« Ja, sie darf. Die Frau schenkt uns Orangensaft aus der Flasche ein.

»Dann hole ich das gute Stück mal rauf.« Das gute Stück?, signalisiert mir Kirstens Gesichtsausdruck. Dann ist es vielleicht ein ganz besonderes Kinderfahrrad. Ihr irritierter Blick wandert von einem zum andern.

Die Frau lässt uns beim Saft allein.

»Willst du hier ein Fahrrad kaufen?«

Ich sage nichts, lächle nur. Ich freue mich tierisch auf das Gesicht, das ich gleich sehen werde.

Die Frau kehrt zurück. Ohne Fahrrad. In der Hand vier Karten. Wunderschöne, dekorative, fälschungssichere Exemplare. Sie legt sie vor mich auf den Tisch.

»Ich habe das Fahrrad unten neben Ihr Auto gestellt. Dies sind die Garantiekarten für das Rad und das Zubehör ...« Weiter kommt sie nicht. Kirstens Jubelschrei schneidet ihr jedes weitere Wort ab. »Vati, das sind ja ABBA-Karten!« Mit einem kurzen Röntgenblick hat sie die Tickets erkannt, eines an sich genommen und von beiden Seiten befühlt. »Vati, die sind total echt.«

»Die gehören dir«, sagte die Frau. »Alle vier. Da kannst du auch deine Freundinnen noch mitnehmen.«

Auf dem Rückweg erzähle ich ihr, dass ich insgesamt 25 haben könnte. Sie geht in Gedanken ihren Freundeskreis durch. »Dann lass uns elf Stück kaufen. Das wird der tollste Tag in meinem Leben.«

Zu Hause angekommen, die nächste Überraschung. Die Antwort des Stadthallen-Managers Clausen. »... ich finde die Idee mit der Skulptur so hinreißend, dass ich Ihrer Tochter gern meinen persönlichen Dienstsitz in der ersten Reihe anbieten möchte ...«

Selten habe ich mit so viel Einfühlungsvermögen eine Marzipankarikatur modelliert. Kirsten hilft. Während ich mich auf die vier Gesichter konzentriere, formt sie die

Gewänder, die Instrumente, den ABBA-Schriftzug. Vorlagen haben wir reichlich. Der Foto-Fundus meiner Tochter scheint unerschöpflich. Die Plastik zeigt ein schlafendes Mädchen, das von ABBA träumt.

Endlich ist der Tag des Konzerts gekommen. Wir sitzen in Clausens Büro. Ein lockerer, heiterer Mittvierziger. »Das ist ja ein phantastisches Stück«, lobt er unser Werk und betrachtet es von allen Seiten. »Eine wirklich sehr besondere Idee. Ich freue mich, dass ich sie aufgegriffen habe.«

»Bekommen Sie solche Angebote öfter?«, will ich wissen.

»Öfter kann man eigentlich nicht sagen. Und so was Schönes schon gar nicht. Aber Sie glauben ja gar nicht, was manche Leute sich einfallen lassen, um in ein ausverkauftes Konzert zu gelangen! Vor einem Jahr kamen zwei Sanitäter und trugen eilig einen Verletzten auf der Trage durch die

Kartenkontrolle. Natürlich sprangen alle beiseite, um den Leuten Platz zu machen. Bis einer der Kartenkontrolleure sich fragte: »Moment mal, wieso bringen die den Verletzten *rein* und nicht *raus*?« Er ist dann den dreien gefolgt und kam gerade rechtzeitig hinzu, als alle drei die Trage in die Ecke stellten und sich einschmuggeln wollten.«

Er muss lachen, als er sich erinnert.

»Und was haben Sie gemacht?«, will Kirsten wissen. Ihr Gesicht ist rot vor Aufregung. Um Haaresbreite wäre sie ja auf ähnliche Weise hineingelangt. Sie stößt mich unterm Tisch heftig vors Schienbein, grinst hinter vorgehaltener Hand. Also hätte auch dieser Weg mit unserer Kiste funktioniert, denken wir. Verbandsmaterial muss *rein* und nicht *raus*.

»Ich fand die Idee so genial, dass ich die Leute gratis reingelassen und davon eine Pressemitteilung gemacht habe.«

Schließlich erhebt er sich. »Dann komm mal mit. Ich werde dir jetzt meinen Dienstsitz zeigen. Und lauf nach dem Konzert nicht gleich weg. Dann nehme ich dich mit ins Parkhotel. Dort überreichst du ABBA dein kleines Kunstwerk.«

Susi

Dia-Vortrag irgendwo in Deutschland. Diese Vorträge werden von meiner langjährigen Mitarbeiterin Margrit Ludwig organisiert und zeitlich wie geographisch koordiniert. Wenn die Vortragstournee dann beginnt, erhalte ich die monatliche Unterlagenmappe und fahre los.

Wenn es im Zusammenhang mit den Vorträgen besondere Korrespondenzen gibt, humorvolle, liebe oder unverständliche, dann legt sie mir gelegentlich auch Notizen dazu, damit ich Bescheid weiß.

Bei Gert (»bitte mit t«) weiß ich deshalb, dass er und seine Freunde der städtischen Bibliothek den Vortrag vorgeschlagen hatten. Die hatte dann alles in die Wege geleitet. »Er kommt rechtzeitig und will dir beim Aufbau helfen.« Pünktlich ist er zur Stelle.

»Ich bin der Gert. Kann ich dir helfen? Ich hatte dir vor einem Jahr geschrieben wegen dieses Vortrages und ihn angeleiert. Ich bin ja so froh, dass er zustande gekommen ist. Das ist ein großer Tag für mich.«

Gert ist um die fünfunddreißig, gibt sich sportlich und dynamisch, ist reichlich outdoormäßig durchgestylt und strahlt sein gewinnendstes Lächeln. Man hätte die Saalbeleuchtung ausschalten können.

»Gern. Helfer kann man immer gebrauchen. Du hast mir also diesen Vortrag initiiert. Vielen Dank!« Wir schütteln uns die Hände.

Mitdenkend, praktisch, zügig baut er den Büchertisch auf. Entsprechend schneller bin ich fertig.

»Ist das in Ordnung, wenn wir hinterher zusammen essen gehen? Ich lade dich selbstverständlich ein. Du musst wissen, seit Jahren bist du mein Idol. Dein Buch *Die Kunst zu überleben* hat meine Susi und mich auf allen Reisen begleitet.«

Aha, er hat eine Susi! Warum ist sie nicht mitgekommen? Muß sie sich noch herrichten? Oder haben sie Kinder, die vorher schnell ins Bett oder zur Oma gebracht werden müssen? Oder findet sie mich und meine Bücher nicht so gut wie ihr Gert? Schließlich bewundern nicht alle alles in gleicher Weise. Naturgesetz. Damit muss man leben. Wäre es anders, bräuchte Deutschland – was sage ich? Deutschland? Bräuchte die ganze Welt! – nur noch meine Bücher.

Egal, warum Susi noch nicht da ist. Ich hätte jetzt sowieso keine Verwendung für sie. Gerts Hilfe ist ausreichend. Kommen wird sie auf jeden Fall. Wie will sie sonst hinterher mitreden, wenn wir zusammen essen gehen?

»Bin wirklich gespannt, wie dir meine Susi gefällt«, wirft er noch einmal ein. Offensichtlich ist er mächtig stolz auf sie. Und ich werde zunehmend neugieriger.

Es ist 20 Uhr. Ich muss anfangen. Das Licht geht aus. Nachzügler schleichen auf ihre Plätze. Wahrscheinlich auch Susi.

Der Vortrag ist zu Ende. Alles ist abgebaut. »Komm, jetzt gehen wir essen! Übrigens, du glaubst ja gar nicht, wie oft ich auf den Reisen gesagt habe: ›Jetzt müsste Rüdiger bei uns sein. Rüdiger, Susi und ich. Das wäre ein Trio! Das wäre ein Urlaub! Unschlagbar.‹«

Aber wo bleibt nun seine Susi? Noch habe ich nicht einmal ihren Duft geschnuppert. Sie ist doch nicht etwa nach dem Vortrag gleich wieder abgedüst, um das Steak anzubraten?

Gert lächelt glücklich. Viele seiner Freunde gratulieren ihm. »Da hast du uns wirklich einen tollen Referenten eingeladen!«, loben sie ihn. Und klopfen ihm auf die Schulter. »Super-Vortrag!« Gert ist stadtbekannt. Gert ist beliebt. Und Gert liebt mich. Was will ich mehr? Allenfalls noch seine Susi kennen lernen.

Nur, was Susi von allem gehalten hat, wie sie den Vortrag gefunden hat, behält er zunächst für sich. Ich frage auch nicht nach.

Auf jeden Fall macht er es irgendwie spannend. Ich schnappe nur während des Kabelaufrollens auf, was er einem Freund zuflüstert: »Sie ist toll herausgeputzt.« Na bitte. Alles für mich. Er wird es selbst am besten wissen, wann er mir seine Lebensgefährtin präsentiert. Irgendwie muss ich schmunzeln. Sie mir hier so auf die Schnelle vorzustellen, scheint ihrer und meiner wohl nicht würdig. Gleich, wenn wir zur Ruhe gekommen sind, dann wird sein Moment gekommen sein. Ich bin kein Spielverderber und halte die Klappe. Einen Ring trägt er nicht. Genauso wenig wie ich. Spricht das in seinem Falle für Unkonventionalität? Oder ist er womöglich schwul? Gänzlich ausschließen kann ich es nicht.

»Sie hat sich toll herausgeputzt«, hatte ich eben gehört. Und »Er, Susi und ich – wir wären ein tolles Trio«, hatte er vorhin geäußert.

Auf einmal läuft es mir heiß und kalt den Rücken hinunter. Aber nicht unbedingt unangenehm. Nur einfach so. Als erstes Alarmsignal. Allmählich schwant mir, was angesagt ist! Es gibt gar keinen Zweifel mehr. Heute Abend gibt es Liebe zu dritt!

Nicht dass ich grundsätzlich dagegen wäre. Aber mich blind in mein von anderen ausgearbeitetes Glück zu stürzen, ist nicht mein Ding. Ein kleines Mitspracherecht möchte ich schon noch haben.

Was, wenn sie absolut nicht mein Typ ist? Wenn sie korpulent ist, schweißgebadet, wenn sie mehr kugelt als geht, mich gewinnend mit gelben Nikotinzähnen anlächelt und mir ihren Knoblauch-Atem entgegenhaucht? Dann werde ich keinesfalls mitmachen. Ich male mir die schlimmsten Horrorszenarien aus. Ich muss mir alle Türen offen halten. Diplomatisch gehe ich auf Distanz. Kommt Zeit, kommt Rat. Andererseits denke ich, dass er als wirklicher Fan meinen Geschmack kennen sollte. Hoffentlich.

»Gibt es im Hotel Telefon?«, werfe ich nebensächlich ein. »Ich muss mich nachher zu Hause melden. Meine Frau hatte dringend um einen Rückruf gebeten.«

Ich komme mir clever vor. Damit habe ich alle Optionen. Ich kann mir mitten in der Nacht einen dringenden Interviewtermin erschwindeln. »Reservegast in einer Talk Show.« Oder ich kann Entwarnung geben. »Hat sich schon erledigt.« Und dann was Banales erzählen. Je nachdem. Ob Flop oder Top.

Nur gut, dass ich rechtzeitig diese Vorahnung habe. Dann ist man ganz anders gewappnet, ist viel reaktionsschneller. Genauso vorbereitet möchte ich sein, wenn ich irgendwann vor die *Versteckte Kamera* gelockt würde. Um wie viel geistreicher kann man reagieren, wenn man Bescheid weiß. Und wie peinlich ist es, wenn man in die Falle getappt ist und aberwitzigen Schwachsinn von sich gibt. Und nachher lediglich gute Miene zum blöden Spiel macht.

Wiederholt und verstohlen fixiere ich Gert. Er ist der Strahlemann in Person. Er nimmt die Komplimente letzter Gäste entgegen, als wäre es *sein* Vortrag gewesen und nicht meiner. Selbst der Bürgermeister drückt ihm dankbar die Hand. Der Lokalreporter interviewt ihn. Er macht ein Bild. Gert, Bürgermeister und Rüdiger. Noch eins, falls jemand die Augen geschlossen hatte.

Kann so ein Typ eine Frau haben, grüble ich weiter, die mir *nicht* gefallen könnte? Möglich ist zwar alles. Nichts ist verschiedener als die Geschmäcker. Aber soo verschieden? Das wäre ja gegen alle Biologie.

Mit Seitenblicken fühle ich mich auch von ihm beobachtet und taxiert. Ich lasse es mir nicht anmerken und packe die restlichen, nicht verkauften Bücher in die Kartons.

Wir schleppen alles zu meinem Wagen. Von Susi auch draußen keine Spur. Wenn sie eine ebenso gute Köchin ist, wie sie unsichtbar ist, dann werde ich es mir schmecken lassen. Der letzte Karton ist eingeladen.

»Lass deinen Wagen hier stehen. Hier ist er sicherer. Da steht er im Licht. Lass uns meinen nehmen!«

Ich schließe alles ab. Wir steigen in seinen Geländewagen. Er ans Steuer. Ich auf den Beifahrersitz. Er steckt den Schlüssel in die Zündung und blickt mich mit erwartungsvollem Blick an. Den Schlüssel lässt er unberührt stecken. Er pendelt hin und her und kommt langsam zum Stillstand. Kein Wort. Also doch schwul?

Wahrscheinlich braucht er eine Verschnaufpause. »Na, was sagst du nun?« Aha. Er findet die Sprache wieder. Er will ein Kompliment hören. Das kann er haben. Drinnen war dazu nur flüchtig Zeit. Ich gebe es ihm gern. Er hat es sich verdient. Der Vortrag war gut organisiert, der Saal war voll und so was ist immer schon der halbe Erfolg. Nichts ist deprimierender als ein leerer Saal. Er ist nur noch zu übertreffen von einem *hässlichen* leeren Saal.

»Mensch, das hast du gut organisiert«, beginne ich das Loblied. »Allein der gemütliche Saal, der gute Service an der Kasse und in der Pause ... das war wohltuend. Du glaubst gar nicht, wie sehr man als Vortragender davon abhängig ist.«

Er lauscht, sagt kein Wort, schaut mich an. Auge in Auge. War wohl nicht genug. Ich lobe ihn weiter.

»Ich weiß genau, wie viel Arbeit die Vorbereitungen machen. Plakate kleben, die Zeitung aktivieren, den Saal mieten, Mitarbeiter finden ...«

Er schaut durch mich hindurch. Die Komplimente verfangen nicht. Was erwartet er denn noch? Habe ich irgendetwas sehr Wesentliches vergessen? Hat Margrit Ludwig mir noch was auf den Spickzettel geschrieben, das mir entfallen ist? Ich komme nicht drauf. Trotz fieberhafter Anstrengung.

Ich beschließe, ihn genug gelobt zu haben. Alles hat seine Grenzen. Letzten Endes hat die Stadtbibliothek das Risiko der Veranstaltung getragen. Sie hat den Vertrag unterzeichnet. Sie hat mir mein Geld ausgezahlt. Sie hätte zuzahlen müssen, wenn kein Zuschauer gekommen wäre. Er hatte nur den Anstoß zu dem Vortrag gegeben, ihn angeregt und ein wenig bei den Vorbereitungen geholfen. Und beim Nachschieben der Dias. Und beim Bücherverkauf. Und beim Abbauen. Aber das war's auch. Vielleicht nun noch das sagenhafte Dinner bei Susi. Also Schluss mit den Komplimenten!

Wie ein waidwundes Reh schaut er mich an. Er beginnt mich zu nerven. Zu noch mehr Lob bin ich nicht bereit. Ich schalte auf stur. Er soll sich nur nicht überbewerten. Okay, alles war perfekt organisiert und ist prima gelaufen. Aber letzten Endes handelte es sich nicht um die ausverkaufte Carnegie Hall in New York mit stehenden Ovationen.

Oder ist er etwa doch schwul? Interessant, was einem so alles durch den Kopf geht.

»Du sagst ja gar nichts«, reklamiert er.

Der Junge hat vielleicht Nerven. Ich quatsche die ganze Zeit und er sagt, ich hätte *nichts* gesagt. Ist er etwa auch schwerhörig?

»Ich quatsche doch die ganze Zeit! Was willst du denn hören?«

Ich bin leicht genervt. Er ist erstaunt. Offenbar hat er tatsächlich nichts gehört.

»Nein. Das meine ich doch nicht. Die Komplimente habe ich gehört. Das mit dem Vortrag war doch alles selbstverständlich. Das war mir sogar eine Ehre. Ehrlich. Quasi mein Beitrag für deine Indianerarbeit. Ich meine, wie *sie* dir gefällt?«

»Wer?« Nun gucke ich wirklich blöd. Habe ich sie also doch übersehen? Liegt seine Susi etwa im Fond unter der

Decke? Oder schiebt sie gerade den Wagen an? Ich werfe einen schnellen Blick nach hinten. Nicht allzu auffällig. Aber nein, da ist nichts. Nur eine Plane. Und darunter versteckt man doch nicht seine Geliebte.

»Du fragst *wer*?« Er ist verdattert. Aber sofort redet er weiter. »Ich spreche von meiner Susi! Du musst verstehen: Dies ist genau der Moment, von dem ich so oft in meinem Leben geträumt habe. Du, ich und *unsere* Susi – *unsere*, wenn ich das bewusst einfach mal so sagen darf – wir drei gemeinsam auf Tour.«

Ich bin perplex. Also doch ein flotter Dreier! Dann kann sie nur da hinten unter der Plane liegen. Entschlossen, erwartungsvoll und doch behutsam hebe ich sie hoch. Überraschung total. Nichts. Rein gar nichts. Vom Wagenheber und Reserverad einmal abgesehen.

Gert schaut verständnislos. Ich spüre seine Enttäuschung. Bin ich blind? Bin ich blöde? Bin ich senil? Ist das Alzheimer, Stufe eins? Oder sitzt sein Erotik-Präsent etwa *unter* meinem Sitz? Das kann doch nicht sein. Da hat ja nicht einmal ein Kind Platz. Allenfalls ein Gartenzwerg. Ich taste unauffällig mit den Füßen. Nichts. Kein Zwerg, keine Susi. Ich gebe mich geschlagen.

»Entschuldige. Ich bin bescheuert. Wo ist wer oder was? Red mal Klartext!«

»Hier! Hier, hier meine Susi!«

Begeistert klopft er auf den freien Teil der Sitze. So, als hätte er seit ewigen Zeiten keinen Staub mehr gesaugt und müsse das nun nachholen.

»Meine Susi! Mein Suzuki!«

Der Abend war trotzdem sehr schön.

Grab des Grauens

»Entschuldigen Sie. Sind Sie der Verrückte, wenn ich das mal so sagen darf, der, der die Schlangen züchtet?«

»Ja«, antworte ich dem stotternden Anrufer. Offenbar hat er mit dem »Verrückten« noch Artikulierungsprobleme. Mich stört es nicht. Dass ich so genannt werde, ist normal.

»Züchten Sie nur große und Giftschlangen, oder sind Ringelnattern für Sie auch interessant?«

»Na klar. Um was geht's denn?«

»Ich bin Friedhofsgärtner und wir heben in Hamburg-Ohlstedt alte Gräber aus. Und morgen ist ein Grab an der Reihe, auf dem sich heute Mittag jede Menge junger Ringelnattern sonnten. Es sah so aus, als hätten die dort ein Nest.«

Ob ich die nicht retten könnte, er würde mir das Grab markieren, einen Spaten hinstellen und ab 17 Uhr wäre niemand mehr auf dem Friedhof. Der würde dann abgeschlossen sein.

Welch eine Frage! Und ob ich kann!

Also nichts wie hin. Schlangennester – sie waren schon immer mein Traum. Denn normalerweise begegnet man in der freien Natur mit Glück allenfalls einem Einzeltier. Nester, in denen sich die eleganten Leiber wie Spaghetti auf der Gabel bewegen, wie Maden im Speck, bleiben meistens ein Traum. Für mich soll er sich erfüllen. Hoch lebe der tierfreundliche Friedhofsgärtner!

Punkt 17 Uhr bin ich vor Ort. Ich lehne mein Fahrrad gegen die Friedhofsmauer, schnappe mir den mitgenommenen Kopfkissenbezug und klettere über die Mauer. Der Weg zum Grab ist gut markiert. Schon von weitem sehe ich den Spaten. Dort dann die erste Enttäuschung. Nämlich gähnende Leere. Eigentlich hätte ich es mir denken müssen. Im September ist es um 17 Uhr zu kühl. Dann haben sich die Tiere längst ins tiefere und wärmere Erdreich zurückgezogen. Der Spaten ist deutlich eingesunken.

Offenbar war der Verstorbene den Erben nur eine Billigbestattung wert. Verderblicher Buchensarg statt unverwüstlicher Eiche. Ich werde mir das merken und meiner Familie solche Peinlichkeiten ersparen. Ich werde in der Universität von Medizinstudenten aufgearbeitet und recycelt. Null Beerdigung.

Vorsichtig setze ich den Spaten an. Das Graben ist leicht. Der Boden ist humös und sehr locker. Um kein Tier zu verletzen, stelle ich ihn wieder beiseite und grabe mit der Hand weiter. Es geht fast genau so schnell wie mit dem Spaten. Aber von irgendwelchen Ringelnattern keine Spur. Schon stehe ich knietief im selbst geschaufelten Grab des viele Jahre zuvor Verblichenen. Den ohnehin erdrutschgefährdeten Gedenkstein habe ich rechtzeitig zur Seite gelegt. Ich sinke tiefer, der Wall um mich herum wächst.

Hoffentlich sieht mich niemand, schießt es mir plötzlich durch den Kopf. Wie soll ich meine Wühlerei begründen? Solange ich keine Ringelnatter vorweisen kann, wird man mich eher für einen Grabräuber halten, der es auf Goldzähne oder Gebeine abgesehen hat. Unverdrossen scharre ich weiter. Gerade, weil es schon September und kalt ist, werden die Tiere sich nicht unmittelbar unter die Oberfläche verkriechen, sondern mindestens 50 Zentimeter tief. Da sie selbst nicht graben können, nutzen sie Mäusebauten. Die Friedhofskaninchen müssen erblassen vor Neid, wenn sie mich hier wirken sehen.

Plötzlich der erste Erfolg! Ich will gerade zugreifen. Da bemerke ich den Irrtum. Es sind zwei besonders dicke Regenwürmer. Regelrechte Prachtstücke. Aber eben nur Würmer. Mir läuft es kalt über den Rücken. Fehlte nur, dass der Gärtner sie mit Ringelnattern verwechselt hat! Doch das kann nicht sein, sage ich mir sofort und rufe mir das Telefonat noch einmal genau ins Gedächtnis. Ausdrücklich hatte er die gelben Flecken hinter den Augen erwähnt, und die haben Regenwürmer nicht vorzuweisen.

Weder Augen noch Flecken, weder Kopf noch Hintern. Zwar geringelt, aber eben keine Ringel-*Natter*. Sie sind beide friedhofsleichenblass. Wie es sich für Würmer dieser Umgebung gehört. Also weitergraben.

Und dann kommt die Belohnung! Drei putzmuntere Ringelnattern kringeln sich in meiner Hand. Einer gelingt es sofort, ihr zu entschlüpfen, weil ich nicht fest zupacken mag. Unverzüglich wandern sie in den Kopfkissen-Sack. Drei Stück! Allein für sie hat sich der Aufwand gelohnt.

Aber nun ist das Jagdfieber durchgebrochen. Was heißt hier drei? Der Anrufer hatte von einem ganzen Nest gesprochen. Und drei sind kein Nest. Die sind allenfalls eine Kostprobe, ein Hinweis auf ein Nest. Meine Hände werden zum Schaufelbagger. Da, schon wieder eine. Noch eine und noch eine. Mit jedem neuen Tier wächst meine Erregung. Inzwischen bin ich am Sarg angelangt. Ich habe alle Hemmungen verloren. Leben vor Tod, begründe ich meine Weiterarbeit. Der Bagger morgen ist bestimmt weniger sensibel als meine Hände.

Fast der gesamte Sargdeckel ist eingebrochen. Nur das Kopf- und Fußende des Sarges stehen noch einigermaßen erkennbar. Sie bilden Hohlräume, das Refugium der kältescheuen Tiere. Fast jeder Griff fördert neues Leben zutage. Nichts mehr ist mir heilig. Ebenso wenig wie dem Bagger morgen.

Ich heble ein morsches Sargdeckelbrett beiseite. Vor mir der Schädel des Toten. Nicht mehr ganz komplett, aber doch noch relativ gut erhalten. Ein Bild wie im Horrorfilm. Nicht wegen des Schädels, sondern weil aus allen Öffnungen, die der Schädel zu bieten hat, junge Ringelnattern hervorlugen. Und auch drum herum wimmelt es von den kleinen, olivefarbenen, munteren Tieren. Sie sind genauso erschrocken wie ich und versuchen, in alle Richtungen, die sich in der Enge noch bieten, zu entkommen.

Sie kriechen, winden sich und pendeln. Aufgeregt züngeln sie. Damit wollen sie riechen, wer da ihre Ruhe stört. Ein berauschender, ein unvergesslicher Anblick. Ein Schatzsucher am Ziel. Ein Bild, das sich tief einprägt. Schon jetzt weiß ich, dass ich mich an diesen Moment zeitlebens erinnern werde. Bis ich selbst irgendwo ins Grab muss. Egal, wie alt ich je werde.

Freude und Jagdeifer sehen nicht mehr den Schädel, sondern nur noch den knochigen Quell der Schlangenleiber. Ich ergreife ihn und schüttle den Inhalt in den Kissenbezug. Es ist wunderbar, die volle Ernte, die große Ausbeute, unbeschreiblich.

»Danke, Oma oder Opa!«, flüstere ich dem leeren Schädel zu und finde es schade, dass der edle Spender diesen Moment nicht mehr miterleben darf. Aber so ist der Lauf der Natur. Wer weiß, was auf meinen kompostierten Überresten alles erwächst und gedeiht.

Irgendwann kann ich kein Tier mehr ausmachen. So fein ich die Erde auch durchsiebe, ich habe sie alle gefunden. Keine ist entkommen. Keine muss morgen sterben. Ich steige zurück ans Tageslicht. Ich schwitze und bin völlig verdreckt. Über eine Stunde habe ich gewühlt. Es ist finster; die Dunkelheit tarnt meinen Schmutz.

Zu Hause die Bilanz: 87 Schlangen, zwei Eier, zwei Knochen. Ich zähle die Nattern in ein leeres Terrarium. Ich habe es mit Moos gepolstert. Die Tiere sollen sich wohl fühlen. Ich stelle den Behälter mitten in mein Troparium. Das ist der große Souterrainraum, in dem ich meine frei kriechenden Riesenschlangen halte. Dieser Raum ist mein kleines Refugium nach der Hektik des Tages. Ein Stück Regenwald mit Anakondas, Netzpython, Tigerpythons und Abgottschlangen. Mit Tieren also, die immer unberechenbar bleiben. Ein Stück Wildnis pur. Zwar haben sie sich im Laufe der Zeit an mich, den Menschen, gewöhnt. Mein Menschengeruch aktiviert ihren Futterinstinkt normaler-

weise nicht mehr. Ich bin nicht ihr Typ. Aber wehe, ich habe vorher unseren Hund gestreichelt und vergessen, mir danach die Hände zu waschen! Ich bin noch nicht ganz in ihrem Raum, da kommt sofort eine große Unruhe in die Tiere. Aufgeregt beginnen sie zu züngeln und machen sich auf die Suche nach ihrem Opfer. Ihre Augen sind schlecht entwickelt. Daher orientieren sie sich an Bewegung und Geruch. Und nun bin ich ihr Ziel. Denn ich bewege mich und rieche wie Hund. Dann beißen sie zu. Zweimal ist mir das bereits passiert.

Als ich die Ringelnattern zu ihnen bringe, geschieht gar nichts. Deren Geruch aktiviert sie nicht. Sie reagieren nur auf Warmblüter. Die Anakonda auch auf Fische und Krokodile. Aber das biete ich ihnen nicht.

Am nächsten Morgen muss ich rüber in die Konditorei. Wie immer. Ich bin nur halb mit den Gedanken bei der Arbeit. Die andere Hälfte ist immer noch im Grab zugange. Da kommt ein Anruf. Am anderen Ende der Strippe: meine siebenjährige Tochter. Sie hat einen Hausanschluss neben ihrem Bett. Ihr Zimmer grenzt an das der Schlangen.

»Vati, Vati, komm schnell! In meinem Zimmer ist alles voller Schlangen!« Ich knalle den Hörer auf die Gabel und rase ins Haus. Was ist den nun schon wieder passiert? Hatte ich die Tür zum Troparium offen gelassen? Waren die Riesenschlangen entkommen? Dann war jede Sekunde wichtig. Locker würde jede Einzelne von ihnen sogar *mich* erwürgen können. Bis auf eine Drei-Meter-Boa messen sie mindestens fünf Meter. Jede Einzelne.

Ich sehe mit einem Blick: Die Glastür ist verschlossen. Ich sehe auch, dass die Riesenschlangen alle anwesend sind. Ein Anblick wie immer. Ich öffne die Tür zu Kirstens Raum. Zitternd steht sie senkrecht in der Ecke ihres Bettes und umklammert die Decke wie einen Schutzschild. Ihre Augen sind schreckensweit geöffnet.

»Da, Vati! Und da und da! Überall! Vorsicht, tritt nicht drauf! Wo kommen die denn alle her?«

Da sehe ich es denn auch. Trotzdem muss ich zweimal hinschauen, weil die Ringelnattern so klein sind. Aber wer Angst vor Schlangen hat, der sieht sogar dort welche, wo gar keine sind. Da genügt eine Lakritzschnecke, um zur riesigen schwarzen Natter zu werden. Wie bei Kirsten. Sie kann sich mit meinen Haustieren nicht anfreunden. Sie respektiert sie, findet sie interessant. Aber nie hat sie das Verlangen, die eleganten, sauberen und kräftigen Leiber einmal selbst anzufassen. Das überlässt sie mir, und ich kann ihr dann die Gefühle beschreiben. Als Pädagoge bin ich demnach ein Versager. Ich liebe Schlangen und sie hat Angst davor. Wie auch vor Spinnen.

»Keine Sorge, die tun nichts!«, beruhige ich sie. »Gut, dass du mich angerufen hast.«

Ich erzähle ihr die Grab-Story. Sie liebt Gruselgeschichten. Sofort hat sie alles um sich herum vergessen.

Währenddessen sammle ich die Tiere ein und bringe sie in den Schlangenraum zurück. Da sehe ich auch, was passiert ist. Bei ihren nächtlichen Streifzügen haben die Pythons das Terrarium umgekippt. Die Ringelnattern haben das genutzt, um sich in der neuen Umgebung umzuschauen, und viele entdeckten den schmalen Spalt unter der Tür. Von dort wehte Frischluft herein, die ihnen offenbar lieber war als die stickige Tropenluft.

Endlich habe ich alle eingesammelt. Ich zähle sie nach. Es sind nur 85. Zwei fehlen. Wo immer ich sie auch vermute und nachschaue – sie bleiben verschwunden.

Erst zwei Wochen später – ich habe die 85 Nattern schon längst wieder im Sumpf ausgesetzt – tauchen die beiden Ausreißer wieder auf. »Schau mal in den Staubbeutel des Staubsaugers«, fordert meine Frau mich auf. »Ich glaube, eben habe ich sie hinter der Holzverkleidung hervorgesaugt.«

Ich öffne den Staubbeutel. Und da liegen sie. Putzmunter, wie vor 14 Tagen. So, als sei nichts gewesen. Ihre runden freundlichen Augen strahlen mich an und ihre Zungen züngeln.

Die armen Clarissen

Endlich darf ich zum ersten Mal Wochenendstuten machen! Vier Stück à zehn Pfund, gebacken in langen schwarzen Metallkästen. Es gibt sie nur freitags bei uns in der Bäckerei Pohlmeyer. Wenn sie nicht alle weggehen, verkaufen wir den Rest auch noch samstags. Der Qualität und Frische tut das kaum Abbruch. Denn der Hefeteig enthält Bonbonsirup (Glykose) und sehr viele Rosinen und Korinthen. Frucht bei Frucht. Das hält die Stuten saftig. Sie schmecken so gut, dass ich der beste Kunde bin. Dick mit Butter bestrichen, verschlinge ich mindestens drei der ersten noch warmen Scheiben höchstpersönlich. Ich nenne das Qualitätskontrolle, sollte mich jemand kritisch ansehen.

Wenn man den Teig macht, ist darauf zu achten, dass weder das Salz noch das Fett oder der Bonbonsirup mit der Hefe in Kontakt kommen. Sonst wird der Gärprozess beeinträchtigt. Und irgendeine dieser Regeln muss ich missachtet haben. Vielleicht waren auch das Wasser oder das Mehl zu kalt. Der Teig liegt schwer wie Blei in den Kästen und zeigt keinerlei Interesse, zu gären, ofenklar zu werden.

»Hast du die Hefe vergessen?«, fragt Erich. Er wird schon ungeduldig, denn die Kästen müssen in den Ofen. In Bäckereien ist alles minutiös geplant. Wenn ein Vorgang schief läuft, ist das gesamte weitere Programm durcheinander.

»Nein«, beteuere ich und zeige ihm das Papier, aus dem ich die Hefe ausgewickelt habe.

»Tatsache ist, dass sich da nichts rührt. Dann hast du den Teig zu kalt geschüttet. Oder das Salz mit der Hefe aufgelöst. Oder das Fett. Oder sonst was. Jedenfalls hast du Scheiße gebaut.« Er fühlt den Teig an. Der ist lauwarm. So wie es sein soll.

Ich bin niedergeschlagen. Eben war ich noch so stolz, dass man mich die Stuten alleine machen lässt. Ich hatte mir die Rezeptur genau aufgeschrieben und vor allem auch den Ablauf.

»Zeig mal dein Rezept her!« Erich vergleicht Zeile für Zeile mit seinem Rezept, das er auswendig im Kopf hat. Erich ist unser bester Geselle. Er hat noch nie Bockmist gebaut. Immerhin findet er keinen Fehler. Also habe ich irgendetwas im Prozedere falsch gemacht.

Erich löst noch einmal Hefe mit lauwarmem Wasser auf, mischt es mit etwas Mehl unter den Teig. Der stellt sich stur. Nur andeutungsweise reagiert die Hefe auf Erichs Erwartungen.

»Wo bleiben die Wochenendstuten???« Chef Theo Pohlmeyer stürzt durch die Tür. »Die sollen um neun im Laden sein!« Er sieht die langen schwarzen Metallkästen, befühlt den Teig. Man muss nicht Meister sein, um die Totenstarre des Teiges zu erkennen. »Was ist denn damit los?«

Erich gibt mir verstohlen einen Wink. Er will nicht petzen. Aber er will es auch nicht auf seine Kappe nehmen. Ich soll es selbst gestehen.

»Ich weiß auch nicht. Ich meine, dass ich alles rezeptgetreu gemacht habe. Aber er reagiert nicht.«

Erneut befühlt der Chef die leblosen Kadaver. »Ein ganz bisschen regt er sich ja. Schiebt sie rein. Und wenn sie nichts werden, macht sofort einen neuen Teig. Aber dann machen Sie es, Erich. So was lässt man ja auch nicht einen Stift machen, der noch in der Probezeit ist.«

Was heißt denn das nun wieder? Warum betont er das Wort »Probezeit« so? Stehe ich auf der Kippe? Bin ich so schlecht, dass ich mit meiner Kündigung rechnen muss? Ich zittere vor Aufregung, male mir die Folgen aus, wenn ich mich nach einer neuen Lehrstelle umsehen muss. Kaum kann ich mich noch konzentrieren.

Die Rosinenstuten verlassen den Ofen und haben sich in keiner Weise zu ihrem Vorteil und meiner Rehabilitation verändert. Null Lockerung. Wie gebackenes Blei. »Bärenscheiße!«, dröhnt es da auch schon lautstark durch die Backstube. Das Urteil des Chefs. Ich verkrieche mich außerhalb seines Blickfeldes. *Bärenscheiße* ist in seinem Vokabular eine nicht mehr zu überbietende Fehlleistung. Versagen total. Ich höre, wie er die Blechkästen mit voller Wucht auf den Holztisch knallt. Da liegen die vier Teile. Man muss denken, ich hätte Holz gebacken. Sie erinnern an Holzbalken. Gebälk statt Gebäck.

»Unglaublich! Was hast du eigentlich in den acht Wochen, die du schon hier bist, gelernt? Ich habe noch nie in meinem ganzen Leben so einen Bockmist gesehen!« Sein Zorn steigert sich. Er knallt mit den Fäusten auf den Tisch. »Die kannst du den armen Clarissen bringen!« Ich

möchte im Boden versinken. Oder im Ofen verglühen. Da höre ich ein Türenknallen und luge aus meinem Versteck hervor. »Was meint er damit?«, frage ich Erich. Der wiegt soeben die Zutaten für den neuen Teig ab.

»Die Clarissen sind ein katholischer Bettelorden. Es sind Ordensschwestern, die den ganzen Tag nur beten und von Spenden aus der Bevölkerung leben.«

»Angeblich schlafen sie sogar in Särgen!«, mischt sich ein anderer Geselle ein und grinst dabei. Und ein Dritter weiß: »Wenn sie kurz vorm Verhungern sind, läuten sie ihr Sterbeglöcklein. Dann laufen alle Nachbarn, die das hören, zum Kloster und bringen ihnen etwas zu essen.«

Misstrauisch blicke ich von einem zum andern. Wollen die mich verschaukeln? Oder gibt es so was wirklich? Warum beten die denn, wenn man davon nicht leben kann? Zwei von ihnen könnten wir jederzeit in der Backstuben einsetzen. Zum Bleche putzen, zum Aufräumen. Dann hätten sie zumindest immer satt zu essen. Und sie hätten es warm. In Särgen schlafen! Die haben vielleicht Humor. Warum nicht gleich im Grab? Ich bin ein wenig fassungslos und vergesse für ein paar Augenblicke die verkorksten Stuten.

»Die sind alle mit Jesus verlobt«, toppt der Sargtyp seine Horrorgeschichte. »Sie tragen sogar Verlobungsringe. Die werden sich riesig freuen, wenn du ihnen nachher die warmen Rosinenbrote bringst. Du wirst es selbst sehen: Die sind alle mager wie die Windhunde.«

»Wenn es ihnen so schlecht geht, warum schickt der Papst ihnen dann nicht regelmäßig ein Fresspaket?«, will ich wissen. »Der hat doch Milliarden aus Kirchensteuern zur Verfügung?« Niemand gibt mir eine Antwort. Entweder wissen sie es nicht. Oder der neue Stutenteig muss aufgemacht, gegart und in den Ofen geschoben werden.

Allmählich kriege ich Mitleid mit den Frauen. Ich werde sie selbst fragen, warum sie das tun. Wenn sie nicht Bleche putzen möchten, könnten sie doch eine Lehre machen. Wie ich. Als Bäckerinnen oder Bäckerei-Fachverkäuferinnen. Zwei würde der Chef bestimmt einstellen. Dann hätten sie ihr finanzielles Auskommen, könnten sich satt essen, hätten ein schönes Zimmer ohne den störenden Sarg, und sicher würden sie irgendwann einen eigenen Verlobten finden. Und müssten nicht alle demselben nachlaufen. Zumal der längst tot ist.

Zwei Stunden später stehe ich vorm Clarissen-Kloster. Es liegt in der Nähe des Aasees zu Münster. Eine hohe Mauer umgibt das stille Gebäude. Da oben sehe ich die Sterbeglocke. Mein Geschäftsfahrrad mit dem großen Korb und den 40 Pfund Rosinenstuten habe ich an die Mauer gelehnt. Ich ziehe an einer Kette. Drinnen höre ich eine Glocke scheppern.

Nichts rührt sich. Zwei Drosseln schauen mich von einem kahlen Baum an. Auch sie verhalten sich still. Sie legen ihre Köpfchen schief und blicken zu den Rosinenstuten, die ich inzwischen vor die Tür gewuchtet habe. Ihr schwarzes Gefieder lässt mich vermuten, dass sie zum Kloster gehören und vielleicht verkleidete Clarissen oder ihre Aufpasser oder ihre Talismane sind.

Ich ziehe erneut an der Kette. Wieder antwortet ein Bimmeln in der Ferne. Dann endlich vernehme ich schlurfende Schritte. Sie verharren hinter der schweren, eisenbeschlagenen Holztür. Ein winziges Fenster wird von innen geöffnet. Ich erblicke ein freundliches Frauengesicht, das unter einem schwarzen Habit hervorschaut. Wirklich wie die beiden Drosseln. Nur größer.

»Guten Tag! Ich soll Ihnen einen Korb voll Rosinenstuten bringen.«

»Oh, das ist ja großartig!«, höre ich sie erstaunt und erfreut rufen. Plötzlich ist da nichts mehr von der Grabesstille. Ein Riegel wird zurückgeschoben. Knarrend öffnet sich die schwere Tür. Während ich mich bücke und den Korb hochwuchte, ist die Nonne hinter einer Holztheke verschwunden. Sicher ist sicher, wird sie denken. Ich packe ihr die immer noch warmen, duftenden Stuten auf den Tresen. »Die sind mir nicht gelungen, was die Lockerung betrifft«, erkläre ich nebenbei, »aber von der geschmacklichen Qualität her sind sie einwandfrei Und ganz frisch.«

Nicht, dass die Frau denkt, ich lade hier Müll ab. Ihre Nasenflügel weiten sich. Sie schnuppert an den Kuchen und fächelt sich den Duft in die Nase. Für jemanden, der nie satt zu essen bekommt, ist das Schnuppern sicher schon die Vorspeise, denke ich.

Als ich das bescheidene Ambiente betrachte, bin ich geneigt, alle Gerüchte zu glauben, die ich vorhin über die Clarissen gehört habe. Wer so anspruchslos lebt, für den muss heute Weihnachten sein.

»Für wen dürfen wir denn dafür beten?«, will sie plötzlich wissen. »Für dich?«

Ich bin ganz erschrocken. »Nein«, sage ich. »Ich bin nur der Lehrling, der Bote. Das ist eine Spende von meinem Chef. Es sind ja auch seine Zutaten.«

»Und wie heißt dein Chef?«

»Theo Pohlmeyer«, antworte ich ihr wahrheitsgemäß. Dann fällt mir ein, dass sie ja sicherlich gar nicht weiß, wer und wo Theo Pohlmeyer ist, weil sie ihr Kloster nie verlassen darf. Deshalb erkläre ich es ihr. »Unsere Bäckerei liegt in der Ludgeristraße. Das ist mit dem Fahrrad zehn Minuten von hier.« Ich deute die ungefähre Richtung an, obwohl das sinnlos ist, wenn sie noch nie über ihre Mauer geblickt hat. Dass mein Chef sogar Innungsobermeister und Ratsherr der CDU ist, erzähle ich ihr ebenfalls voller Stolz.

Die Frau bedankt sich und verspricht, auch mich in ihre Gebete einzubeziehen. Mir ist es egal. Schaden kann es bestimmt nicht. Ich radle nach Hause. Ich habe ungewollt dazu beigetragen, ein gutes Werk zu tun. Ich fühle mich sauwohl.

Aber nicht lange. Gerade stelle ich das Fahrrad im Hof ab, da höre ich den Chef brüllen. Wie einen Löwen.

»Sag mir jetzt bloß nicht, dass du bei den armen Clarissen warst!« Er ist puterrot. Auf seinen Schläfen treten fingerdick die Venen hervor. Wie Krampfadern. Bestimmt wird er mich jetzt verdreschen. Der Mann bebt am ganzen Körper. Kaum wage ich zu antworten. Denn die Art, wie er die Frage vorgebracht hat, macht mir klar, dass ich schon wieder einen Riesenbock geschossen haben muss. Offenbar hat er seine Aufforderung gar nicht wörtlich gemeint. Demnach war das mit den armen Clarissen wohl nur so eine Redensart, die man unter Katholiken dahinsagt. In Wirklichkeit wollte er die Stuten zu Rumkugeln verarbeiten, um den Verlust in Grenzen zu halten. Woher sollte denn ich das wissen? Ich, der aus dem evangelischen Bielefeld Zugereiste, Lehrling in der Probezeit. Nach der Schande, ihm den teuren Teig versaut zu haben, war ich vorhin nur noch von einem einzigen Gedanken beseelt: meinen Fehler bestmöglich gutzumachen und seine Anweisung sofort auszuführen. Also bin ich unverzüglich losgeradelt. Zumal keiner der Gesellen Einspruch erhoben hat. Im Gegenteil: Sie haben mir sogar beim Aufladen geholfen. Immerhin leben wir in den Nachkriegsjahren. Da wirft man kein einziges Lebensmittel einfach in den Mülleimer. Und bei den Clarissen erfüllt das Gebäck bestimmt einen guten Zweck.

Er sieht mein Gesicht, sieht den leeren Korb auf dem Fahrrad und weiß Bescheid.

»Das darf nicht wahr sein!« Wie ein Bär im Käfig läuft er hin und her. »Warum hat ihn denn von euch keiner zurückgehalten?« Jetzt brüllt er die Gesellen an. Das entlastet mich spürbar. Genau! Warum hat mich von denen niemand gebremst? Sie haben mir sogar den Weg erklärt. Wie sonst hätte ich wissen können, wo die Clarissen wohnen. Also war sein Befehl doch nicht so ganz klar als Floskel zu erkennen.

»Und was hast du ihnen gesagt?«

»Dass Sie den Clarissen die Stuten gespendet haben. Dass sie kostenlos sind und ofenfrisch. Nur die Lockerung sei mir nicht gelungen.«

»Hast du etwa meinen Namen genannt?« Seine Stimme überschlägt sich. Ich bin nur noch wenige Sekunden von einer saftigen Ohrfeige entfernt. 1951, die Prügelstrafe für Lehrlinge ist erlaubt. Obwohl Theo noch nie einen Lehrling geschlagen haben soll.

»Ja«, entgegne ich kleinstlaut. »Weil sie gefragt haben, für wen sie beten sollen. Und weil das ja nicht meine, sondern Ihre Stollen waren, musste ich das doch sagen. Ich konnte die Frauen doch nicht für *mich* beten lassen. Trotzdem hat die Frau am Empfang versichert, sie würde mich in ihr Gebet einbeziehen.«

Der Chef ringt nach Worten. »Wahrscheinlich kann sich von euch niemand denken, was ihr da angerichtet habt. Deshalb will ich es euch sagen. Was werden die Clarissen jetzt wohl denken? Na? Ich werde es euch verraten. Sie werden annehmen, dass sie nur dann von mir eine Spende erhalten, wenn das Gebäck für andere unzumutbar ist. Sie werden denken, dass sie allenfalls als Müllschlucker für verdorbene Lebensmittel herhalten dürfen. Sie werden denken, dass ich zu geizig bin, um ihnen ordentliches Gebäck zu schenken. Habe ich Recht? Oder was würdet ihr daraus folgern?«

Ich will sein Problem abmildern. »Die kommen ja nie raus aus dem Kloster. Die kannten die Bäckerei Pohlmeyer nicht einmal.«

Lähmende Stille. Aller Blicke sind auf mich gerichtet. Dann wandern sie zu Theo Pohlmeyer.

»So, du meinst also, die kannten mich nicht einmal. Dann hast du es ihnen ja Gott sei Dank verraten?«

Ich wage nicht mehr zu antworten. Was auch immer ich jetzt sage, es ist falsch.

»Was hast du ihnen genau gesagt?«

»Ich habe auch gesagt, dass Sie Obermeister und Ratsherr sind.«

Jetzt ist es raus. Nun kann er mir gern eine runterhauen. Hauptsache, ich habe die peinliche Situation hinter mir. Aber nichts dergleichen geschieht. Dem lautstarken Zornesausbruch folgt lähmende Stille.

Endlich kommt wieder Leben in ihn. Er rauft sein schütteres Haar. Gleich wirft er sich vor Verzweiflung auf die Erde. Oder er stürzt sich aus dem Fenster.

»Du kommst jetzt sofort mit mir rauf in mein Büro!«

Mit wehenden Schürzen jagen wir die Treppen hoch in die erste Etage. Ich bin auf Ohrfeigen gefasst. Und auf die Kündigung. So also verläuft das: Man sagt es nicht vor den Gesellen, sondern oben im Büro. Ich habe ja noch keine Erfahrung mit den Zeremonien des Arbeitslebens. Es ist für mich schließlich das erste Mal. Ich überlege bereits, wie ich das meinen Eltern beibringe. Die werden bitter enttäuscht sein. Sie, die Banker, denen garantiert noch nie gekündigt wurde.

Ich stehe vor seinem Schreibtisch. Er beachtet mich gar nicht. Ich bin Luft für ihn. Er öffnet eine Stahlkassette, entnimmt ihr fünf Hundert-Mark-Scheine und stopft sie in einen Umschlag. Dann schreibt er ein paar Zeilen auf sein Briefpapier. »Frohen Advent« kann ich lesen. Mir bleibt die Spucke weg! 500 Mark! Dafür müsste ich 500 Wochen – etwa zehn Jahre! – arbeiten.

Frau Pohlmeyer, meine Chefin, bringt vier Kartons herein, stellt sie schweigend ab. Sie würdigt mich keines Blickes. Sie weiß Bescheid. Sie verachtet mich. Ich habe der Firma ihres Mannes Schaden zugefügt. 40 Pfund schweren Schaden. Plus 500 Mark.

Weil mit mir keiner spricht, habe ich Zeit nachzudenken. Nie wieder im Leben werde ich einen Befehl einfach ausführen, wenn mir auch nur der geringste Zweifel an seiner Richtigkeit kommt. Die Situation bedeutet für mich einen kleinen Weltuntergang. Ich stehe da und zittere. Ich hoffe im Stillen, dass die Nonnen genau jetzt mit ihrem Gebet für mich beginnen. Wenn ich aus dieser verflixten Situation noch unbeschadet herauskommen will, dann sind deren Beziehungen zu ihrem Verlobten meine letzte Chance. Plötzlich glaube ich an die Kraft der

Gebete. Und ich behalte Recht. Theo Pohlmeyer räuspert sich.

»Jetzt nimmst du diese Kartons. Aber vorsichtig. Das sind vier Platten mit bestem Weihnachtsgebäck. Dresdner Stollen, Mandelstollen, Printen, Elisenkuchen und Spekulatius. Die bringst du den Clarissen und gibst der Oberin auch diesen Umschlag. Wünsch ihr frohe Weihnachten, und dann sagst du, dass du vorhin nicht alles auf dein Fahrrad bekommen hast und den Rest nun brächtest. Ich hoffe in deinem Interesse, dass du das glaubwürdig rüberbringst.«

Teig und Leids eines Bäckers – selten habe ich drastischer erfahren, wie nahe beides zusammenliegt.

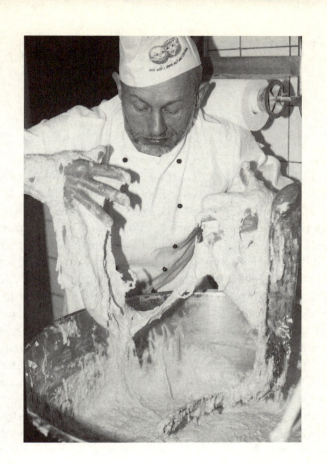

Telefonterror

»Genieß deinen Tag. Es ist dein letzter, du klitzekleines Arschloch! Heute legen wir dich um.«

Das konnte schon mal passieren. Anruf eines Chaoten. Meistens dann, wenn einer der Filme über unsere Reisen im Fernsehen gelaufen war und sich jemand angegriffen fühlte, dessen Konterfei und Namen im Zusammenhang mit kriminellen Machenschaften veröffentlich wurde. In Frage kamen viele. Tatunca Nara zum Beispiel, der mutmaßliche Mörder aus dem Regenwald, der in Deutschland eine kleine Fangemeinde besaß. Ein gewisser Karl Brugger hatte ihn in einem Buch als Indianerhäuptling aufgebaut, der in Amazonien ein unterirdisch lebendes Volk befehligte. Das BKA, Wolfgang Brög und ich bewiesen, dass er ein weggelaufener Maurer aus Franken war, der nachweislich mehrere Morde begangen hatte (Nehberg: *Der selbstgemachte Häuptling*, Wolfgang Brög, ZDF: *Das Geheimnis des Tatunca Nara*). Oder es waren Brasilianer, denen Brögs Dokumentation *Goldrausch in Amazonien* über unsere Aktion unter Goldsuchern und deren Bosse missfallen hatte. Oder, oder, oder. In Frage kamen einige, und ihr Einschüchterungssystem verlief stets gleich. Kurzer Anruf, Beschimpfung, Drohung, aufgelegt.

Diese Schnelltelefonierer ahnten nicht, daß sie mir damit keinen Schrecken einjagten, sondern ein Kompliment machten. Ihre Anrufe schockten mich nicht. Sie bewiesen nur, dass sich Mühe und Risiko der vorangegangenen Arbeit gelohnt hatten. Der Betroffene fühlte sich

entlarvt, gestört, im Geschäft behindert und hatte Probleme. Das einzig Ärgerliche war, dass er mir nur selten die Zeit ließ, mich für die Komplimente zu bedanken, weil er gleich wieder auflegte.

»Wer seine Rache vorher ankündigt, will nur Angst verbreiten. Jemand, der wirklich Böses im Schilde führt, tut es ohne Ankündigung. Er wäre ja ein Idiot, sich seine Rache durch Warnungen zu erschweren«, hatte mir ein Freund bei der Polizei gesagt.

Das war einleuchtend und nahm mir jede Sorge. Doch diesmal war ich auf Reisen. Unterwegs nach Brasilien. Über die Medien war das bekannt geworden. Der Anruf landete bei Maggy, meiner Frau (oben).

»Heute Abend kannst du dich auf was gefasst machen, Mädchen. Dein Oberarsch ist ja nicht zu Hause. Da werden wir es ihm heimzahlen.« Aufgelegt. Doch auch Maggy war nicht so schnell aus der Ruhe zu bringen.

»Wir werden dich so durchficken, dass dein Hirn an die Wände spritzt.« Der zweite Anruf. Immerhin schon konkreter.

Als der vierte Anruf eingegangen war, wurde sie doch unruhig und rief unser Revier in der Schädlerstraße an.

»Zu achtundneunzig Prozent sind das Sprücheklopfer, die es erregt, wenn sie Frauen am Telefon Angst einjagen können«, tröstete der Wachhabende sie. »Denn wer warnt seine Opfer schon, wenn er wirklich etwas im Schilde führt? Trotzdem muss man immer mit der Ausnahme rechnen. Sind Sie allein zu Haus?«

»Ja. Ausgerechnet heute. Weder der Mieter noch unsere Tochter sind da. Mein Mann ist unterwegs nach Brasilien. Nur Nurmi, unser Hund, ist hier.«

»Das ist doch schon sehr viel. Bellt der? Beißt der?«

»Bellen ja. Aber dann freut er sich über jeden Besuch.«

»Trotzdem gut. Bellen ist die halbe Abwehr. Dann machen Sie einfach Folgendes: Schließen Sie alles gut ab. Lassen Sie in vielen Zimmern Licht an. Die Vorhänge lassen Sie geschlossen. Ab und zu löschen Sie ein Licht und schalten woanders eins ein. Es muss auf Beobachter so wirken, als wäre bei Ihnen allerhand los. Halten Sie das Telefon und unsere Durchwahl immer griffbereit. Ich werde die Kollegen sofort informieren. Wir können dann in drei Minuten bei Ihnen sein. Haben Sie eine Waffe? Wenn ja, dann legen Sie auch die bereit. Vor allem, um sich selbst Mut zu machen.«

»Wissen Sie,« sagte er abschließend noch tröstlich, »wenn wir jedem Bedrohten einen Leibwächter schicken würden, wären alle Polizisten im Einsatz. Also, denken Sie dran. Achtundneunzig Prozent sind Verrückte.«

Das Gespräch hatte sie ermutigt, aber eine gewisse Unruhe blieb. 98 Prozent Sprücheklopfer – das war ja gut und schön. Aber wer garantierte ihr, dass nicht gerade einer von den restlichen zwei Prozent in Aktion treten wollte?

Unser Telefon hatte eine lange Strippe. So konnte sie es in fast alle Räume mitnehmen. Der Keller war eh bombenfest verriegelt. Nach hinten zum Garten hin war die

Metallmarkise runter. Auch die Eingangstür war doppelt gesichert. Wenn, dann konnten der oder die Leute nur durch das Vorderfenster kommen. Und das lag zwei Meter hoch. Maggy legte sich ein Messer bereit.

Hin und wieder spähte sie aus dunklen Zimmern durch die Vorhangschlitze hindurch in den Garten und zur Straße, zur Seite links, zur Seite rechts. Das ging mehrere Stunden so. Mittlerweile war es halb drei Uhr morgens. Der Hund schlief längst. Keine Gefahr. Auch Maggy wollte schlafen. Ein letzter Blick durch den Vorgarten zur Straße. Und dort standen sie!

Es waren drei Punker-Gestalten. Sie hatten das Haus fixiert und verschwanden in diesem Moment aus dem Schein der Straßenlaterne in den Halbschatten hinter den Straßenlinden. Deutlich hatte sie die Lederkleidung ausgemacht, bei einem die Glatze, einem anderen eine Irokesen-Frisur, bei allen die blinkenden Metallknöpfe. Dann waren sie unsichtbar.

Maggys Herz raste. Das Telefon stand griffbereit, das Messer ebenfalls. Die Außenlampen brannten. Der Hund spitzte die Ohren. Sollte sie die Polizei anrufen? Noch nicht. Erst, wenn die Punker den Vorgarten beträten. Nachts um halb drei hatte dort niemand etwas verloren. Ununterbrochen behielt sie die Straße im Blick. Kurze Blicke auch zu den Hausseiten.

Und dann waren sie wieder da! Unverfroren standen sie erneut mitten unter der Laterne! Der eine ließ eine Kette rotieren, die an seinem Gürtel hing. Unmissverständlich blickten sie zu unserem Haus herüber und diskutierten. Zwei Männer und eine Frau, deutlich zu erkennen. Maggy prägte sich Einzelheiten ein. Eine Frau, das konnte ja wohl nicht wahr sein! Eine Frau wollte helfen, eine Frau zu überfallen? In Maggy wallte Empörung hoch. War das Frauensolidarität? Alle guten Ratschläge waren plötzlich vergessen. Weder Telefon noch Hund. Empörung überwog Belehrung. Sie riss die Tür auf, stürzte auf die Straße.

Nurmi bellte und lief hinterher. Dann wedelte er mit dem Schwanz. Da standen die beiden vor den drei dunklen Gestalten. Als sie mir diese Geschichte später erzählte, konnte ich ihre Reaktion überhaupt nicht verstehen. Ich jedenfalls wäre nicht auf die Straße gegangen. Und wenn, dann nur bewaffnet.

Maggy war unbewaffnet. Nicht einmal das Messer hatte sie mitgenommen.

»Was wollen Sie hier?«, fuhr sie das Triumvirat an.

Da stand sie, einen Meter vor den rasselnden Ketten, der Glatze und dem Irokesen sowie der Frau, und stemmte ihre Arme in die Hüften ihrer 58 kg Lebendgewicht.

Die drei waren völlig verdutzt. Sie sprachen kein Wort. Sie blickten einander an, und der eine schob unmerklich seine Hand in die Innentasche seiner Jacke. Spätestens jetzt hätte ich ihm einen Warnschuss vor die Füße geknallt. Maggy ließ das kalt. Ihr Zorn war größer als die Vorsicht.

Dann schnellte die Hand wieder hervor. Fast wie ein Faustschlag. Sie umfasste etwas Glänzendes und schob es Maggy direkt unter die Nase. Jetzt hätte ich gezielt geschossen.

»Kriminalpolizei! Guten Abend, Frau Nehberg. Unser Revierführer meinte, wir sollten vorsichtshalber mal nach dem Rechten sehen!«

Gut, dass ich nicht zu Hause war!

Hella von Sinnen

»Rüdiger, in meiner Sendung ›Weiber von Sinnen‹ möchte ich ungewöhnliche Frauen vorstellen. Und da kam mir die Idee, mindestens fünf völlig verschiedene Frauen bei deinem Survival-Training zu zeigen. Also total fitte Mädels. Ich mache auch mit. Aber ich schaffe alle diese Übungen nicht. Das ist die Grundidee.«

Okay. Nichts leichter als das.

So lerne ich Hella kennen. Es werden Dreharbeiten, die ich nie vergesse. Kamen sonst im Allgemeinen Teams von zwei bis vier Personen, so trabt hier ein Rudel von 13 Männern und Frauen an. Überfallartig. Der Drehort wird zum Tatort. Und nicht nur das. Jeder Einzelne ist offenbar wichtig, verantwortlich, Macher, Genie. Die kleinste Idee wird endlos diskutiert, ehe es zum Dreh kommt. Und selbst die Drehs werden ständig unterbrochen, verbessert, wiederholt. Schon nach einer halben Stunde ist mir klar, dass der RTL-Beitrag eine Katastrophe wird.

Zwischen jedem Dreh, und währte er auch nur 30 Sekunden, werden Pausen eingelegt. »Ich muss erst einmal eine rauchen. Und einen Kaffee trinken.«

Mein Natur-Grundstück wird zum Aschenbecher umfunktioniert, die Kaffeemaschine spuckt Liter um Liter des harntreibenden schwarzen kolumbianischen Saftes ans Tageslicht. Die Toilette ist ständig besetzt. Chaos-Dreh. Ich bin einen anderen Arbeitsstil gewöhnt und werde nervös. Schließlich habe ich ein langes Drehbuch vorbereitet, acht tolle Frauen organisiert. Sie sollen Wildschweine mit der Hand fangen, Steilwände erklettern, Schlamm durchtauchen, Feuer bohren und Hochseilakte vollführen. Wenn das so weitergeht, schaffen wir das Programm in den zwei veranschlagten Tagen nie. Und es wäre schade um jede nicht gefilmte Nummer, weil ich mir über das Programm lange Gedanken gemacht habe. Es ist genau auf Hellas Idee zugeschnitten. Sie selbst hat es für super erklärt.

Wieder hocken wir herum und pausieren. Da trottet die Nachbarskatze vorüber. Sie hat unübersehbar eine Maus im Maul. Hella ist augenblicklich wie von Sinnen und kreischt. »Rüdiger, nimm ihr die Maus weg. Damit drehen wir irgendetwas ganz Geiles. Dem cleveren Tier die Beute abjagen – das ist Survival in Reinkultur. Außerdem ist es ›Ekelüberwindung‹. Hast du selbst in deinen Büchern geschrieben. Da staunst du, was? Ich habe sie gelesen. Oder liege ich da falsch?« Sie überschlägt sich mit Begründungen. Sie will die Maus.

»Nein, du liegst richtig. Nur diesmal muss ich deine Erwartungen dämpfen. Die Maus kenne ich. Die liegt schon seit drei Tagen im Regen auf dem Parkplatz. Die muss längst stinken und ist ungenießbar. In diesem Falle ist der Ekel ein begründetes Alarmsignal des Körpers. Wäre sie frisch, okay, dann könnten wir sie essen.«

Die zwölf übrigen Diskutierer schütteln sich bei dem Gedanken an das Sondermenü. Hella ficht das nicht an.

»Macht nichts. Macht nichts. Nimm ihr die Maus weg. Irgendwie machen wir was damit! Ich hab auch schon 'ne Idee.«

Ich lasse mich bereden. Wenn sie die Maus gerochen hat, wird sie ihre Meinung ändern. Beruhigend rede ich auf die Katze ein. Sie hat ob Hellas Lärm ihren Marsch unterbrochen und blickt zu uns herüber. Behutsam nähere ich mich ihr. »Gib mir deine Maus!«, bitte ich sie. Schade, dass ich jetzt kein Kitekat zur Hand habe. Dann

könnte ich ihr eine Alternative anbieten. Aber ich habe Glück. Auch ohne Gegengeschenk lässt sie die Maus fallen. Sofort weiß ich warum. An dieser Maus ist alles nur noch ekelhaft. Sie stinkt, die Haare liegen glatt, nass und verschleimt am Körper. Dass die Katze sie überhaupt aufgelesen hat, kann ich nur mit ihrem Jagd- und Spieltrieb erklären. Mich wundert nur, dass nicht längst Maden auf der Maus herumkriechen. Und in genau dem Moment windet sich eins dieser weißen Tierchen mit großer Geschicklichkeit aus dem etwas geöffneten Maul ans Tageslicht. Gerade will ich mein Entsetzen an Hella weitergeben, da prustet sie ihre Idee raus.

»Ich weiß jetzt, was wir mit ihr machen! Rüdiger wird sie essen ...«

Ich unterbreche sie sofort. »Ich werde sie unter überhaupt und gar keinen Umständen essen. Das ist Selbstmord. Ich bin doch kein Leichenschänder oder pervers. Das ist Leichengift und ich bin nicht wahnsinnig. Außerdem sieht jeder, dass die Maus schon seit Generationen tot ist. So sieht keine frisch gestorbene Maus aus.«

Ich sage das so energisch, dass sie einlenkt. Dass sie einlenken muss.

»Keine Sorge. Du isst sie nicht wirklich. Du tust nur so. Das kriegen wir schon hin. Schließlich sind wir ja vom Film.« Sie lacht sogar. Die Gefahr scheint für mich gebannt. Dann will ich gern mitmachen.

»Rosie!« Das gilt ihrer Maskenbildnerin. Sie hat den Job, Hella nach den einzelnen Trainings wieder in einen Menschen zurückzuverwandeln. »Rosie! Komm mal bitte mit dem Föhn und der Zahnbürste und mach die Maus frisch. Du weißt, was ich meine – schön trocken und mit flauschigem Haar. Wie lebendig.« Ich komme mir clever vor.

Rosie ist empört. »Du hast sie wohl nicht alle! Ich föhn doch keine Leichenmaus. Das ist nicht mein Job. Ich föhne lebende Menschen und keine stinkenden Mäuse. Lieber kündige ich!« Alle sind mucksmäuschenstill. Wie die Stinkmaus vor uns auf der alten Zeitung. Ein Drama scheint sich anzubahnen. Arbeitsverweigerung pur und stur, denke ich.

»Personaaal!«, gebe ich mich empört. »Keine echte Einsatzbereitschaft mehr heutzutage. Was habt ihr nur für eine Berufsehre? Mich, mich kann jeder föhnen. Das ist keine Kunst. Aber diese Maus wieder so herzurichten, dass sie lebendig wirkt, das ist Kunst. Darin zeigt sich die wahre Meisterin. Gib den Föhn her! Ich mach es selbst.«

Mit Engelsgeduld, der Zahnbürste und dem Föhn schaffe ich es tatsächlich, binnen kürzester Zeit die verklebten Mäusehärchen zu trocknen. »Na? Sieht sie nun wieder lebendig aus oder nicht?« Sichtbar stolz betrachte ich mein Werk. Eine echte Premiere.

»Wow, hat die süße Öhrchen! Schaut euch das an!« Das Team guckt gehorsam. Nur die renitente Rosie nicht. Die hat sich verdrückt. Sie tauscht ihre Berufsehre gerade gegen eine Zigarette aus.

»Man muss nur wollen und nicht gleich ›ich kündige‹ schreien und beleidigt sein. Erst Kreativität macht den wahren Experten aus.« Ich übe mich in klugen Sprüchen.

»Pass auf, dass sie dir nicht wegläuft«, scherzt der erste Kameramann. Er ist schon dabei, das Tier durch die Optik seiner Kamera zu betrachten.

»Dann lass uns anfangen. Erst mal nur Probe. Rüdiger legt den Kopf zurück. Er öffnet den Mund, hält die Maus am Schwanz und lässt sie von oben langsam und genüsslich im Mund verschwinden.«

»Einspruch!«, rufe ich sofort. Ich komme mir vor wie Rosie. »Diesmal kündige *ich*. Ich esse die Maus nicht. Die berührt nicht mal meine Lippen. Sie ist und bleibt 'ne matschige Stinkleiche. Auch wenn sie nun recht manierlich aussieht.«

»Nun warte doch mal ab, Rüdiger.« Hella bleibt ruhig. Sie will mich überzeugen und redet auf mich ein wie auf ein bockiges Kind. »Bist du nun ein Survivor oder nicht? Es liegt doch an dir, ob sie deine Lippen berührt oder nicht. Du legst den Kopf ganz zurück, machst den Mund weit auf und dann lässt du sie, so tief es geht, ohne dass sie dich wirklich berührt, im Mund verschwinden. An der Stelle machen wir einen Filmschnitt. Du ziehst sie wieder hervor, und bei der nächsten Einstellung verdrehst du genießerisch die Augen, kaust und schluckst und sagst ›Mausesaft gibt Manneskraft‹. Ist das okay für dich?«

Ja, das ist okay.

»Also erst mal nur Probe.« Der Kameramann baut sich auf.

»Mit Stativ?« Auch jetzt muss er wieder diskutieren.

»Nein, ich würde sagen, ohne. Du musst der Maus aus jeder Perspektive folgen können. Aber wir können es auch gern zweimal üben. Wenn Rüdiger den Kopf zurücklehnt und ihn ganz still hält, dann nehmen wir das Stativ. Dann wackelt ja nichts. Ich könnte mich jetzt schon schief lachen. Das wird 'ne echte Survival-Nummer.«

Ich nehme auf einem Gartenstuhl Platz und lege den Kopf weit zurück. Bis er vollkommen waagerecht liegt. Nur so kommt die Öffnung des Mundes voll zur Wirkung. Nur dann habe ich am ehesten die Chance, dass kein noch so kleines, liebevoll geföhntes Mausehaar meine Lippen berührt. Oder einen Zahn. Oder die Zunge. Die drücke ich fest auf den Unterkiefer. Einerseits muss es natürlich aussehen. Niemand darf den Trick bemerken, andererseits will ich keinen Kontakt mit der Maus. Das Schlimmste, das mir widerfahren kann, wäre, dass eine weitere Made aus dem geöffneten Mausemund in den Survivormund fällt.

Endlich ist es soweit. Behutsam ergreife ich den Mauseschwanz. Die Maus pendelt senkrecht überm Mund. Ich warte, bis sie zum Stillstand kommt.

»Das war gut mit dem Pendeln! Das musst du gleich auch machen!« Hella appelliert an meine schauspielerischen Talente. Sie reibt sich vor Vorfreude die Hände.

Ganz langsam lasse ich die Maus tiefer. Nur nicht wackeln. Ich stelle mir vor, wie das in Zeitlupe aussehen muss. Ihr Kopf verschwindet im Mund. Millimeter um Millimeter. Kein Härchen berührt mich. Ich habe alles unter Kontrolle.

»Noch tiefer!«, kreischt Hella. »Bis die Hinterbeine nicht mehr zu sehen sind.«

Vor meinen Augen sehe ich nur noch meine Finger und das Schwanzende. Der kleine Nager muss theoretisch längst voll im Mund verschwunden sein.

Rosie kreischt von irgendwo »Iiih!«

Raucher-Tussie, denke ich noch. Aber das hätte ich lieber nicht tun sollen. Heute bin ich sicher, dass Rosie Hellseherin ist. Denn genau in der Sekunde passiert es. Die Schwanzhaut, die angefaulte, löst sich. Die Maus rutscht senkrecht in meinen Rachen. Ich verschlucke mich, will husten, will sie auskotzen. Aber sie gleitet noch tiefer.

Der Brechreiz rettet mich. In hohem, nein, in allerhöchstem Bogen speie ich das Gebilde zurück in die Natur. Da liegt es nun, zermatschter denn je. Ein winziges Häuflein Haare und Fäulnis. Mitten heraus, wie eine Antenne, ragt der enthäutete Schwanz. Aus dem Mund die nächste Made.

Jetzt ist sie auch mit dem Föhn nicht mehr zu retten, ist das Erste, was mir tröstend durch den Kopf geht. Doch da höre ich Hella schon rufen: »Macht doch nichts. Dann wiederholen wir das Ganze eben noch mal.«

Jetzt gibt es zwei Arbeitsverweigerer. Rosie und mich.

Trotzdem wird Hella von Sinnens Acht-Minuten-Opus eines der besten zum Thema Survival. Geistreich kommentiert, witzig geschnitten, abwechslungsreich.

Die Ohnmacht

»Wir haben noch genau zwölf Sekunden übrig. Wollen wir die verschenken oder hast du irgendeinen Gag auf Vorrat, der noch nie da war und der beim Zuschauer haften bleibt? Irgend so was wie die Sache mit der Schlange, der du die Beute aus dem Magen massiert und gegessen hast.«

Es geht um Fünf-Minuten-Survival-Tricks für einen ZDF-Magazin-Beitrag. Es stehen also noch zwölf Sekunden Zeit zur Verfügung. »Dafür würden manche Firmen zehntausend Mark hinblättern. Du kriegst sie umsonst. Na, wie sieht's aus?« Der Kameramann meint es gut mit mir. Wer verschenkt schon zwölf Werbesekunden? Ich nicht.

Ich überlege. Ich habe noch so einiges in petto. Aber das dauert alles länger. In zwölf Sekunden wären meine Reservegags unnötig schnell verbraten.

Dann habe ich den Geistesblitz.

»In Ordnung. Lass dich einfach überraschen«, verkünde ich. Mein Lächeln verrät dem Kameramann eine Besonderheit.

»Es wird zwar etwas länger dauern. Aber das kannst du bequem zusammenschneiden. Dann hast du eine pralle Sache.«

Versteckt, für ihn und das Team unsichtbar, bereite ich meine Darbietung vor. Ich brauche Nadel, Faden und Verbandsmull. Ich verstecke sie in der Hemdtasche. Eine skalpellartige Flintsteinklinge verberge ich zwischen drei Fingern der rechten Hand. Die Vorbereitung ist beendet. Niemand ahnt, was ich vorhabe.

Ich strecke dem Mann meinen linken entblößten Arm entgegen. »Stell die Schärfe auf den Unterarm ein!« Mehr verrate ich nicht.

Der grätscht die Beine, verwandelt sich in ein lebendes Stativ und schultert die schwere Kamera. »Okay. Ich bin fertig. Kamera läuft.«

Ich warte drei Sekunden Vorlaufzeit ab.

Niemand sieht das Flintskalpell. Nur zwei Millimeter lasse ich es zwischen den Fingern hervorschauen. Gerade genug, um damit die Haut aufzuschneiden. So, wie man sich gelegentlich unbeabsichtigt eine Schnittwunde beibringt. Theoretisch habe ich mir diesen Vorgang manches Mal durchdacht. Aber als es jetzt soweit ist, will ich lieber nicht hinschauen und es schnell erledigen. Wie im normalen Alltag.

Ich ziehe das Skalpell über den Unterarm. Ohne hinzuschauen. Nur so kann es geschehen, dass ich meine gut entwickelte Unterarmvene durchtrenne. Schnitt – Schmerz – Hinschauen sind eins. Und sofort sehe ich den Volltreffer. Das Blut schießt dick und satt aus der Ader. Wie im echten Leben, wenn so was als Unfall passiert und man erst durch den Schmerz alarmiert wird.

Im selben Moment fällt der Kameramann um. Einfach bautz, ohne Ankündigung, sackt er in sich zusammen. Einem echten Stativ wäre das nicht passiert. Sein Assistent und der Tonmann können ihn gerade noch auffangen und den schlimmsten Aufprall verhindern. Nicht einmal die Kamera nimmt Schaden. Mein Glück, denn damit habe ich überhaupt nicht gerechnet.

Eigentlich will ich den Schnitt jetzt vernähen. Mit der feinen Nähnadel und dem Zwirnsfaden. Ohne Betäubung. Im ersten Moment nach dem Schnitt, so glaube ich, ist das Schmerzempfinden reduziert. Zwei Stiche sollen genügen. Noch nie zuvor habe ich das gemacht. Aber mit der Idee laufe ich bereits des Längeren schwanger. Solche Sekundenfüller muss man immer abrufbereit im Hirn gespeichert haben.

So schnell, wie er umkippt, ist der Kameramann wieder auf den Beinen. Er kann es nicht fassen, was ihm da passiert ist. »Entschuldige«, meint er. »Das hättest du mir unbedingt sagen müssen. Damit hatte ich ja gar nicht gerechnet. Und jetzt sehe ich gerade: Ich hatte die Kamera gar nicht eingeschaltet. Kannst du es noch einmal wiederholen?«

Das habe ich nicht geschafft. Wohl oder übel musste ich auf die zwölf Sekunden verzichten.

In der ersten Reihe

Oktober 1981. Mein »legendärer« Deutschland-Marsch. Hamburg – Oberstdorf. Knapp 1000 Kilometer. Ohne Ausrüstung. Ohne Nahrung. Bis auf die, die ich im Vorbeigehen finde und die niemandem gehört. Das sind hauptsächlich Insekten.

Der Marsch neigt sich dem Ende zu. Ich habe im Wald genächtigt, wo kein Tau fällt. Dort hatte ich mir eine Mulde geschart und sie warm mit altem Laub ausgepolstert.

Es ist neun Uhr. Längst bin ich wieder auf Achse. Wenn man nicht genug zu essen hat, lebt der Körper von der eigenen Substanz. Ob man Leistung erbringt oder nur schläft: Der Körper braucht Nahrung, um sie in Kraft und Wärme zu verwandeln. Vor allem der Kopf muss seine 37 Grad Celsius bekommen und das Herz muss schlagen. Wenn der Körper die Nahrung nicht über den Magen erhält, hilft er sich selbst. Zunächst baut er das Fett ab. Dann die Muskulatur. Bei mir zehrt er inzwischen schon von den Knochen. Ich sehe schreckenerregend aus. Pro Tag verliere ich ein Pfund. 20 Pfund sind bereits verbraucht. Und ich bin noch fünf Tage vom Ziel entfernt. Zeit ist also ein wichtiger Faktor bei meiner Planung. Survivor-Ökonomie. Zwar benötige ich Pausen, um dem Körper Zeit zur Regenerierung zu lassen, aber ich will sie keineswegs vertrödeln. Irgendwann ist kein weiteres Pfund mehr vorhanden, das abgebaut werden könnte.

Klaus Lucht, ein junger Arzt, begleitet mich. Er garantiert dem ZDF, daß ich nicht heimlich stehle oder etwas zu essen kaufe. Das ZDF dreht darüber eine Reportage. Survival extrem: »Abenteuer vor der Haustür«. Dass ich gar nicht klauen will, weiß niemand. Denn der nach außen hin als Survival-Training deklarierte Marsch ist in Wirklichkeit mein Training für Brasilien. Ich will erstmals zu den Yanomami und wissen, wie lange ich ohne Gepäck funktioniere. Damit möchte ich flexibler sein als das meist übermäßig ausgerüstete Militär, das fremde »Schnüffler« nicht zu den Indianern durchlassen will. Also muss ich quer durch den Dschungel, abseits aller Wege.

Da kommt auch schon der Wagen des Senders mit dem Team. Unübersehbar beschriftet mit den Großlettern ZDF. Im Fond drei Männer und eine Frau.

Regisseurin Christine Schmidt winkt schon von weitem. Der Wagen hält. Ich auch. Obwohl es immer sehr qualvoll ist, nach solchen Pausen wieder in Gang zu kommen. Ich habe Blasen an den Füßen, die Gelenke schmerzen.

»Rüdiger! Du bist ja schon wieder so weit. Sag mal, wann bist du denn losgegangen?« Diese Frage kommt jeden Morgen. Ich bin halt Frühaufsteher. Bäcker.

»Gestern fiel uns mit Schrecken ein«, bespricht sie den Dreh des Tages, »dass wir die Heuschreckennummer noch gar nicht im Kasten haben. Da lebst du fast nur von Heuschrecken, und wir haben das noch nicht abgedreht.«

»Stimmt«, sage ich.

»Wenn du heute eine Wiese mit Heuschrecken siehst, warte bitte auf uns. Wer weiß, ob auch morgen noch die Sonne scheint und die Heuschrecken zu finden sind.« Ich verspreche es. Sie hat Recht. Neben der Körpersubstanz lebe ich auch von Heuschrecken. Die sind reichlich vorhanden. Obwohl es bereits Oktober ist und nachts sogar schon Frost gibt, hüpfen sie tagsüber munter durch den Sonnenschein.

Das Team fährt mal voran. Mal bummelt es hinterher. Diesmal bleibt es zurück. Bestimmt genießen die drei

irgendwo den zweiten Frühstückskaffee. Und bestimmt werden sie mir wieder berichten, wie gut er geschmeckt hat. Sadisten.

Da entdecke ich die Traumwiese schlechthin. Sie wimmelt nur so von Heuschrecken. Die Sonne strahlt. Ich versuche, ihr Konkurrenz zu machen.

Klaus, mein Leibwächter, nimmt Platz auf einer Bank. Er ist Hochleistungssportler und wertet den Marsch auch als etwas Training für sich selbst. Doch manchmal braucht auch er Ruhe. Von seiner Bank lässt sich die Wiese gut überblicken.

Ein altes Ehepaar kommt des Weges und lässt sich neben Klaus auf der Bank nieder. Währenddessen arrangiere ich mein Frühstück direkt vom Grasbüfett. Es ist wirklich eine nahrhafte Weide. Alles vom Feinsten. Jedes Mal, wenn ich einen Hüpfer erspäht habe, gehe ich langsam in die Hocke und – schnapp, greife ich zu! Das weitere Prozedere verläuft automatisch, während ich schon nach dem nächsten Tier Ausschau halte. Ich zerdrücke den Kopf, entferne die hakenbewehrten Hinterbeine – sie könnten mir im Hals stecken bleiben. Dann schlucke ich den Hüpfer runter. Roh. Live. Der knackige Chitinpanzer und der fettig-süßliche Geschmack lassen an Haselnüsse denken.

»Bestimmt gesünder als das gedopte Schweinefleisch, was du im Laden kaufst.« Klaus, der Arzt.

Die beiden Alten beobachten mich. »Och, kuck mal, ein Angler!«, sagt sie.

»Ja, der fängt Heuschrecken«, bestätigt Opa.

Doch plötzlich stutzt sie. Sie hat gesehen, dass ich den Fang verspeise. Erschrocken greift sie Opas Hand. Irritiert starren beide in meine Richtung.

»Du, das ist gar kein Angler. Der isst die selbst auf. Das ist ein Verrückter. Lass uns lieber schnell weggehen.«

Ganz vorsichtig erheben sie sich von ihrem Sitz, fassen sich beschützend an den Händen und wollen gehen.

In dem Moment bremst das ZDF-Auto neben der Bank. Christine springt heraus und wedelt mit ihren Tages-Drehzetteln in der Luft herum.

»Hallo, Rüdiger! Ist das die Heuschrecken-Wiese?«
Ich nicke. »Ja, traumhaft. Alles voll!«

Die Alten blicken auf Christine, sie schauen zum Wagen und lesen ZDF. Da kommt auch schon der Kameramann herausgesprintet. Er schultert das schwere Aufnahmegerät.

Die alten Leute stehen verdattert an der Seite. Ihr Blicke gehen hin und her. Sie pendeln zwischen dem Team und mir. Sie sind völlig überrascht von dem Leben, das auf einmal um sie herum entstanden ist. Ihre Blicke verraten Entspannung. Die Angst von eben scheint gewichen.

Die alte Frau lässt die Hand ihres Mannes los, deutet aufgeregt auf mich, dann auf den Wagen und das Team.

»Mein Gott! Das ist gar kein verrückter Angler. Das ist ein Verrückter vom Film. Lass uns bleiben!«

Schwupp, drücken sie sich wieder einträchtig nebeneinander auf die Bank und genießen das kostenlose Schauspiel.

Klaus Lucht rutscht nah an sie heran. Schmunzelnd schaut er der alten Dame ins Gesicht und kommentiert: »Hier sitzen Sie in der ersten Reihe.«

Zehn Jahre später wird ein ganz ähnliches Statement zum Werbeslogan der öffentlich-rechtlichen Fernsehanstalten ...

Der Autogrammjäger

Ich bummle durch die Innenstadt von Hamburg. Nichts ahnend. Allein. In Gedanken irgendwo. Da läuft mir ein Kerl übern Weg. Er fällt vor mir auf die Knie, greift meinen Jackenzipfel.

»Meister!«, schreit er über jeden Verkehrslärm hinweg. »Großer Meister, welch eine Fügung des Himmels, Ihnen hier zu begegnen! Wie oft in meinem Leben habe ich mir einen solchen Moment erträumt!«

Er lässt die Jacke los, bleibt kniend, faltet die Hände zum Gebet, blickt zum Himmel mit unterwürfigsten Hundeaugen. Devot zum Reintreten. Seine Stimme überschlägt sich, versucht, alle erreichbaren Töne zu präsentieren. Als hielte er mich für einen Musikproduzenten oder Jurymitglied bei: *Deutschland sucht den Superstar*, dem er die gesamte Palette seiner Ausdruckskraft unter Beweis stellen möchte. Augenblicklich bildet sich eine dichte Menschentraube. Uninteressierte müssen auf die Straße ausweichen. Autos hupen. »Idiot, Frechheit!«, höre ich Leute fluchen. Sie haben's eilig. Aber das beeindruckt den Mann nicht im Geringsten. Im Gegenteil. Es spornt ihn an. Dies ist sein Auftritt. Sein Repertoire ist allenfalls angezapft, aber längst nicht auf Hochleistung. Die Augen treten aus ihren Höhlen, der Kopf läuft rot an.

»Mein Gott, ich begegne meinem Idol, dem größten aller Schriftsteller! Das darf nicht wahr sein. Bitte, bitte, ein Autogramm. Nur ein Autogramm! Damit bereichern

Sie mein Leben um unglaubliche Dimensionen«, fleht er, rappelt sich auf, sucht krampfhaft einen Zettel.

»Entschuldigen Sie!«, wendet er sich ans Publikum. Sein Blick ist irre. »Entschuldigen Sie mein Verhalten. Aber das ist für mich wie die Begegnung mit Gott. Das ist ein Moment, den man für unrealisierbar hält. Den man nicht einmal zu träumen wagt. Und plötzlich geschieht es. Sie sehen den glücklichsten Menschen der Welt vor sich! Ich bitte Sie nur noch einen kleinen Moment um Nachsicht.«

Ich erstarre zur schamroten Säule. Damit ich ihm nicht entwischen kann, greift er immer wieder meine Jacke. Dabei könnte ich gar nicht entkommen. Der Menschenwall ist längst undurchdringlich. Innenstadt. Hauptverkehrszeit. Speichel tropft aus seinem Mund, Ekstase pur.

»Kennen Sie den?«, fährt er fort, nachdem der Mundwinkel sauber ist. Die Frage ist an die Neugierigen gerichtet. »Das ist mein absolutes Idol, einer der größten Dichter unserer Zeit, der Goethe der Gegenwart, ach, was sage ich da in meiner Aufregung? Meister, ich wollte Sie nicht beleidigen! Goethe ist gar nichts gegen Sie. Sie haben den Literatur-Nobelpreis verdient. Und zwar nicht nur einen, sondern jedes Jahr aufs Neue. Im Abonnement. Jawoll!«

Die meisten Leute scheinen sich zu amüsieren. Das nimmt mir meine Beklommenheit.

Er kriegt einen Kugelschreiber zu fassen. Nach Papier sucht er vergeblich. »Meister, haben Sie eine Autogrammkarte dabei? Oder ein Blatt Papier? Hat jemand von Ihnen ein Stück Papier? Bitte schnell! Ich möchte den Meister nicht unnötig lange aufhalten. Bestimmt hat er schon wieder ein neues Buch im Kopf und muss es niederschreiben. Stimmt es, Meister? Habe ich Recht?«

»Wer ist das denn überhaupt?«, höre ich jemanden fragen. Ohne Scheu, sich als unwissend zu outen.

Niemand antwortet. Ich schon gar nicht. Die Schamröte verschließt mir den Mund. Ich möchte in den Spiegel schauen. Lippen und Wangen haben garantiert denselben roten Farbton. Purpurrot.

Da – jemand reicht einen Zettel. Aus dem Notizheft gerissen.

»Sind Sie wahnsinnig?«, fährt er den hilfreichen Menschen an. »Wollen Sie den Meister beleidigen?« Sein Blick wendet sich mir zu. »Entschuldigen Sie, Meister! Niemals lasse ich zu, dass Sie Ihr Signum auf ein solches Stück Abrisspapier setzen. Kann bitte mal jemand schnell nebenan in die Schreibwarenhandlung laufen und mir ein Stück Bütten-Karton holen? Ich zahle jeden Preis. Bitte, bitte! Und bitte schnell! Hier sind zwanzig Mark.« Hastig hat er den Schein hervorgezaubert. Doch niemand rührt sich. Keiner will sich das Schauspiel entgehen lassen. Die Blicke wandern von dem Mann zu mir und wieder zurück. Niemand wirkt verärgert. Ein irrer Fan. Live. Das will man nicht verpassen.

Die heiteren Blicke lösen meine Starre. Ich streichle dem »Fan« jovial über das Haupthaar. »Nun stehen Sie mal auf, mein Lieber! Ich bin doch nicht der Papst.«

Er springt auf die Beine. »Sie sind so gütig. Das ist es, was ich so besonders an Ihnen bewundere. Sie sind bei aller Berühmtheit so bescheiden, ein Mensch geblieben.«

Da hat jemand ein Blatt Papier aus seiner Aktentasche gezaubert. Geschickt wischt sich der Mann vor Rührung eine Träne aus dem Auge. Mit großem schneeweißen Taschentuch. Das erhöht die Wirkung. Er zittert.

»Ich weiß nicht, ob mir das jemand nachempfinden kann? Es ist einfach unfassbar! Der größte Moment in meinem ganzen Leben. Und das will was heißen. Ich bin fünfundvierzig, fast sechsundvierzig.«

»Oh, das sieht man Ihnen aber nicht an«, sage ich huldvoll. Oder schleimig. Ich wundere mich über mich selbst. Was tut mir der Typ an? Wie komme ich hier bloß wieder raus?

Er reicht mir das Blatt Papier und den Kuli. »Bitte eine Mappe als Unterlage!« Niemand im Publikum rührt sich. Sein Blick fixiert die Aktentasche des Zettelgebers. Halb reicht der sie ihm, halb entreißt der Fan sie ihm.

»Können Sie bitte schreiben ›Für Joachim, meinen größten Fan‹?

»Gerne.«

Während ich zu schreiben beginne, die unüberhörbare Frage aus der Menge.

»Wer ist das denn überhaupt?«

»Wer? Ich?«

»Nicht Sie! Der andere. Der mit der Glatze. Der Meister. Wer ist denn dieser Ihr Meister?«

»Was? Den kennen Sie nicht?«, kreischt er, mimt blankes Entsetzen. »Wollen Sie meinen Meister beleidigen? Oder sind Sie tatsächlich so ungebildet?«

Er drosselt seinen Zorn für einen Moment, wird wieder ganz sanft, wendet sich an mich. »Können Sie auch noch dazuschreiben: ›und für Ursula‹? Mit *Datum* und *Hamburg* und so?«

Dann geht sein Blick zurück in die Menge. In Richtung Fragesteller.

»Das war nicht Ihr Ernst oder?«

Er wartet die Antwort gar nicht erst ab und verkündet lauthals: »Das ist Rüdiger Grass, der Mann, der *Die Blechtrommel* geschrieben hat.«

Vereinzeltes Gelächter. »Und der als Erster den Blauen Nil runtergefahren ist«, setzt er noch eins drauf. »Und der den Atlantik ohne Boot überquert hat.«

»Erde, tu dich auf, verschluck mich!«, flehe ich unhörbar. Ich möchte meine Hörgeräte abschalten. Ich reiche ihm das Autogramm. *Günter Nehberg* habe ich unterschrieben. Verzückt starrt er es an, küsst es. Stutzt.

»O Gott!«, stammelt er und blickt auf das Papier. »Entschuldigen Sie, großer Meister! Habe ich vorhin

Rüdiger gesagt? Habe ich vorhin *Rüdiger Grass* gesagt?«

»Allerdings, das haben Sie.«

»Das ist mir ja extrem peinlich. Ich meinte natürlich *Günter Nehberg*. Günter Nehberg, der Bestseller-Autor. Na, kennen Sie ihn nun?«

Natürlich niemand. Schweigen. Nur Verkehrslärm.

Dann doch eine Stimme des Volkes. »Du hast wohl nicht alle Tassen im Schrank! Hau ab, du Knallkopp! Das ist *Rüdiger Nehberg*, der Survival-Guru. Verschwinde und lass ihn zufrieden.«

Sagt's, packt den Mann höflich am Schlafittchen und schiebt ihn sanft, aber bestimmt beiseite. Ich atme auf, will verschwinden. Dank heischend nickt mir mein Retter zu.

»Meister, Meister«, höre ich den Mann noch wimmern. Dann verliere ich ihn aus den Augen. Im Stillen schwöre ich Rache.

Dafür bleibt mir mein Befreier auf den Fersen. So, als fürchte er des Mannes erneutes Auftauchen und als sei nun er für meinen Schutz zuständig. »Das war ja wohl ein irrer Spinner.«

»Ja, das stimmt. Aber man kann sich seine Leser nicht aussuchen.«

»Passiert so was öfter?«

»Nein, das war das erste Mal. Jedenfalls in dieser Form.«

»Ich kenne übrigens alle Ihre Bücher. Fast kann ich sie auswendig. Meine Frau nimmt mich deswegen schon immer auf den Arm.«

»Danke, das ehrt mich sehr.«

»Ja, es ist schon verrückt. Übrigens: Wenn es nicht zu aufdringlich ist – dürfte ich Sie bei dieser Gelegenheit wohl um ein Autogramm bitten? Sonst glaubt mir meine Frau das gar nicht.« Schon reicht er mir einen Block.

»Ihre Bücher habe ich regelrecht durchgefressen. Am allerbesten fand ich *Die Kunst zu sterben*.«

Ich kam mir vor wie im Kino. Oder bei *Verstehen Sie Spaß?* Erst der eine, nun der andere. Der hier, mein »Retter«, meinte *Die Kunst zu überleben* und der andere – das war mein Verleger Joachim Jessen:

Mordverdacht

»Erich hat vorhin angerufen. Er ist krank. Du musst heute den Brötchenteig machen.«

Mich trifft der Schlag! Erst drei Monate bin ich in der Bäckerlehre, habe bis jetzt hauptsächlich Bleche geputzt und beim Teigemachen allenfalls zugeschaut. Und nun soll ich den ersten Brötchenteig machen! Völlig eigenständig und ohne fremde Hilfe. Die anderen Gesellen kommen erst in 30 Minuten. So lange darf ich nicht warten. Dann muss der Teig längst bereit sein zum »Aufmachen«. So heißt das in der Bäckersprache, wenn die Brote geformt werden. Morgens ist jede Minute wichtig. Das alles wird mir augenblicklich klar, denn der Geselle, der mir die Hiobsbotschaft soeben mitgeteilt hat, ist Konditor. Ein Tortenfuzzy also, der allenfalls Rumkugeln machen kann mit null Ahnung von der hohen Schule der Bäckerei.

Es ist drei Uhr 30 Ortszeit. Bäckerzeit. Wenn es nach der Gewerbeaufsicht ginge, dürfte ich noch gar nicht arbeiten. Vier Uhr ist der eigentliche Arbeitsbeginn. Aber so früh am Morgen schlafen die Beamten noch und bei uns im Hinterhof gibt es keine Kontrollen. Das verschafft uns eine halbe Stunde Vorsprung vor den Mitbewerbern. Hat der Chef gesagt. Die Kunden wollen so früh wie möglich ihre Brötchen. Und in dieser Hinsicht unterscheiden sich die Beamten nicht von den übrigen Kunden. Dafür drücken sie gern beide Augen zu und schlafen den Schlaf des Gerechten.

Aufgeregt gehe ich ans Werk. Um 20 vor sechs müssen die ersten Brötchen fertig sein. Da bleibt keine Zeit, lange nachzudenken. Jetzt heißt es, Maschine einschalten und – beten. Gebete statt Fachwissen. Immerhin weiß ich, wo der Schalter ist.

Die Zutaten wie Fett, Salz, Backhilfsmittel hat Erich gestern nachmittag gewissenhaft abgewogen. Das Mehl hingegen hat er schaufelweise in den Bottich der Maschine gegeben. Es wird nicht gewogen, weil die Kleberqualität, d.h. die Wasserbindigkeit unterschiedlich ist. Man wartet die Konsistenz des Teiges ab und schüttet erforderlichenfalls weiteres Mehl nach. Oder Wasser. Fachleute haben dafür ein sicheres Gefühl. Es ist ein Fingerspitzenvorgang von wenigen Augenblicken. Das alles ist mir klar. Oft genug habe ich es beobachtet. Ich gieße die festgelegte Menge lauwarmen Wassers mit der aufgelösten Hefe in den Bottich und schalte die Maschine ein. Kurz darauf folgen die anderen Zutaten.

Das ist geschafft. Ich wage einen kurzen tiefen Verschnaufer. Nach drei Monaten Lehrzeit schon solche Verantwortung! 1000 Brötchen made by Rudi! Meine Eltern werden mir das nicht glauben. Ich werde ihnen zwei Brötchen als Beweis mitbringen. Natürlich die schönsten. Notfalls von den Teigen, die die Gesellen nachher noch machen.

Die Freude wird gedämpft. Der Teig ist entschieden zu suppig. Also Mehl nach. Er ist sehr suppig. Deshalb viel Mehl. Keine Zeit verlieren. In fünf Minuten muss er fertig sein.

Ich tue zu viel des Guten. Der Teig ist knüppelfest geworden. Wasser nach. Schande – und nun ist er wieder zu suppig! In der Aufregung dosiere ich das Nachzugebende stets zu hoch. Viermal habe ich bereits Mehl oder Wasser hinzugeschüttet. Der Bottich ist randvoll mit Teig. Die Maschine quält sich. Bleibt stehen. Wenn der Alte, der

Chef, das merkt, gibt es Ärger. Er wird in einer halben Stunde kommen. Ich höre ihn schon brüllen »Kann man euch denn nichts allein machen lassen?« Nee, kann er nicht. Und das, wo ich ihm stolz mein Erstwerk präsentieren wollte. »So ein Mist aber auch«, fluche ich und weiß vor Nervosität kaum, was ich machen soll. Da treffen schon die Gesellen ein.

»Was soll das denn werden?«, erkennt der Erste gleich im Vorbeigehen.

»War zu dünn. Da habe ich Mehl nachgegeben.«

Die Maschine steht still. Der Teig ist fertig. 20 Minuten hat das gedauert. Statt der üblichen fünf Minuten. Den Termin um Viertel vor sechs, wenn die ersten Kunden für die Brötchen die Backstube stürmen, kann ich mir abschminken. Er ist nicht mehr zu schaffen. Jetzt muss der Teig ruhen. Gleich wird er kurz »durchgestoßen« und anschließend aufgemacht.

Kaum steht die Maschine, als der Teig sich hebt und den Bottich verlässt. Wie im Märchen vom Hirsebrei, der aus dem Topf quoll und aus dem Haus lief. Ein Geselle beschaut sich das Wunder der rätselhaften Teigvermehrung. Ihm fehlen die Worte. Na wenigstens flucht er nicht. Ich werfe den Teig auf den Tisch. 30 Pressen à 1650 Gramm sollten es werden. Schnell sind sie abgewogen und rundgestoßen. Aber immer noch nimmt der Teig kein Ende. Es sind mindestens noch mal 30. Ich bin kurz vorm Wahnsinn. Jeden Moment muss der Alte kommen, und dann ist der Bär los. Der Geselle hat die rettende Idee. »Steck den Rest schnell in zwei Mehlsäcke und versteck alles in der Mehlkammer.«

Geniale Idee. Da findet das niemand. Im Handumdrehen ist der Rat befolgt. Ich könnte den Gesellen umarmen. Dazu komme ich nicht. Der Alte! Pünktlich wie immer.

»Ist Erich heute nicht da?«, erkennt er gleich.

»Nein, der hat sich heute Morgen krankgemeldet.«

Der Alte beginnt, die Brötchen aufzumachen.

»Was ist denn damit los?«, fühlt er sofort. Er schaut vom einen zum andern. »Damit stimmt etwas nicht.«

Er probiert ein Stückchen Teig, spuckt es gleich wieder aus.

»Pfui Deibel, da ist ja gar kein Salz drin!«

»Rüdiger hat den Teig gemacht«, petzt der Geselle, den ich eben noch umarmen wollte.

»Hast du das Salz vergessen?« Ohne Salz gärt der Teig erheblich schneller.

»Nein, das kann nicht sein. Das hat Erich ja alles abgewogen. Und der hat sich noch nie verwogen.«

»Und wie viel Hefe hast du reingetan?« Denn die musste ich abwiegen. Ich nenne ihm die Menge. Sie stimmt.

»Das verstehe ich nicht«, schimpft er jetzt zornesrot. »Einer von euch hat auf jeden Fall Scheiße gebaut. Erich oder du. Oder beide. Kann man euch denn nie etwas allein machen lassen?« Seine übliche Floskel.

»Kein Salz, womöglich auch noch das Fett vergessen, zu warm geschüttet oder viel zu viel Hefe – eins davon muss es sein. So wie sich das anfühlt, wird sogar alles zutreffen.«

Er knallt die einzelnen Teigstücke wütend auf den Buchenholztisch. »Das ist überhaupt kein Teig. Das ist Bärenscheiße pur. Es hat gar keinen Zweck, dass wir weitermachen. Los, Mehl her, wir machen sofort einen neuen Teig. Von diesem arbeiten wir im Laufe des Tages kleine Mengen unter die neuen Teige.«

»Hast du denn immer nur Wasser und Mehl und nie Salz, Fett und Backhilfsmittel nachgegeben?«, fragt mich der Geselle leise.

»Ach du Schande«, entfährt es mir, »daran habe ich in der Aufregung gar nicht gedacht.« Ich bereue das Eingeständnis sogleich. Bestimmt wird er es nun wieder petzen. Aber er tut es nicht. Mit dem Teig hat er nichts zu tun. Ich bin der Schuldige. Ich bringe kein weiteres Wort mehr heraus. Kaum bekomme ich mit, dass der Alte sich doch entschließt, zehn Pressen abzubacken, damit die ersten Kunden bedient werden können. Das Backergebnis ist unter jeglicher Würde. »Das kann man nicht einmal verschenken«, schreit er und knallt die »Brötchen« in den Korb für Paniermehl.

»Die sind jetzt schon dreißig Minuten im Ofen und haben immer noch keine Farbe. Es sind blasse Monsterflatschen. So was habe ich in meinem ganzen Leben noch nicht erlebt.«

Das ist das schlimmste Urteil, das er fällen kann. Denn der Chef ist schon 57 Jahre alt, hatte während seiner Wanderjahre in vielen Bäckereien Deutschlands gearbeitet. Und er sitzt sowohl im Gesellen- als auch im Meisterprüfungsausschuss.

Mir kommen Tränen. Gott sei Dank sieht sie niemand. Der Mehlstaub auf meinem verschwitzten Gesicht bremst sie, saugt sie auf, lässt sie zu Teig werden, zu Minibrötchen. Nur mit Salz, ohne die sonstigen Zutaten. Wie gehabt.

Der Chef stürmt in die Mehlkammer, um einen neuen Sack der Type 550 zu holen. Wenn er das Versteck sieht, bin ich erledigt. Ende der Probezeit. Wer wird mich dann noch nehmen? Gute Lehrstellen sind rar. Dabei war ich so stolz, meine Eltern vom ersten Arbeitstag an entlastet zu haben. Kost und Logis hatte ich hier. Das hieß, zu Hause gab es einen Esser weniger, und der Rest der Familie hatte etwas mehr Wohnraum zur Verfügung. Was machte es, wenn ich das Zimmer bei meinem Chef mit drei anderen Kollegen teilen musste? Was machte es, wenn ich 80 Stunden pro Woche arbeiten musste? Gar nichts. Überstundenbezahlung? Ein Fremdwort. Eine Mark bekam ich pro Woche neben der Kost und Logis. Und trotzdem will ich den Job auf keinen Fall verlieren. Bestimmt wäre es besser, dem Chef sofort alles ehrlich zu gestehen und mich zu entschuldigen. Doch das bringe ich angesichts der Unmenge Teig nicht fertig. So viel Teig sind gleich drei Kündigungsgründe auf einmal. Oder Taschengeldentzug für alle drei Lehrjahre. Schon jetzt denke ich nur noch daran, wie ich die beiden Säcke so schnell wie möglich verschwinden lassen kann.

»Wenn der Alte gleich frühstücken geht, nimm die Säcke und wirf sie nebenan auf das Trümmergrundstück!«, rät mir der eingeweihte Geselle. Es ist 1951, Nachkriegszeit. Zerbombtes Münster in Westfalen. Ruinen überall.

Der Chef hat die Tür hinter sich zugeschlagen, geht rauf zum Frühstück. Er ist stinksauer. Sauer wie Sauerteig. Mindestens 20 Minuten wird er fort bleiben. Genügend Zeit für mich.

Die Säcke mit dem Teig sind dick aufgebläht. Wie Leichen nach drei Tagen in der Sonne. Wie pralle Fußbälle. Der gärende Teig fließt ins Freie. Ich hüpfe drauf herum. Er fällt in sich zusammen, wird handlich. Der Geselle hilft mir. Wir wuchten die Säcke aufs Geschäftsrad, mit dem ich nachher die Brötchen ausfahren muss. Es hat vorn ein ausladendes Packgestell. Ich muss zweimal fahren. Aber es ist nicht weit. Nur um die Ecke, neben der Kirche. Und es ist dunkel. Eiskalter Wintermorgen. Wenn bei Tageslicht jemand den Teig entdeckt, wird der Verdacht sofort auf unsere Bäckerei fallen. Eine andere gibt es in der Nähe nicht. Den ganzen Tag muss ich daran denken. Sobald Feierabend ist, will ich den Teig woanders hinbringen. Wo der Verdacht nicht mehr auf uns, auf mich fällt. Aber bis zu diesem Feierabend ist es noch lange hin. Sehr lange. Die miserable Laune des Chefs scheint die Zeit endlos zu dehnen. Sie ist verständlich, denn er muss die ersten Brötchen verschenken. Für Geld sind sie unzumutbar. Erst als die völlig neuen Teiglinge als knusprige Brötchen wie eh und je den Ofen verlassen, kann er dafür Geld verlangen. Trotz des Gratisgeschenks rufen einige Kunden an. Sie sind verärgert, beschweren sich. Nicht einmal geschenkt seien die Produkte genießbar. Wir hätten ihnen den Tag versaut. Der Alte gibt laute Hochrechnungen von sich, wie viele Kunden nun abspringen, wie hoch der Jahresverlust sei. Nur, weil Erich sich verwogen hat oder ich etwas falsch gemacht habe. Also darf niemand die Säcke finden. Auf gar keinen Fall. Dann stehe ich als Lügner und Lebensmittelvernichter da. Und das in der Nachkriegszeit. Wo jedes Brötchen nicht nur einen hohen Nährwert darstellt, sondern auch ideell hoch gehandelt wird. Man lässt Lebensmittel nicht umkommen.

Endlich Feierabend. Ich warte die Dunkelheit ab. 17 Uhr. Aber da geht es nicht. Zu viele Menschen eilen noch hin und her. Man wird mich sehen und für einen Dieb halten. Zwei Säcke, Dunkelheit, Fahrrad, jemand, der sich ängstlich umschaut – die klassische Räuberszene. Ich warte. 19 Uhr. Ich bin durchgefroren. Endlich flaut der Fußgängerverkehr ab. Ich springe in die Maueröffnung, durch die ich heute Morgen die Säcke geworfen habe. Ich bin beruhigt. Sie liegen noch da. Aber sie sind erneut dick aufgebläht. Wie heute früh in der Mehlkammer. Die Wärme hat nachgewirkt, bis der Frost alles erstarren und gefrieren ließ. Es klirrt, als ich draufspringe. Wie ein Sack Glasscheiben.

Inzwischen weiß ich, wohin damit. Ich werde die Säcke im Aasee versenken. Weg von der Bildfläche. Ich binde sie mit einem Seil zusammen. Das muss jetzt schnell gehen. Plumps und weg, stelle ich mir vor. Gegen den Auftrieb stopfe ich schwere Steine in die Säcke. Alles ist so schwer, dass ich das Fahrrad kaum unter Kontrolle bringe. Bis zum Ende des Aasees sind es zwei Kilometer. Eine Betonbrücke verbindet dort die beiden Ufer. Bewohnt sind die Ufer in jener Zeit nicht. Wahrscheinlich ist hier eine Straße

geplant. Aber die existiert noch nicht. Es ist einsam, kalt und stockdunkel. Und es ist inzwischen 21 Uhr. Ich lehne das schwere Rad gegen das Geländer. Als ich den Doppelsack herunterwuchte, fällt das Rad hin. Es macht einen Höllenlärm. Mit Müh und Not gelingt es mir, den Sack über das Geländer zu zerren. Dann lasse ich ihn los. Eine Sekunde später höre und sehe ich den Aufprall.

Dann sofort der Schock. Das Sternenlicht zeigt es unerbittlich: Der Sack schwimmt. Er schwimmt, als würden Steine neuerdings schwimmen. In meinem Schrecken bin ich sicher, die gefrorenen Teigscherben lachen gehört zu haben. Ich starre hinterher. Bestimmt saugt sich gleich alles voll Wasser und versinkt dann. Aber nichts dergleichen. Ganz im Gegenteil. Der Sack treibt zielstrebig aufs Ufer zu. Von Wind und Strömung getrieben. Wie soll ich ihn da verschwinden lassen? Ich kann schon jetzt keinen Finger mehr bewegen. Und nicht nur das.

Plötzlich greift mich eine Hand am Kragen. »Was hast du da verschwinden lassen?«

»Hilfe!«, entringt sich meiner Kehle ein Schrei. Ich schaffe eine geringe Drehung meines Kopfes. Was ich sehe, lässt das ohnehin schon eiskalte Blut völlig gefrieren. Ich erstarre zur Eissäule. Denn am Ende des Armes, der mich hält, hängt ein Polizist! Ein Polizist! Alles, nur nicht das, denke ich. Aber ich kriege keinen Mucks raus. Auch nicht, als er noch einmal nachfragt. Die Gedanken rasen durcheinander. Wie komme ich hier raus? Selbst wenn ich fliehen könnte, weiß er längst, woher ich komme. Es steht deutlich auf dem Geschäftsrad. Seine Taschenlampe hat es erfasst. *Bäckerei Pohlmeyer, Ludgeristr. 80.* Ich selbst habe das Rad beschriftet. Zum 57. Geburtstag meines Chefs. Meine Lehrstelle bin ich wohl los. Genau wie meine Stimme.

»Das werden wir gleich haben«, sagt der Uniformierte. Er legt mir Handschellen an, nimmt mich mit ans Ufer. Der Sack wartet schon auf uns. »Jemanden umgebracht?«, will er wissen. »Nein«, stammele ich. »Das ist Brötchenteig.« Er lacht. »Das werden wir ja gleich sehen.«

Ich erzähle ihm stotternd mein Drama. Auch von der Probezeit. Er scheint mir zu glauben. Ich spüre Mitgefühl. Er überzeugt sich von der Wahrheit meiner Angaben. Ich will nicht wissen, was aus mir geworden wäre, wenn der

Sack gleich versunken wäre und die Feuerwehr ihn erst hätte bergen müssen. Der Mann löst mir die Fesseln. »Nun fahr aber schnell nach Hause und wärm dich anständig auf. Gleich ist deine Nacht um.«

Ich plumpse ins Bett, aber ich kann nicht schlafen. Als um drei Uhr 20 der Wecker klingelt, bin ich froh. Ich torkle unter die Dusche, dann in die Backstube.

»Rüdiger, Erich ist immer noch krank. Du musst wieder den ersten Teig machen.«

Es wird der beste Teig meines jungen Lebens.

Die Beerdigung

»Rüdiger, traust du dir zu, Vater zu beerdigen?«

Mein Bruder Volker am Telefon. Die Frage verwirrte mich. Völlig unerwartet hatte sich mein alter Herr mit 68 Jahren grußlos aus dem Leben verabschiedet. Herzinfarkt, der nicht erkannt worden war. Er war nicht mal mehr zum Sprechen gekommen. Besonders für meine Mutter ein sehr harter Schlag. Die beiden liebten sich noch immer. Und nun stand sie von heute auf morgen allein da.

»Hat Mutti keinen Pfarrer? Sie gehört doch der evangelischen Kirche an.«

»Da hat es großen Ärger gegeben. Der zuständige Typ hat sie erpresst und sich sehr übel benommen. Mutti würde sich freuen, wenn *du* die Abschiedsworte sprechen könntest. Mit dem Pfaffen will sie nichts mehr zu tun haben.«

Da musste wirklich ein Hammer passiert sein.

»Es ist mir sogar eine Ehre.« Ohne weitere Überlegung sagte ich zu. Aber ich fühlte mich unsicher. Wer hat schon Erfahrung mit der Beerdigung seines Vaters? Diejenigen, die sie haben, werden sie nie wieder brauchen. Nie zuvor hatte ich meinen Vater beerdigt. Nicht mal im Traum. An seinen Tod hatte ich noch nie einen Gedanken verschwendet. Selbst nach der Pensionierung war sein Leben von ständiger Aktivität geprägt. Gerade schrieb er an einem weiteren Fachbuch für das Sparkassen- und Banker(un)wesen. Für mich unverständliche Hieroglyphen, aber für Banker ein Pflichtbuch, eine Bibel. Genau wie alle meine Vorfahren und Verwandten seit Adam und Eva war er Banker gewesen. Auch ich sollte der Zunft beitreten. Doch schon die Probezeit in der Kreissparkasse Münster zeigte mir, dass ich für das Dasein als Sesselhocker völlig ungeeignet war. Gut, dass ich es nicht getan habe. Sonst wäre ich irgendwann wegrationalisiert worden. Oder ich wäre ein unkündbarer Oberbanker. Wie mein Vater.

Trotz seiner ausfüllenden Tätigkeit hatte er immer für mich Zeit gehabt. Er war mein Berater, mein Kamerad. Klar, dass ich ihn beerdigen würde. Allerhöchste Ehrensache für mich, seinen Ältesten.

Mein Vater war in Grainau zu Bayern gestorben. Um die Beerdigung zu arrangieren, hatte sich meine Mutter an den zuständigen Geistlichen gewandt. Das war ein älterer verbiesterter Mann über siebzig mit sehr schlechtem Ruf. Er war noch immer als Religionslehrer tätig, schrie und prügelte auf die Schüler ein. Er galt als absolut intolerant und humorlos. Aber es gab keine Alternative.

»Mich hat der Verlust besonders hart getroffen«, gestand ihm meine Mutter, »weil er völlig unerwartet kam.«

»Gott gibt und Gott nimmt«, wusste er zu trösten.

»Deshalb möchte ich Sie bitten, auf eine Zeremonie in der Kirche ganz zu verzichten und nur ein paar Worte am Grab zu sprechen.«

Der Gottesgreis schaute böse. »Weshalb sind Sie eigentlich hier? Soll *ich* ihn beerdigen, oder wollen *Sie* ihn beerdigen? Und wenn *ich* es tun soll, dann müssen Sie es schon *mir* überlassen, den Ablauf der Zeremonie zu gestalten. Deshalb werden wir auf jeden Fall auch eine übliche Andacht in der Kirche abhalten. So wie es sich gehört! Das haben schon ganz andere Ehefrauen durchgestanden. Egal, wie groß deren Liebe war. Oder sollen die Trauergäste etwa denken, ich fände keine passenden Worte?«

Aha, das also war sein Problem! Meine Mutter war aufgebracht. Da hatten sie ein Leben lang Kirchensteuer gezahlt, die Dienste der Kirche nie in Anspruch genommen und nun, wo sie sie am dringendsten benötigte, dies! Tief bedrückt ging sie nach Hause zum Zigeunerbergl 1a. Ein Kaffee sollte sie trösten. Da ging das Telefon.

»Hier ist noch mal Ihr Pfarrer. Ich sehe gerade in den Unterlagen über Ihren verstorbenen Gemahl, dass er der Kirche noch zweitausendzweihundert Mark Kirchengeld schuldet. Die müssen Sie zunächst bezahlen. Den Beleg über die Einzahlung brauche ich bis morgen um zwölf Uhr.« Er nannte ihr ein Konto.

Meine Mutter war verwirrt. »Das kann wohl schwer möglich sein. Mein Mann war Beamter. Die Steuer wurde ihm von seinem Arbeitgeber gleich abgezogen.«

»Gnädige Frau, ich rede nicht von der Kirchen*steuer*, ich spreche vom Kirchen*geld*. Vor fünfzehn Jahren hat Ihre Kirchengemeinde in Münster zusätzlich zur Steuer ein Kirchengeld erhoben. Dazu ist die Kirche in bestimmten Notsituationen berechtigt. Es ging um fünfzehnhundert Mark, wie ich sehe. Die hat ihr Mann niemals bezahlt. Und mit Zinsen beläuft sich das jetzt auf zweitausendzweihundert Mark.«

Der Grätzgreis hatte aufgelegt. Meiner Mutter fiel der Hörer aus der Hand. Plötzlich erinnerte sie sich. Ja, da hatte es vor Jahren diese Forderung gegeben. Mein Vater hatte die Zahlung strikt abgelehnt. Er verdiene gut, hatte er gemeint, entsprechend hoch sei seine Kirchensteuer, und da käme eine Zusatzzahlung nicht in Frage. Vor allem auch deshalb nicht, weil er die Dienste der Kirche nur bei der Konfirmation und Eheschließung in Anspruch genommen hatte.

Er ließ es sogar auf einen Zahlungsbefehl ankommen, wusste er doch, dass die Kirche das Geld nicht wirklich einklagen würde. Die Drohung mit dem Zahlungsbefehl war erfahrungsgemäß der letzte Versuch. Dann ließ man die Forderung unter den Tisch fallen. Klerikale Ethik. Ähnlich dem Hurenlohn, der nicht einklagbar ist. Man hat ihn vorher zu entrichten. Beide Eltern hatten nicht geahnt, dass der Vorgang im Elefantengedächtnis kirchlicher Unterlagen gespeichert worden war.

Anderntags, zwölf Uhr, klingelte erneut das Telefon. Der Pfarrer. Als er seinen Namen nannte, legte meine Mutter auf. Wortlos.

»Die Nachzahlung kommt für mich nicht in Frage. Damit würde ich eurem Vater in den Rücken fallen«, erklärte sie uns ihre Entscheidung. Ich war stolz auf sie. Endlich hatte auch sie geblickt, was ich schon längst erkannt hatte. Schon als Jugendlicher war ich ausgetreten. Genau wegen solcher Pfaffen wie diesem in Grainau. Genau wegen dieser Diskrepanzen zwischen hehrem Anspruch und brutaler Wirklichkeit.

Ich war außer mir vor Wut. »Ich werde Vater beerdigen. Dann gehe ich zu dem Alten und werde ihn vermöbeln. Auch wenn er bereits weit über siebzig ist. Das schwöre ich.«

Ich war so sauer, dass mir jeder Skandal recht war. Dem Alten wollte ich das Handwerk legen, die evangelische Kirche kompromittieren, wenn sie solche Mitarbeiter duldete.

Die kleine Feierstunde am Grab fand im engsten Familienkreis statt: Mutter, Bruder Volker, Schwester Ingeborg, meine Ehefrau Maggy und Tante Bertha, Vaters letzte lebende Schwester. Die Friedhofsarbeiter der Gemeinde standen, Schaufeln bei Fuß, diskret abseits. Sie hatten Zeit, über ihren Stundenlohn nachzudenken. Oder über das zu erwartende Trinkgeld.

Ich bedankte mich bei meinem alten Herrn für die schöne Zeit, die wir alle miteinander hatten, und dafür, dass er uns stets ein Super-Vater und Vorbild gewesen war.

»Ich werde mich glücklich schätzen, wenn meine Tochter eines Tages dieselbe Liebe und Hochachtung für mich empfindet, wie wir sie vor dir und Mutter haben. Ich bin froh, euch dieses Kompliment auch schon zu Lebzeiten gesagt zu haben, denn am Grab kann man viel erzählen und viel idealisieren.«

Ich wandte mich Mutter zu. »Ich kann mir vorstellen, wie leer dein Leben nun geworden ist. Immer wart ihr zusammen. Nicht einmal im Krieg musstest du auf ihn verzichten.* Aber du bist jetzt nicht etwa allein. Du hast uns drei Kinder. Wir alle haben ein Haus und genügend Platz für dich. du kannst bei jedem von uns einziehen. Oder du kannst hin- und herreisen.«

Wir beteten das Vaterunser. Ich war froh, dass ich mich an den Text erinnerte. Ich musste nicht einmal nachdenken über die Gebetszeilen. Sie kamen wie von selbst. Das gab mir Zeit, die gefalteten Hände zu Fäusten zu ballen. Ich malte mir bereits aus, wie es sein würde, wenn ich nach dem Essen den Pfarrer verdrösche. »... dein Wille geschehe ...« Ich jubelte innerlich vor Vorfreude. »... wie auch wir vergeben unseren Schuldigern ...« Dem Pfaffen würde ich nicht vergeben. Ich stellte mir vor »... und führ uns nicht in Versuchung ...« wie ich ihm das Gesicht runterklappen würde »... sondern erlöse uns von dem Übel ...«. Ja, genau, erlöse Grainau von dem Übel. »Amen!«

Den Denkzettel sollte er nie vergessen. Ich wünschte ihm einen Herzinfarkt. Dann würde ich ihn auf die Müllhalde kippen. Wo er hingehörte.

Im Restaurant beim Hirschbraten ließen wir die Ehrenstunde für meinen Dad ausklingen. Ich konnte es kaum noch abwarten. Warum aßen die anderen denn so lang-

---

* Mein Vater war von Geburt an gehbehindert und deshalb vom Kriegsdienst freigestellt.

sam? Schmeckte es ihnen nicht? Oder schlang ich alles zu schnell hinunter? Ich wollte los.

»Schmeckt's?« Das fragte meine Mutter nun schon zum vierten Mal. Die Trauer hatte sie offensichtlich arg mitgenommen. Natürlich schmeckt es. Hier bei diesem Gastwirt hatte es doch immer geschmeckt.

Endlich kam der Espresso. Noch zehn Minuten bis zum K.o.! Wie konnte man sich so darauf freuen, einen alten Mann zusammenzudreschen? Das war leicht beantwortet. Das konnte man, wenn es sich um genau die Sorte Pfaffe, Scheinheiligen, Heuchler und Pharisäer handelte, die mir die Kirche verleidet hatten. Der typische Hexenverbrenner.

Mein Bruder räusperte sich.

»Rüdiger, wir wissen, was dich jetzt bewegt. Wir haben eben, als du auf der Toilette warst, darüber gesprochen.

Du willst jetzt den alten Pfaffen zusammenfalten. Wir möchten dich aber hiermit einstimmig bitten, es nicht zu tun. Wir finden, dass es den Abschied von Vater entweihen würde und bestimmt auch nicht in seinem Sinne wäre. Und es ist auch nicht in Muttis Sinn.«

Vor Überraschung hätte ich beinahe den guten Hirschbraten wieder von mir gegeben. Volker nutzte die Sprachlosigkeit zu einen Kompromiss.

»Natürlich soll der Mann nicht ungeschoren davonkommen. Wir werden einen geharnischten Beschwerdebrief an seine vorgesetzte Dienststelle in München schicken.«

»Und ich werde noch heute aus der Kirche austreten!«

Das war Mutter. Konsequent. Ihr nachträgliches Geschenk an meinen verratenen Vater. Ein wunderbares Angebot.

»Ich auch«, echote Schwester Ingeborg hinterher. Austritt im Doppelpack. »Familienbande«, lobte ich, »Heidenbande«, würden die Kirchenvertreter sagen.

Mein Bruder war, wie ich, ohnehin schon vor Jahren ausgetreten. Fehlten nur noch meine Frau Maggy und Bertha, Vaters Schwester. Die würde ich in Ruhe bearbeiten.

Notgedrungen entballte ich die Fäuste. Austritt *und* Verprügeln wären natürlich das Allerbeste gewesen. Aber ich musste mich fügen. Familienrat verpflichtet.

Der Brief meines Bruders zeigte Wirkung. Prompt, überraschend und sehr glaubwürdig entschuldigte sich die Kirchenbehörde und bot einen Ersatz-Gottesdienst für meinen Vater an.

Das Gebiss

Es gibt begründeten Ekel. Zum Beispiel die Abneigung gegen Verwesendes. Sie ist ein wichtiges Alarmsignal. Wie Angst.

Und es gibt den unbegründeten. Wie die Aversion gegen Insekten und Gewürm. Sie ist gesellschaftlich begründet. Offenbar ging es uns immer so gut, dass wir auf die kleinen Proteine am Straßenrand nie zurückgreifen mussten. In Afrika sind Heuschrecken bei manchen Völkern eine wahre Delikatesse. Wir jedoch verschmähen sie. Dabei schmecken sie wie Haselnüsse. Und in Asien zahlt man viel Geld für ein leckeres Rattenfilet. Wir ekeln uns davor. Bei mir gibt's anlässlich von Überlebenstrainings beides umsonst.

Schon früh lernte ich auf meinen Reisen, diese beiden Disziplinen auseinander zu halten. Nachdem mir einmal ein arabischer Gastgeber die Augen des gebratenen Hammels liebevoll aus den Kopfhöhlen herausgefingert hatte und ich es fertig brachte, meinen Magen ganz ruhig in der Balance zu halten, die ekligen Gallertkugeln zu schlucken und mein Gesicht dabei auch noch glücklich-dankbar lächeln zu lassen, fühlte ich mich fit in Sachen Ekelüberwindung. Meine Gesellenprüfung in dieser Disziplin.

Diesen Gesellenbrief gab ich freiwillig zurück am Tage X, 1953. Dem Tag der großen Blamage.

Vielvölkerrepublik Jugoslawien. Bosnien. Ich bin mit dem Fahrrad unterwegs auf dem Weg nach Mittelasien. Es ist heiß und staubig. Wie immer geht es bergan und gegen den Wind. Abgekämpft mühe ich mich durch ein Dorf. Am Dorfrand eine heitere Gesellschaft. Schon von weitem höre ich sie lachen und singen. »Hey, Njemac, komm her. Iss mit uns!«, rufen sie mir entgegen. Dass ich Deutscher bin, verrät mein Wimpel am Vorderrad. Und weil andere Landsleute in solcher Aufmachung hier sowieso nie herumfahren. Ich kann nur ein Deutscher sein.

Unter Zwetschgenbäumen tagt eine große Gesellschaft, sichtbar angesäuselt von hochprozentigem Sliwowitz, dem Pflaumenschnaps. Jemand nimmt mir mein Fahrrad ab und stellt es in den Schatten am Zaun.

»Setz dich hierher zur Großmutter. Du bist unser Ehrengast.« Ich verstehe kein Serbokroatisch. Aber ihre Gesten erklären alles. Die Oma lächelt und drückt mir die Hand. Jemand schiebt mir einen Holzschemel unter den wolfwunden Hintern und schenkt mir eine Suppe ein. Ein anderer stellt frisches Brot und ein Glas Milch vor mich hin. Ich genieße die Rast und das kostenlose Menü. Der lange rustikale Tisch biegt sich vom Überfluss an Speisen. Hier werde ich auftanken. Ich werde auf Vorrat essen. Das muss mindestens bis übermorgen reichen. Ich bin jung, ich habe nur einen sehr begrenzten Etat, ich muss sparen. Schließlich will ich noch bis Indien.

Durstig und heißhungrig schütte ich mir Löffel um Löffel voll Hühnersuppe mit Einlage in den Kopf. »Wie schmeckt's«, wollen viele neugierige Augenpaare wissen. Ich nicke zufrieden und sage »Dobro, gut, danke.« Sie wollen noch mehr wissen. Aber ich verfüge nur über eine Wörterliste mit 100 Vokabeln in ihrer Sprache. Mühsam suche ich mir passende Worte heraus. Dabei umringen sie mich und helfen mir, sie richtig auszusprechen.

Währenddessen reißen andere Witze. Es ist der Bär los. Bis auf das schallende Gelächter verstehe ich gar nichts. Aber ich lache mit. Das kostet nichts. Außerdem ist Lachen der kürzeste Weg zwischen den Menschen.

Dann kommt der absolute Turbo-Megawitz. Das Gelächter artet aus in Gebrüll. Sie schlagen sich auf die Bäuche und klopfen auf den Tisch, dass die Teller springen und sich mitfreuen. Es übertönt sogar den Straßenlärm. Sie wischen sich die Tränen der Freude aus den Augen. Gern möchte ich aus Verständnis und nicht nur anstandshalber mitlachen. Aber niemand ist da, der ihn mir übersetzen kann. Bis heute ist er mir verborgen geblieben. Und noch heute wüsste ich gern, was daran so toll war. Denn es ist dieser Witz, der für mich Konsequenzen hat. Der Oma neben mir geht es da besser. Sie versteht jedes Wort und die gigantische Pointe. Und das, obwohl sie häufig ihre Hand hinter die Ohren halten muss, um alles mitzukriegen. Sie kann sich vor Freude gar nicht mehr einkriegen. Der Witzbold legt noch einen nach. Wie bei Büttenreden. Noch einen und noch einen. Die Oma schreit, sie kreischt vor Freude. Und dabei passiert es. In einem erneuten Lachanfall fällt ihr das Gebiss aus dem Mund. Es landet, platsch, zielgenau in der Mitte meiner Suppe! Da liegt es und lacht mich frech an. So, als wäre das seine Suppe und nicht meine. Und das in dem Moment, als ich gerade einen Löffel von der Brühe zu mir nehmen will.

Ich verspüre eine echte Schrecksekunde. Auch den anderen erstirbt das Lachen im Munde. Fast alle haben es gesehen, weil Oma so extrem laut losgelacht hat. Während ich immer noch erstarrt bin, den Löffel vorm Mund, geschehen zwei Dinge. Das erstorbene Lachen bricht sich aus übervollem Herzen wieder Bahn. Und diesmal in Orkanstärke. Fast droht der Tisch umzukippen, die Sitzbänke zu zerbrechen. Schadenfreude ist eben doch die reinste Freude.

Und das andere: Während mein Löffel noch immer regungslos vor dem Mund verharrt, kommt Omas knochige, faltige Hand, greift hemmungslos in meine Suppe,

schnappt sich das lachende Gebiss und rammt es sich wieder zurück in den Mund. Und das mit einer Geschwindigkeit, die jedem Taschendieb alle Ehre gemacht hätte. So, als mache sie tagein, tagaus nichts anderes als Gebisse ausspucken und wieder einsetzen. Meisterlich.

Ich springe auf und renne ins Gebüsch. Ich muss mich übergeben. Die schöne Hühnerbrühe – nun ist sie wieder in Freiheit. Meine Vorführung lässt das Gekreische unverhofft verstummen. Wie abgeschaltet. Für einen Moment jedenfalls. Die haben gut lachen, denke ich. Euch wäre es sicher genauso gegangen. Denn was niemand gesehen hat, nur ich, das waren die vielen kleinen weißen Maden, die sich auf Omas Gaumenplatte kringelten und die sie munter mit sich spazieren führte.

Diese kleine Episode hatte ich vor Jahren in geraffter Form im Manuskript meines Buches *Die Kunst zu überleben* beim Kabel Verlag abgeliefert. Thema »Ekelüberwindung«. Prompt kommt ein Anruf von Verleger Joachim Jessen. »Rüdiger, du machst dich völlig unglaubwürdig, wenn du solche Phantasien als wahre Begebenheiten verkaufen willst. Die Geschichte müssen wir streichen.«

Mein Schwur, dass sie der Wahrheit entspricht, wird nicht akzeptiert. Drei Verleger gegen einen Autor. Drei Sesselpupser gegen einen Praktiker. Ich habe keine Chance. Ich bin sauer. Ich bin traurig.

»Scheiße!«, mache ich meinem Herzen Luft. Damals betrieb ich noch meine Konditorei. Die Mitarbeiter hatten Teile des Gesprächs aufgeschnappt. »Das war eben mein Chefverleger. Er glaubt mir eine meiner besten Anekdoten nicht.«

»Was für eine Anekdote?«, wollen sie wissen.

Ich erzähle von der bosnischen Oma.

»Die ist wahr! Ich glaube sie. Hundertprozentig.«

Susanne, mein jüngstes Lehrmädchen. Mal gerade zwei Monate im Dienst. Sie weiß es also hundertprozentig. Ha. Da kann ich nur gequält lachen. Sicherlich hofft sie auf diese Weise, die Probezeit zu überleben. Dabei hat sie das »Radfahren« gar nicht nötig. Sie hat sich längst bestens qualifiziert. Ein Traummädchen. Eher bin ich es, dem von ihr gekündigt wird. Schließlich gelten Probezeiten für beide Seiten. Ich frage: »Und wie kommst du darauf?«

»Ganz einfach. Meiner Freundin ist das auch passiert. Die ist Zahnarzthelferin.«

Meine Augen strahlen. Ich sehe Licht am Horizont. Mein Mündungsfeuer der unerwarteten Waffe gegen die drei unbelehrbaren Verleger. Welch ein gigantischer Zufall! Fügung des Literaturgottes! »Erzähl!«, drängle ich sie ungeduldig.

»Meine Freundin war erst drei Tage in der Ausbildung. Da kommt ein älterer Patient in die Praxis und klagt über starke Schmerzen am Gaumen. Wahrscheinlich sei sein Kopf geschrumpft. Seine Prothese klemme und es schmerze stark, sagt er. Der Zahnarzt lässt ihn Platz nehmen. ›Geben Sie das Gebiss mal her!‹ – ›Das geht doch nicht‹, jammert der Alte, ›es ist doch festgeklemmt.‹ Der Arzt übt sich in Geduld. Er versucht es zunächst mit der Hand. Der Alte stöhnt vor Schmerz. ›Ich sagte es doch, Doktor. Ich muss geschrumpft sein. Es ist total verklemmt. Ich mag es gar nicht mehr berühren. So sehr schmerzt es.‹ Der Zahnarzt beruhigt ihn. ›So schnell schrumpft man nicht. Wahrscheinlich ist es nur verkantet.‹ Er besorgt sich entsprechendes schweres Gerät, aktiviert die Gesetze der Hebelkraft und – heraus ist das Gebiss.«

Susanne beendet ihre Geschichte. Ich verstehe den Knüller nicht. »Ja und?«, frage ich nach.

»Wie ›ja und‹? Da war genau dasselbe passiert. Auf der Prothese wimmelte es von Maden. Der Gaumen des alten Herrn war richtig angefressen, eine rohe Wunde.«

Triumphierend stehe ich anderntags in der Tür zum Büro meiner Verleger. In der Hand die schriftliche Bestätigung des Zahnarztes. Die Geschichte wird gedruckt.

Zum Kotzen

Wenn ich in einer Disziplin Weltmeister bin, dann unbestritten in Sachen Seekrankheit. Ich war bereits als Schiffskonditor auf der *Nea Hellas* seekrank, ich war seekrank, als ich von Tunis nach Marseille fuhr, ich blieb dem Leiden treu, als ich per Tretboot und Bambusfloß über den Atlantik fuhr. Erst beim Baumstamm war das anders. Er lag auf drei Kufen und war wie Festland.

Nicht, dass ich jetzt jammern will. Nie hat mich der Zustand beunruhigt. Ich wusste, dass er eintreten würde, und nahm ihn wie das Salz im Meer. Ich gehörte nie zu der Kategorie Seekranker, die sich gehen lassen, die ihre Exkremente dort entleeren, wo sie gerade gehen oder stehen, oder die sich lieber über Bord stürzen möchten, als weiter seekrank zu sein. Ich fand immer die Zeit, zur Toilette oder zur Reling zu gelangen. Denn dieses Bedürfnis der vollkommenen Entleerung kommt ja nicht unerwartet. Im Mund sammelt sich Wasser, erste Magenwehen melden sich, und erst dann folgen die heftigen Presswehen. Manchmal war der Anfall mit einem einzigen Erguss überstanden, häufiger aber kamen sie stoßweise in mehreren Raten, wobei einem keine Zeit blieb, Luft zu holen. Es hätte auch nicht viel genutzt: Auch die Luft hätte man gleich wieder ausgespuckt. Nach dem zehnten Anfall ohne erneute Nahrungsaufnahme fragte man sich sowieso, wo der Körper seine Magenlava für die Eruption hernahm. Mitunter waren die Anfälle so heftig, vor allem, wenn der Magen längst leer war und absolut ausgewrungen, dass er in Ermangelung des zu Erbrechenden nebst den anhängenden Därmen selbst aus dem Mund entschlüpfen wollte. Das war dann der Moment, wo ich auf stur schaltete und den Magen einfach wieder runterschluckte. Er hatte zu bleiben, wohin er gehörte.

Vielleicht war das ein Fehler. Hätte ich ihm freien Lauf gelassen, wäre ich nie wieder seekrank geworden. Denn er und sein Freund, das vegetative Nervensystem, sind die Hauptverursacher. Ohne Magen hätte ich mich fühlen können wie jemand ohne Zähne, was dem Betreffenden jegliche ferneren Zahnschmerzen ersparte. Vielleicht habe ich meinen Magen auch nur deshalb nicht ausgespuckt, weil ich masochistisch veranlagt bin. Ich weiß es nicht. Ich weiß nur, dass die Welt nach dem Speien wieder in Ordnung ist. Bis sich erneut das Wasser im Mund sammelt.

Wenn ich draußen auf Deck an der frischen Luft war und den Horizont sah, ging es mir sowieso prächtig. Aber in der Enge der Kabinen oder nachts oder wenn mir beim Segelreffen die Weitsicht fehlte, musste ich dem Meeresgott unweigerlich meinen Tribut zollen.

Es gibt viele Ratschläge und Mittel gegen die Seekrankheit. Auf der *Nea Hellas* rieten mir die Griechen: »Du musst einen sauren Hering essen. Möglichst am Stück.«

Schon der Gedanke daran ließ es mir speiübel werden. Besser war dann schon der Tipp, Zwieback zu essen. Er bindet die Magensäfte. »Und dann hinlegen oder raus an die frische Luft.«

Die guten Ratschläge kamen zuhauf. Ich wurde auf den Akupressurpunkt am Innenarm hingewiesen. »Gleich vor der Hand in der Mitte.«

Asiatische Feinschmecker rieten zu Ingwer, deutsche Apotheker zu Super-Pep.

Was mir wirklich half, war Scopoderm. Das ist ein kleines Membranpflaster, das man aufs Gleichgewichtsorgan hinterm Ohr klebt. Fühlte ich bei Super-Pep eine unange-

nehm belegte Zunge, so war Scopoderm das Nonplusultra. Dann verhöhnte ich sogar den Meeresgott, seine Orkane und die Wellenberge. »Kommt doch her, ihr Wellen, versucht's doch! Keinen Krümel werde ich euch geben!«

Gegen Scopoderm waren sie machtlos. Notgedrungen mussten sie das einsehen. Die Folge: Alle Orkane verzogen sich irgendwann enttäuscht.

Aber: kein Glücksgefühl ohne Nebenwirkungen. Nach drei Tagen war die Wirkung des Mittels verbraucht. Ich nahm ein neues Pflaster und da stellten sich Sehstörungen ein. Plötzlich war alles unscharf. Das stand garantiert auch auf dem Beipackzettel. Aber den konnte ich ja nun nicht mehr lesen. Also riss ich das frische Pflaster wieder ab. Und prompt war ich erneut seekrank.

Die Erfahrung hat mich gelehrt, dass Seekrankheit nicht nur Nachteile hat. Sie hat zwei unbestreitbare Vorteile:

Man verliert jegliches Übergewicht.

Man hat immer Fische ums Boot. Es sprach sich bei den Tieren schnell herum. »Da ist er wieder, der Typ, der dreimal täglich füttert.« Und sie kamen in Schwärmen. Es war gar keine Kunst, sie zu fangen. Mit der Angel, mit der Harpune. Ich aß sie auf, ich spuckte sie zurück, die Fische aßen das Gespuckte, ich aß die Fische. Kreislauf der Natur.

Eines Tages meldete sich ein Heilpraktiker bei mir. »Rüdiger, warum hast du mir nicht früher davon berichtet? Ich habe eine todsichere Erfindung gegen die Seekrankheit gemacht.«

Er klemmte mich auf ein Schaukelbrett, gebot mir, die Augen zu schließen, und trudelte mich in verschiedene Richtungen und Schräglagen. Ich hatte ihn vorgewarnt. Aber die Leute glauben einem ja nicht. Und so spuckte ich ihm prompt seine schöne neue Praxis voll.

Ich erhielt Hausverbot und musste mir ein eigenes Training ausdenken. An dieses Pendelsystem anknüpfend, zogen mich Freunde mittels eines Seiles im Wald am Baum hoch. Wenn man dabei die Augen schließt und sie einen im Kreis drehen, hin und her und vor und zurück pendeln, dann wog ich schnell ein Kilo weniger und der Waldboden unter mir ein Kilo mehr. Dennoch hatte ich das Gefühl, von Mal zu Mal würde ich resistenter.

Eines Tages, als ich wieder am Baum hing, erhielt ich eine unerwartete Belohnung. Die hatte ich inzwischen redlich verdient, denn die Prozedur schmerzte stark an den Fußgelenken. Ein Tourist tauchte auf. »Bleib ganz still hängen, da kommt einer.«

Und schon waren meine Freunde im Gebüsch verschwunden. Plötzlich hatte der Mann mich gesehen. Er blieb wie angewurzelt stehen. Ich dachte, jetzt schneidet er mich los oder rennt und holt den Rettungswagen. Stattdessen schaute er nach links, blickte nach rechts. Dann kam der Mensch auf mich zu und begann, mir in die

Tasche zu greifen.Er wollte ganz offensichtlich mein Geld klauen! Einen Moment lang war ich regelrecht geschockt. Ich verhielt mich mucksmäuschenstill. Vielleicht tat ich ihm Unrecht. Es konnte ja auch sein, dass er meinen Ausweis suchte. Aber in einem solchen Moment nach dem Ausweis zu suchen? Völlig unwahrscheinlich. Der Typ wollte klauen! Ganz klar. Ich öffnete die Augen und schrie aus Leibeskräften.

Nie habe ich einen Menschen so schnell laufen sehen.

Die Ehevermittlerin

Schorsch Huber (Namen auf Wunsch des Betroffenen geändert) ist eine Stimmungskanone. Ihm gelingt es, auch die tristesten Feiern mit seinem Witz und seiner Freundlichkeit aufzuheitern. Sein Repertoire ist unerschöpflich. Eigentlich müsste er Moderator bei einem TV-Sender sein. Doch das ging bisher nicht. Seinen Witz musste er auf die Partys beschränken. Denn Schorsch führte einen großen Landwirtschaftsbetrieb in Bayern an der schönen Isar. Und der nahm ihn voll in Anspruch. Sein Tag war mit reichlich Arbeit ausgefüllt. Er begann morgens um halb fünf und endete spät in der Nacht. Selten, dass er sich mittags mal ein halbes Stündchen auf die Couch legen konnte. Aber die viele Arbeit machte ihm lange Jahre nichts aus. Sein Beruf war sein Hobby. Er war Landwirt mit Leib und Seele. Bis es ihm doch zu viel wurde. Da sattelte er um auf Rundfunk- und Fernsehtechniker. Seitdem ist sein Tagesablauf geregelt. Endlich kann er Einladungen annehmen, ohne beim Feiern immer daran zu denken, dass er schon gleich wieder aufstehen muss, um die Kühe zu melken. Auf einer dieser Feiern lernte ich Schorsch kennen.

Eigentlich feierte immer jemand irgendetwas. Hier war es ein Geburtstag, dort eine Hoferweiterung, das Jubiläum des Schützenvereins, eine Versammlung der CSU und manchmal eine Hochzeit. Besonders da, auf den Hochzeiten, kam Schorsch in Hochform. Dann waren oftmals nicht so sehr die Braut und ihr Bräutigam Mittelpunkt des Ereignisses, sondern es war Schorsch, der Alleinunterhalter. Wer eine Feier plante, konnte sich bezüglich ihres Ablaufs viel Arbeit ersparen, wenn er nur Schorsch einlud.

Und gerade auf den Hochzeiten und bei fortgeschrittener Stimmung kam dann oft die unvermeidliche Frage auf: »Na, Schorschl, wann feiern wir denn endlich deine eigene Hochzeit?«

»Ein kluger Mann ist wählerisch«, antwortete er meistens. »Der schaut sich erst einmal um in der Welt und entscheidet sich nicht gleich bei der ersten Schönen. Schließlich soll so eine Bindung ja ein Leben lang halten.« Wer Schorsch gut kannte, merkte, dass ihn solche Fragen irritierten. Er mochte sie nicht. Denn er war dreiundvierzig und nichts hätte er lieber getan, als seine eigene Vermählung zu feiern. Aber da waren jahrelang sein Fulltimejob als Landwirt und die mangelnde Auswahl an Bräuten im kleinen ländlichen Umkreis. Vielleicht war er auch ein bisschen zu schüchtern. Die Frauen, die er verehrt hatte, waren längst unter der Haube anderer, die schneller und weniger zaghaft gewesen waren als er.

Das änderte sich schlagartig, als Schorsch einen Abstecher in die Großstadt machte.

Georgenstraße, München. Eine stille Straße. Aber nicht unbewohnt. Ein Schild springt ihm ins Auge: »Noch keinen Lebenspartner gefunden? Wir erfüllen (fast) alle Wünsche. Eheanbahnungsinstitut Maywald.«

Sein Entschluss ist spontan. Ohne Überlegung betritt er das Gebäude. Das Treppenhaus ist ruhig und hebt sich wohltuend vom Straßenlärm ab. Ein Teppich dämpft seinen Schritt. Die Wände sind mit Marmor verkleidet. Übergroße Spiegel zu beiden Seiten des Korridors verraten Schorsch sogleich, dass er durchaus einen passablen Eheanwärter abgeben könnte. Nach eigener Einschätzung jedenfalls. Er strafft seinen Körper und klingelt in der ersten Etage. Den Aufzug hat er gemieden. Man ist ja sportlich.

Eine charmante Dame mittleren Alters verströmt Chanel No. 5 und Seriosität, begrüßt ihn mit warmem Händedruck und bittet ihn, im bequemen Sessel Platz zu nehmen. Von irgendwo ertönt leise klassische Musik. Völlig unaufdringlich. »Ein Kaffee gefällig?« Ja, sehr gefällig. Damit kann man Nervosität kaschieren. Die Frau spürt die Unsicherheit, baut ihm Brücken, bemüht sich in liebenswerter Konversation über Wetter, Kaffee und den Verkehr. Sie bedankt sich für seinen Entschluss, ausgerechnet ihr Institut aufgesucht zu haben und garantiert ihm, es nicht zu bereuen.

Sehr bald weiß sie, dass Schorsch zum ersten Mal per Agentur auf Partnersuche ist und auch warum. Abgeschiedenheit auf dem Lande, keine Auswahl. Was er nicht sagt, Schüchternheit, hat sie längst erspürt. Ohne zu fragen. Schorsch fühlt sich wohl. Irgendwie hatte er sich Eheanbahnungsinstitute ganz anders vorgestellt.

Taktvoll kommt die Frau zum geschäftlichen Teil. Er habe einen Einmalbetrag zu leisten in Höhe von 5000 Mark. Im Voraus, gleich heute bei etwaigem Vertragsabschluss.

»Das mag sich sicher viel anhören. Aber dafür können Sie bei Nichtzustandekommen einer Bindung zwei Jahre lang zu uns zurückkehren und sich immer wieder eine andere Partnerin wählen.«

Man sei auch mit anderen Agenturen vernetzt. Sogar weltweit. »Hier ist eins unserer vielen Alben. Schauen Sie einfach mal hinein. Insgesamt haben wir mehr als zehntausend Frauen im Angebot.«

Schorsch laufen die Augen über. »Im Angebot« hat sie gesagt. Und von »mehr als zehntausend« hat sie gesprochen. Der helle Wahnsinn! Im Dorf gab es allenfalls zehn freie Mädchen und Frauen. Dagegen war hier der reinste

Großmarkt. Adressen stehen keine unter den Fotos. Nur Zahlen. Unbegreiflich, wieso diese Frauen ohne Vermittlung keinen Mann finden.

Die Frau schenkt Kaffee nach mit etwas Sahne und einem Löffel Zucker. Sie hat ihn genau beobachtet. Dienst am Kunden.

»Ja, ich möchte es wagen«, sagt er zwischen zwei Schlucken. Fast verschluckt er sich. Vor Schreck über seinen Mut. Jetzt gibt es kein Zurück mehr. Ein Mann, ein Wort. Und bei einem echten Bayern erst recht. Entschlossen füllt er den Scheck aus, reicht ihr seinen Personalausweis. Die Frau setzt sich an die Maschine. »Sie werden es nicht bereuen. Das verspreche ich Ihnen. Noch haben wir für jeden wirklich willigen Kunden jemand Passenden gefunden.« Schorsch verbucht das als Floskel wie den Spruch der Verkäuferin bei C&A vorhin, als er mit dem neuen Anzug aus der Umkleidekabine trat und sie meinte: »Der steht Ihnen aber außerordentlich gut.«

»Nach den Personalien möchte ich nun zum Allerwichtigsten kommen. Nämlich zu Ihren ganz persönlichen Vorstellungen von der Frau, die Sie suchen.« Sie hat vor sich einen mehrseitigen Fragebogen ausgebreitet. Elegant hält sie in ihrer wohlgeformten Hand mit den perlmuttfarbenen Fingernägeln einen goldenen Füllfederhalter. Mehr Schmuckstück und Statussymbol als Schreibgerät. Ein wirklich durchgestylter Laden, denkt Schorsch.

»Beginnen wir mit dem Alter«, eröffnet sie die Produktbeschreibung. »Wie alt soll Ihre Partnerin denn sein?«

»Das ist eigentlich egal. Das Alter ist nicht entscheidend, sondern der Charakter.«

»Oh, da will ich ganz ehrlich sein. Charakter ist leider das Einzige, für das wir nicht garantieren können. Das müssen Sie selbst herausfinden. Zumal jeder ›Charakter‹ anders definiert. Aber bestimmt kommen wir Ihrem

Traumtyp um vieles näher, wenn wir den Fragebogen durchgearbeitet haben.«

Schorsch ist aufgeregt, übt sich in Geduld. Für Fragen seinerseits ist immer noch Zeit.

»Welche Ansprüche haben Sie an die Bildung?«

»Eigentlich egal. Natürlich soll sie nicht dumm sein. Sagen wir Hauptschulabschluss.«

»Größe, Figur?«

»Egal. Aber nicht zu dick.«

»Haarfarbe?«

»Egal. Blond, rot, schwarz ...«

»Religion?«

»Egal.«

»Rasse?«

»Egal.«

»Muss sie Deutsche sein?«

»Nein, das ist mir egal.«

So geht es noch eine Weile weiter. Die Fragen sind verschieden; die Antworten immer gleich: »Egal«.

Dabei ist es nicht Anspruchslosigkeit, die Schorsch so antworten lässt. Es ist seine Toleranz. Es gibt Wichtigeres als Zentimeter und Farben.

Von »egal« haben wir reichlich im Angebot, denkt die Vermittlerin. Bei so viel »egal« kommen eigentlich alle in Frage. Aber sie sagt: »Sie sind ein toleranter Mensch. Man spürt, dass es Ihnen nicht um ein billiges Sex-Abenteuer geht, sondern um eine ehrliche Bindung. Ich versichere Ihnen, dass wir gemeinsam genau die Richtige für Sie finden werden. Ich werde mich höchstpersönlich darum kümmern. Erfolge sind das Image meines Unternehmens. Nicht von ungefähr bestehen wir bereits fünfundzwanzig Jahre.«

Sie setzt sich neben ihn. Man blättert Alben durch. Schorsch wird es schwindelig. Schweiß tritt auf seine Stirn. Die Frau hat Verständnis. »Wissen Sie was? Ich werde Ihre Wünsche jetzt gewissenhaft und in aller Ruhe in unsere Datei eingeben und Ihnen schnellstmöglich ein Angebot unterbreiten. Genau auf Sie zugeschnitten.«

Aufgeregt und zufrieden fährt Schorsch nach Hause. War das heute eine revolutionäre Entscheidung! Wahrscheinlich die Ungewöhnlichste, die er je getroffen hat. Zu Hause erzählt er nichts davon. Seine Mutter würde es kaum verstehen.

Drei Wochen verstreichen. Ein Brief ist eingetroffen. Er sieht exotisch aus. Bunte Briefmarken, diverse Stempel, ein Luftpost-Aufkleber. Noch nie hat er ein solches Kuvert in Händen gehalten. Schorschs Herz schlägt höher. *Esther* liest er beim Absender und einen Ort, den er nicht kennt. Und dann ein Postfach und *Dominica*. Er hört das Wort zum ersten Mal. Er wälzt den Atlas, schaut ins Register. Da steht's! Dominica, eine Insel der Antillen nördlich von Venezuela. Den Ort kann er nicht entdecken. Bestimmt ist er so klein wie sein Dorf in Bayern. Das findet man auch erst, wenn man genauer hinschaut.

Klopfenden Herzens öffnet er den Brief, und es rieselt warm durch seinen Körper. Denn als erstes fällt ihm ein Foto der Unbekannten entgegen. Sie gefällt ihm auf Anhieb. Nein, sie gefällt ihm nicht nur. Das wäre zu wenig. Schorsch ist begeistert. Er ist aus dem Häuschen. Milchkaffeebraun, schlank, Anfang zwanzig, langes schwarzes Haar und blendend weiße Zähne, die ihn vertrauensvoll anlächeln. Eine Kette mit bunten Steinen ziert den Hals, eine weiße Blüte das Haar. Südsee, Sonne, Glück assoziiert er mit dem, was seine Augen da erblicken. Er ist hin und weg. Doch dann folgt die Enttäuschung. Der vier Seiten lange Brief an »My dear friend Schorsch« ist in Englisch gehalten. Davon versteht er nur *Schorsch*. Und das Datum.

Er schwingt sich in seinen Mercedes und rast nach München. Ab zu Frau Maywald. Hoffentlich steht da heute keine Radarfalle.

»Können Sie ihn mir übersetzen?«, fällt er fast grußlos über sie her. Ja, sie kann. Sie bittet ihn, Platz zu nehmen, schenkt ihm einen Tee ein und liest ihm den Brief vor. Langsam und mit Betonung. So, als wären die Worte von ihr, der Maklerin selbst, und so, als wollte sie Schorsch für sich und nicht für die dunkelhäutige Schönheit gewinnen.

Satz für Satz saugt Schorsch ihn in sich auf. So erfährt er, dass die junge Frau katholisch ist, viele Geschwister hat, sie die Älteste ist und einen Grundschulabschluss hat. Während die Ehemaklerin weiter vorliest, starrt er begeistert das Foto an. Fast ist es, als spräche die junge milchkaffeebraune Frau nun persönlich mit ihm. Aufmerksam und begierig lauscht er den Worten. Kein einziges will er sich entgehen lassen. Er vernimmt, wie gerne sie eine eigene kleine Familie hätte, dass ihr Vater eine bescheidene Landwirtschaft betreibt und sie sich mit Gartenbau gut auskennt. Die Kandidatin ist ein Volltreffer. Der Brief endet mit den Worten »... als ich Ihr Bild erblickte, war ich völlig fasziniert. Sehr gern würde ich Sie kennen lernen. Ich warte schon mit Ungeduld auf Ihre Antwort.«

Wie gut, dass er gleich hierher gefahren ist. Um wie viel schöner ist der Tag auf diese Weise geworden. Natürlich hätte ihm auch Heike von nebenan den Brief übersetzen können. Die spricht sehr gut Englisch. Aber da hatten Schorschs Hemmungen überwogen. Im Dorf sollte das noch niemand erfahren. Auch seiner Mutter verrät er kein Sterbenswörtchen. Die Brieffreundschaft bleibt vorerst sein Geheimnis. Wenn sich das Ganze tatsächlich so entwickeln sollte, wie er sich das nun in seiner Phantasie ausmalt, würde er diese Neuigkeit irgendwann öffentlich vorstellen, wenn die Zeit dafür reif wäre. Dann würde er die gesamte Dorfgemeinschaft in den Dorfkrug einladen. Den Anlass würde er mit keinem Sterbenswörtchen verraten. Er würde sie neugierig machen. Etwa so: »Schorsch verrät ein Geheimnis. Kommt alle und freut euch mit ihm!«

Und Esther müsste im abgedunkelten Wagen warten, bis er sie hereinholte. Mein Gott, würden die alle staunen! Es wäre *das* Ereignis in seinem Leben und in dem Dorf.

»Wenn Sie sich im Klaren sind, was Sie ihr schreiben möchten, kann ich Ihnen auch gleich die Antwort an die junge Frau aufsetzen.« Die Anbahnerin gibt sich kooperativ, freut sich mit ihm. Zufriedene Kunden sind ihr Gewinn. Das sei Service, meint sie und überlegt gleichzeitig, um wie viel sie die Courtage noch erhöhen wird.

Ja, lässt Schorsch schreiben, sie gefalle ihm *sehr* gut und er lade sie ein – »Nein, schreiben Sie lieber, ›ich lade dich *sehr herzlich* ein, zwecks näheren Kennenlernens nach Deutschland zu kommen. Für die Reisekosten komme selbstverständlich ich auf.‹« Denn eins ist Schorsch klar, Esther ist nicht reich.

Schnurstracks eilt er mit dem Brief zum nächsten Postamt. Allein zehn Minuten lässt er sich Zeit, besonders schöne und verschiedene Briefmarken auszuwählen. Mit Stadt- und Naturmotiven. Dann bekommt sie schon mal einen Eindruck von Deutschland. Sorgfältig arrangiert er die Marken. Erst dann klebt er sie fest. Genauso wird Esther es auch getan haben. Jedenfalls wirkt es so. Zum wiederholten Male holt er den Umschlag aus seiner Aktentasche und studiert ihn. Muss das ein Land sein, dieses Dominica! Die Marken zeigen exotische Vögel, die er noch nie gesehen hat. Erst hatte er sie für Phantasiewesen gehalten, von irgendeinem Künstler erfunden. Aber dann war er in einer großen Buchhandlung auf der Leopoldstraße fündig geworden. Einige der 13 dicken Bände *Grzimeks Tierleben* machten ihm klar: die gibt es wirklich.

Die Antwort lässt nicht lange auf sich warten. Noch nie hat er den Briefträger so sehnlich erwartet. Er hat extra seine morgendlichen Kaffeepause verlegt, damit Mutter nicht zufällig einen der Briefe abfängt. Geheimstufe eins ist angesagt bei Schorsch Huber. Dem Briefträger bleibt seine Erregung und Freude nicht verborgen. »Na, Schorsch, eine neue Liebe?«, scherzt er auch prompt. Schorsch wird rot wie seine Puter. Aber er reagiert gut und schnell. Fast, als hätte er die Frage erwartet. »Ja«, antwortet er, »schön wär's. Aber ich unterstütze da ein Kinderprojekt. Eine kleine Schule mit Spielplatz und Werkstatt. Mädchen lernen da nähen und die Jungen tischlern. Wahrscheinlich ist das wieder einer der Dankesbriefe. Ist ja auch schön, wenn man mal 'ne Rückmeldung kriegt.« Um weiter abzulenken, erklärt er ungefragt, wo Dominica liegt. »Fast kriegt man Lust, mal hinzufliegen«, lacht er. Der Briefträger glaubt ihm jedes Wort. Bestimmt würde das im Dorf die Runde machen.

»Kannst du mir die Briefmarken geben?«, bettelt der dann prompt.

Bloß jetzt nicht an dem Brief »kleben«, denkt Schorsch und gibt ihm großzügig und ohne zu zaudern die Frontseite des Umschlages. Als stelle sie gar keinen Wert dar. Die hintere mit dem Absender behält er. Aber bestimmt hat der Postbote den Absender längst auswendig gelernt. Der Dorfklatsch wird blühen.

»Aber nur dieses eine Mal«, fügt er schnell hinzu. »Ich habe auch schon anderen die Marken versprochen.« Klasse, wie gut er lügen kann.

Erneut ab nach München! Zur Heiratsvermittlerin. Die hat Betriebsferien. Die Hormone und die Zeit drängen. »Ich werde Rüdiger anrufen«, entschließt er sich. Er hat Glück. Ich habe keine Betriebsferien und muss tausend Eide schwören, bis zur Präsentation der »Braut« in seinem Dorf mit niemandem darüber zu sprechen. Dabei hätte ein Eid genügt. Sogar ein einfaches Versprechen. Offenbar schließen die Leute immer von sich auf andere. Also schwöre ich tausend Eide. Er schickt den Brief. Per Eilboten. Ich übersetze und erledige die weitere Korrespondenz. Ja, lasse ich ihn wissen, Esther habe einen

Freudensprung gemacht und danke tausendmal für die Einladung. Aber sie sei katholisch, noch unberührt und der Anstand verbiete ihr, zu *ihm* zu kommen. Warum er denn nicht zu *ihr* käme?! Hiermit möchte sie ihn sehr herzlich zu sich und ihrer Familie einladen. Einige neue Fotos machen ihm die Entscheidung leicht. Schorsch jettet nach Dominica. Ganz bewusst hat er den Flugschein nicht im eigenen Ort gebucht, sondern in München. Er muss schmunzeln, als die junge Angestellte im Reisebüro nicht auf Anhieb weiß, wo Dominica liegt, und er es ihr mit weltmännischer Coolness erklärt. Dann ist er also doch nicht so ungebildet, wie er zunächst befürchtet hatte. Damals, als der erste Brief eintraf.

Es wird ein langer Flug. Und ein aufregender. München–Frankfurt–Caracas–Roseau–Marigot. Noch nie zuvor hat er in so fernen Ländern Urlaub gemacht. Doch selbst die längste Reise hat ein Ziel und irgendwann ein Ende.

Die kleine zehnsitzige Ein-Propeller-Maschine kreist über dem Flugplatz. Alle anderen Mitreisenden sind Schwarze. Sie lächeln Schorsch freundlich an, machen ihm Platz, als er durch alle Bullaugen gleichzeitig schauen möchte. Was er sieht, entspricht voll seinen Erwartungen. Es übertrifft die Schönheit der Briefmarken um vieles. Kokospalmen biegen sich neben einem Sandstrand. Dazwischen palmgedeckte kleine Hütten. Da unten der sommergelbe Grasstreifen scheint die Landepiste zu sein. Schon zum zweiten Mal kreist der Pilot. Deutlich sieht man Menschen, die die Schafe von der Piste treiben.

Am Rande der Wiese ein einfaches Holzhaus. Daneben eine gewaltige Menschenmenge. Neugierige, für die die Ankunft der Maschine immer wieder ein besonderes Ereignis zu sein scheint. Sie schwenken Fahnen. Er kennt das aus den Fernsehnachrichten. Wahrscheinlich ist einer der Mitfliegenden ein hohes Tier aus der Politik. Der

Dicke schräg vor ihm könnte das sein. Er gibt sich wichtig, unnahbar und lächelt nicht.

Es ist warm in der Kabine. Schorsch schwitzt. Aber nicht nur wegen der Hitze. Er transpiriert vor Aufregung. Nie gab es eine vergleichbare Situation in seinem Leben. In dem Moment setzt die Maschine hart auf dem Rasen auf. Einmal hoppelt sie noch, dann gleitet sie vor das Holzgebäude und kommt zum Stillstand. Der Motor erstirbt. Der britische Pilot öffnet die Tür höchstpersönlich und verabschiedet jeden seiner Fluggäste mit Handschlag. Toller Service.

Eine Woge heißer Luft strömt in die Kabine. Die kleine Maschine wird im Handumdrehen zur Sauna. Ehe Schorsch seine Garderobe und die beiden Handgepäckstücke zusammengerafft hat, sind die anderen Gäste bereits ausgestiegen. Zur Hitze gesellt sich ohrenbetäubender Lärm. Hinter dem Schweißschleier vor seinem Gesicht nimmt er eine unübersehbare Menschenmenge wahr, Fahnen und ein Transparent. Die Menge gebärdet sich wie toll. Sie hüpft, tanzt, johlt, klatscht rhythmisch und singt. Dazwischen Trommeln und Rufe. Fahnen werden geschwenkt, ein Transparent hochgehalten. Was draufsteht, interessiert Schorsch nicht. Es ist ja doch Englisch und außerdem etwas Politisches. Auf jeden Fall muss der Dicke ein ganz hohes Tier sein. Sonst würde sich nicht das ganze Dorf so gebärden.

Schorsch Huber erscheint in der Türöffnung. In diesem Moment steigert sich der Lärm ins Frenetische.

Der Pilot lächelt, drückt ihm die Hand und weist auf die Menge. Er spricht sogar Deutsch: »Willkommen, Schorsch!«

Schorsch klappt der Unterkiefer aus dem Gesicht. Der hat ja die Passagierliste gut studiert, denkt er. Wahrscheinlich hat er sich seinen Namen deshalb besonders eingeprägt, weil man erdteilverwandt ist. Hier sind weiße

Gesichter die Ausnahme. Immer noch hält der Pilot seine Hand fest und weist mit der anderen auf die Menge. »Ihre Freunde?«, fragt er.

»Nein, ich bin das erste Mal hier. Ich kenne niemanden. Nur eine Brieffreundschaft.«

»Das muss dann ja eine ganz besondere Brieffreundschaft sein. Schauen Sie nur! Die sind alle Ihretwegen hier.«

Zum ersten Mal blickt Schorsch genauer in die Menge. Aller Augen sind auf ihn gerichtet. Dann liest er das Transparent. Es ist zwar Englisch. Aber unübersehbar prangt da auch das Wort *Schorsch*. Sein Name also, unübersehbar. Und dann hört er es auch. »Schorsch! Schorsch! Schorsch!«, schallt es aus Hunderten von Kehlen. Als hätten sie es einstudiert. Schorsch ist sprachlos und überwältigt. Er blickt auf die Menge und kann keinen Schritt machen. Gebannt steht er in der Kabinentür.

»Das ist alles für Sie!«, wiederholt und ermutigt ihn der Pilot.

Vor der euphorischen Menge stehen drei Personen. Ein Mann, eine Frau, ein Mädchen. Mein Gott, durchzuckt es Schorsch. Das ist Esther! Das sind Esther und ihre Eltern. Sie kommen auf ihn zu. Esther und die üppige Mami haben jeder eine weiße Blüte in der Hand. Der Vater hält einen ganzen Blütenkranz vor sich hin.

Schorsch Huber schlottern die Beine. Der Pilot stützt ihn, legt ihm kameradschaftlich den Arm auf die Schulter. Jetzt sind die drei heran. Esther reicht ihm zaghaft die Hand. Die Mutter drückt ihn zwischen ihre ausladenden Brüste. Der Vater küsst ihn links und rechts auf die Wangen und hängt ihm den Blütenkranz um. Dann wenden sie sich der Menschenmenge zu. Was auch immer sie da alle durcheinander rufen. Immer wieder vernimmt er *Schorsch*. Es ist unfassbar. »Thank you!«, sagt er. Mehr englische Worte fallen ihm nicht ein.

»Das sind alles Freunde, Nachbarn und Verwandte Ihrer Gastgeber«, dolmetscht der Pilot. »Keiner will sich dieses Ereignis entgehen lassen, dem Ehrengast aus Germany seine Reverenz zu erweisen.«

Vier kräftige Männer heben den Fremden auf ein Tragegestell, wuchten ihn auf ihre Schultern. Ganz langsam setzt sich der Zug in Bewegung. Schwarze, verschwitzte, lachende Gesichter sind auf ihn gerichtet. Kinder winken. Jemand reicht ihm eine geöffnete Kokosnuss nach oben auf seinen Thron. Schorsch ist überwältigt und sprachlos. Vor Überraschung, vor Freude. Und weil er kein Englisch kann. Bis auf *thank you* und *hallo* und *my name is Schorsch*.

»Ich spreche Deutsch«, lacht ihn da ein junger Mann an. »Ich liebe Deutschland. Sei willkommen in unserer Familie!«

Die trommelnde, singende, Schorsch rufende Menge wälzt sich in einer Staubwolke auf ein Dörflein zu. Eine Siedlung wie ein Postkarten-Idyll. Palmgedeckte, runde Häuser, halbierte Palmstämme als Bänke, Bougainvillensträucher in bunter Blütenpracht, Palmen voller Kokosnüsse, in der Ferne das Meer und der Strand. Landeinwärts Pampelmusen-Plantagen und Bananenhaine. Die Fotos, die Postkarten, die Briefmarken – sie alle hatten untertrieben. Es ist noch viel schöner. Es ist unbeschreiblich schön.

Vor einem der palmgedeckten Häuser wird Schorsch abgesetzt. Er kann sich kaum bewegen; so drängen die Menschen an ihn heran. Alle schütteln ihm die Hand, plappern durcheinander. Männer, Frauen, Kinder. Was auch immer sie sagen, die Vokabel Schorsch kommt in jedem Satz vor. Schorsch ist König, Schorsch ist glücklich. Solche Szenen kannte er allenfalls aus Südseefilmen. Nun ist er selbst Mittelpunkt des Geschehens.

»Das ist Haus Papa und Mama!«, sagt Esther in erstem Deutsch. »Ich spreche kein Deutsch. Ich lerne Deutsch jetzt.« Die blendend weißen Zähne, das herzliche Lachen, die Anmut des braunen schlanken Körpers lassen Schorsch erzittern. Er drückt ihre Hand. Esther lächelt, zieht sie schnell zurück.

Sie führen ihn um das Haus herum. Im Schatten eines ausladenden Baumes ist ein großer Tisch üppig gedeckt. Gebratene Fische, Hühnchen, Muscheln, Krebse, Suppe, Obst, Brot und ein Meer bunter Blüten laden zum Essen ein. In Tonkrügen harren kühle Getränke ihrer Bestimmung. Um den Tisch herum ist der Boden mit Palmwedeln und Bastmatten bedeckt. Jeder sucht sich einen Platz und hockt sich hin.

Mit dem schnellen Seitenblick des Fachmannes gewahrt Schorsch hinter den Menschen gepflegte Beete. Tomaten, Gemüse, Salate. Er erinnert sich an Esthers ersten Brief, wo sie den Garten erwähnte.

Schorsch erhält den Ehrenplatz am länglichen Tisch zwischen den Eltern. Neben Esthers Mutter. Neben dem Vater der junge Dolmetscher, der sich eben am Flugplatz vorgestellt hat und der ein leidliches Deutsch spricht. Er hilft, System in den Wirrwarr von Esthers Geschwistern zu bringen, sie vorzustellen. Sie stehen Spalier. Sieben an der Zahl. Esther ist die älteste. Dann folgen die Verwandten. Unmengen an Onkeln, Schwagern, Cousins, Freunden, der Bürgermeister, der Pfarrer und sonst wer. Die Warteschlange will kein Ende nehmen.

Mit einigen muss er mit einem Glas Zuckerrohrschnaps anstoßen. Das sind die Brüder des Vaters. »Prost«, lehrt der junge Dolmetscher seine Landsleute das erste Wort Deutsch. Und sie lernen schnell. »Schorsch, prost!«, ruft es bald von allen Seiten. »Prost, Freunde!«, antwortet Schorsch ihnen.

Dann macht man sich über die Speisen her. Schorsch darf als Erster zugreifen. Teller gibt es nicht. In einem großen Korb liegen viele große Blätter. »Dominica-Teller«, erklärt der Dolmetscher. »Kein Müll«, schiebt er noch hinterher und lacht. So müssen sich Könige fühlen, denkt Schorsch.

Was haben diese Menschen nur meinetwegen auf sich genommen, staunt er immer wieder. Was muss die Familie dieses Fest nur kosten? Ein Vermögen. Es beschleicht ihn ein schlechtes Gewissen. Er wird sich großzügig mit Geld revanchieren. Das kann man überall gebrauchen. Morgen wird er den Dolmetscher fragen, wie er das am besten arrangieren kann, ohne jemanden zu kränken.

Die Stimmung nimmt zu. Die gefüllten Bäuche, aber auch der Alkohol zeigen Wirkung. Der Vater lässt den Deutschen gar nicht mehr aus den Armen. Immer noch einen und noch einen muss er mittrinken. Gott sei Dank ist Schorsch Huber von den bayerischen Dorffesten einiges gewöhnt. So schnell haut ihn nichts um. Er ist stolz, relativ trinkfest zu sein und das hier unter Beweis stellen zu können. Aber Alkohol zu Hause und Alkohol in der Hitze Dominicas sind zweierlei Gefahrenpotenziale. Allmählich ist er abgefüllt. Die Beine versagen den Dienst. Er schwankt. Der lange Flug macht sich bemerkbar. Er ist todmüde, streckt sich auf eine Bank. Das hält niemanden davon ab, ihn immer noch einmal zu wecken und Unverständliches von sich zu geben. Längst ist es weit nach Mitternacht. Die Hitze des Tages ist einer angenehmen Kühle gewichen. Der Mond steht über den Palmen und rundet die romantische Szene ab. Genau wie das Holzkohlefeuer, das still vor sich hinglimmt. Grillen zirpen. Womit habe ich so viel Glück verdient?, fragt er sich in einem letzten halblichten Moment. Das wird mir niemand zu Hause glauben. Dann gewinnt der Schlaf die Oberhand.

Als Schorsch Huber aufwacht, hört er Meeresrauschen statt das Muhen der heimatlichen Kühe. Mit einem Satz ist er hoch. Der Kopf schmerzt. Er ist benommen. Hat er verschlafen? Was war das für ein Tropentraum? Nur ganz langsam kehrt der Verstand zurück, überlagert vom Kopfschmerz. Mein Gott, es war gar kein Traum! Es ist Realität. Er ist auf Dominica! Er liegt in einer kleinen sauberen Palmhütte am Strand, umgeben von nichts als Kokospalmen und Einsamkeit. Kein Mensch weit und breit.

Einsamkeit? Schorsch erschrickt. Eine Hand greift nach ihm, zieht ihn runter zu sich auf das Matratzenlager. Strahlende Augen blicken ihn an. Esther!

»Wie komme ich hierher? Wie kommst du hierher? Wo ist deine Familie?« Gewohnheitsmäßig spricht er Deutsch. Die junge Frau versteht keine Silbe. Sie lächelt nur, kuschelt sich an ihn.

Schorsch verschlägt es die Sprache. Er bleibt kerzengerade sitzen. Wie konnte ihm das nur passieren? Wie konnte er die Gastfreundschaft der netten Leute so missbrauchen? Wie sollte er das den Eltern erklären? Ihnen, die ihn so herzlich und großzügig empfangen, die seinetwegen ihr letztes Geld geopfert haben? Sie werden ihn mit Schmach und Schande aus dem Dorf verjagen. Verzweiflung kommt auf. Aus der Traum, der ihn von Deutschland hierher geführt hat. Es ist ihm nur noch alles peinlich, unendlich peinlich. Er möchte sich entschuldigen, aber dazu mangelt es ihm an den nötigen Sprachkenntnissen. Am liebsten möchte er sich im Sand vergraben.

Und plötzlich stehen der Vater und die Mutter in der Tür. Dahinter drängen Geschwister, Onkel, Tanten und wer weiß noch wer. Der Clan, das Dorf. Alle reden aufgeregt durcheinander. Sie lachen. Sind die Eltern denn gar nicht böse? Ganz deutlich und unübersehbar sitzt doch ihre Tochter neben ihm auf der Matratze und schmiegt sich an ihn. Schorsch erstarrt. Träumt er oder wacht er? Die müssten ihn doch zusammendreschen, weil sie ihn in flagranti mit der jungen Frau erwischt haben. Augenblicklich fragt er sich, wie er hier mit Esther hergekommen ist. Bestimmt hat er sie nicht mit Gewalt verschleppt. Das wäre zum einen gar nicht seine Art gewesen. Auch nicht im Vollrausch. Und zum andern hätten die vielen Menschen das gar nicht zugelassen. Irgendetwas stimmte nicht. Aber er erinnert sich an nichts mehr. Irgendwann hatte der Zuckerschnaps in der Nacht sein Gehirn abgeschaltet. Der Schädel brummt, null Erinnerung. Trotz der Kopfschmerzes ist er dennoch hellwach.

Die Menschen schütteln ihm die Hand, machen Platz für die Nachdrängelnden. Und Schorsch Huber sitzt fassungslos auf der Kunststoffmatratze, lässt alles über sich ergehen. Ist das hier die Art, sich morgens zu begrüßen? Auch der jungen Frau werden die Hände geschüttelt.

Der Vater drückt ihn nun zum wiederholten Male, umarmt ihn, lässt ihn gar nicht mehr los, küsst ihn rechts und links auf die Wangen. Immer noch einmal. Die Mutter wischt sich Tränen aus den Augen. Enthusiastisch rufen sie Worte in der Einheimischen-Sprache, klopfen ihm anerkennend auf die Schulter, streicheln seinen Kopf. Schorsch bleibt sprachlos, stammelt immer wieder nur ein und dasselbe Wort. »Sorry!«

Da erscheint eine weitere Gestalt in der Türöffnung. Es ist der junge Dolmetscher.

»Guten Morgen und herzlichen Glückwunsch!«, ruft er. Schorsch schweigt. Er weiß nicht, wie er sich dazu äußern soll.

Doch der Junge schiebt nach. Er deutet auf den Geistlichen und den Bürgermeister, die sich soeben durch die Tür drängen. Die anderen weichen ein wenig zurück. Schorsch erinnert sich vage. Die beiden hatte er gestern Abend schon gesprochen.

»Sie wollen dir ebenfalls ganz herzlich gratulieren. Sie sagen, du seiest ja ein sehr entschlossener Mann. So was gäbe es heutzutage nur noch selten.« Fast gleichzeitig drücken die Amtsträger seine Hände. Sie wirken tief bewegt.

»Ich verstehe das alles nicht«, murmelt Schorsch.

»Sie sind deine Trauzeugen. Ihr habt heute Nacht geheiratet.«

Nach einigen Tagen fliegt Schorsch zurück nach Deutschland. Seine Frau folgt ihm kurze Zeit später. Sein Dorf steht Kopf. Schorsch ist verheiratet. Klar, dass das gebührend nachgefeiert wird.

Jetzt darf ich sprechen. Ich bin gerührt und begeistert von der Geschichte. Brühwarm erzähle ich sie meinem Freund Horst Sch. Er ist Redakteur bei einer großen Zeitung. Am 8. Oktober 1974 ist dort zu lesen:

DIE RICHTIGE BRAUT GAB ES NUR IN DER KARIBIK
Aus Dominica kam das Glück nach Bayern!

Die Lovestory rührt auch andere. Sie wird sofort vom STERN und der BUNTEN aufgegriffen und bald zum Gespräch in ganz Deutschland.

Der Hauptgewinn

Survival-Trainings als Preisausschreiben-Gewinn sind mir ein Grauen. Dreimal habe ich mich breitschlagen lassen, solche Wochenenden anzubieten, weil sie überdurchschnittlich gut honoriert wurden. Aber dreimal gerieten sie zur Pleite. Auf jeden Fall für mich als Ausbilder. Seitdem kann mich kein noch so hohes Entgelt dazu verleiten, das je zu wiederholen. Preisausschreiben üben offenbar auf eine gewisse Kategorie Menschen eine Faszination aus. Man will sein Glück testen, ein Auto gewinnen, einen lächerlichen Trostpreis absahnen oder man hat Langeweile und macht deshalb mit. Preisausschreiben als einziger Höhepunkt des Tages. Egal, ob die Trophäe interessiert oder nicht. Man gewinnt ja doch nichts, mögen einige sogar denken. Aber hier ist man plötzlich gefordert, sein Wissen unter Beweis zu stellen. Und wie schlau man doch ist! Ein Blick auf den Fragebogen hat gezeigt, dass man alle Fragen auf Anhieb beantworten konnte! Wahnsinn! Eigentlich sollte man sich sofort bei Günther Jauchs »Wer wird Millionär?« melden!

Solche »Experten« wollen nicht wahrhaben, dass die Fragen nichts sagend sind, an Banalität nicht zu unterbieten, damit auch der Dümmste teilnimmt.

Wenn solch ein Langweiler dann ein Survival-Training gewinnt, ist das Chaos vorprogrammiert. Für ihn ist alles igitt, eklig, kalt, nass, dunkel und anstrengend. Er will wissen, wofür man das je braucht, wann es endlich etwas zu essen gibt, ob man hier rauchen darf, ob er die Toilette im Haus benutzen kann und wann endlich Feierabend angesagt ist.

Ganz anders die echten Survivors. Sie haben sich schon lange auf das Training gefreut, haben dafür ihr Sparschwein geschlachtet, haben es geschafft, in der langen Warteliste der Interessenten auf die ersten sechs Plätze zu rutschen. Manche haben darauf über zwei Jahre gewartet, weil ich die Wochenenden nur selten und immer nur mit maximal sechs Personen durchführe. Es soll keine kommerzielle Routine-Großveranstaltung werden, sondern eine spannende Begegnung im kleinen Kreis gleichgesinnter Reiselustiger. Meist halb Männlein und Weiblein. Für solche Menschen kann das gleiche Training, das in anderen nur die Sucht nach noch mehr Nikotin weckt, gar nicht lange genug dauern. Sie vermissen gar nichts. Weder die Zigarette, noch das Essen, noch die Geborgenheit des Hauses. Ihr Beschützer ist die Natur selbst, die alles bietet, was der Mensch braucht. Solche Individuen sind neugierig auf die in ihnen schlummernden Fähigkeiten, sie wollen begründeten und unbegründeten Ekel als lebenswichtige Alarmsignale erfahren, sie möchten Ängste relativieren, ungeahnte Kräfte aktivieren, verloren gegangene Fähigkeiten neu entdecken, für ihren Körper neue Grenzen ausloten. Sie wollen den Grundstein für einen neuen, spannenderen Lebensabschnitt legen. Und den möchte ich ihnen vermitteln. Das war immer mein Anspruch, und nicht wenige der zahlenden Teilnehmer sahen das genauso.

Eine Jugendzeitschrift wollte Werbung für einen Film machen, der gerade in den Kinos anlief. Er handelte von einem kleinen Hund, der sich im Urwald verirrt hat und nun von 1000 Gefahren umgeben ist. Alle wollen ihn fressen. Aber Benny, der kleine Hund, ist kein verwöhnter Stadt- und Schoßhund. Benny ist Survivor. Er kennt sich aus mit den Gefahren und schlägt allen Angreifern ein

Schnippchen. Mit Pfiffigkeit, mit Phantasie. Genauso, wie ich mir Survival vorstelle. Also ein Film nach meinem Geschmack.

Für sechs Teilnehmer ist das Survival-Wochenende als Hauptgewinn gedacht. Meine Vorgabe: Unter den Einsendungen sollen drei Mädchen und drei Jungen im Alter von zwölf bis 15 Jahren ausgelost werden. Ich will Mädchen und Jungen zeigen, dass es keinen Unterschied macht, welchem Geschlecht man angehört. Abenteuer ist geschlechtsneutral. Ich bin sicher, dass Benny, der Dschungelhund, das auch so sieht.

Eines Samstags ist es soweit. Die Gewinner treffen sich um 8 Uhr in meiner Stadtwohnung. Die kann jeder ganz leicht mit der U-Bahn erreichen. Auf jeden Fall ist sie leichter zu finden als ein Treffpunkt in meiner Wildnis. Hinzu kommt, dass ich in meinem Haus gleich den ersten Test mit den Teilnehmern machen kann. Ich führe sie in mein Troparium, den Schlangenraum. Er beherbergt acht Riesenschlangen. Unter ihnen ein Prachtexemplar von Netzpython. Acht Meter lang, schenkeldick, stark wie eine Geländewagen-Blattfeder. Außerdem ist sie schön, sauber, elegant und – und das ist wichtig – nicht bissig.

Unter ruhiger Anleitung gibt es nie jemanden, der anschließend noch »Igitt« sagt. Jeder fasst sie an, und gemeinsam tragen wir sie in den Garten. Ich halte den Kopf sanft hinterm Hals – falls sie doch mal beißen sollte – und die anderen wuchten sich den Schlangenleib auf die Schulter. Jeder einen Meter. Der Höhepunkt kommt dann, wenn die Schlange unerwartet und peitschenschnell ihren Körper zusammenzieht und wieder auseinander presst. Dann landen wir meistens auf dem Rasen.

An jenem Samstag treffen die Gewinner alle pünktlich ein. Keiner kommt mit der U-Bahn. Die Jugendlichen werden von den Eltern gebracht. Zum einen ist das deren Service für ihre Kids, zum andern wollen sie »einmal den ver-

rückten Nehberg kennen lernen«. Nun gut. Damit kann ich leben. Sesselpupser können mich nicht beleidigen.

Die Eltern sind aufgeregter als ihre Kinder. Mein Gott, was der Nehberg da wohl mit ihnen vorhat! Warum sonst sollen sie nun unterschreiben »auf eigene Verantwortung«? Ich beruhige sie mit einem Tässchen Kaffee. »Reine Formsache.«

Die Schlangennummer ist durch. Die Gewinner finden die Präsentation »toll«, »geil«, »echt krass«, »ultra-cool«. Den Eltern fehlt dieses Vokabular. Sie beschränken sich auf das übliche »Igitt« oder »Die ist ja gar nicht glitschig« oder »Hätt' ich nicht gedacht.«

Schließlich sollen sie gehen. Plötzlich werden sie sentimental. Küsschen hier, Schmatzer da. Letzte Verhaltensregeln. »Und pass gut auf dich auf!« Sie kramen Süßigkeiten aus riesigen Überlebensfresspaketen. Eine steckt ihrer Tochter ein Handy zu und flüstert: »Wenn du nicht mehr weiter kannst, ruf mich an. Wir holen dich sofort.«

Mein Ruf muss grauenhaft sein. Alle fürchten, ihre Kids nicht mehr lebend wiederzusehen. Verhungert, verdurstet, infiziert, verstümmelt. »Die müssen doch nicht wirklich Würmer essen?« Eine Mutter schüttelt sich. Ich revanchiere mich.

»Jeder kriegt einen Bandwurm implantiert. Damit beginnen wir als Erstes. Dann leben wir von dem, was der Wurm täglich ausscheidet. Wir ernähren uns quasi vom eigenen Wurm. Perpetuum mobile der Ernährung. Meine Erfindung. Damit könnte man den Welthunger bekämpfen.« Ich sprudle die Stakkato-Sätze nur so heraus. Ganz der begeisterte Erfinder. Die Mutter wird blass. Sie glaubt mir alles. Liebt die ihr Kid wirklich? Warum nur hat sie es dann gebracht? Warum nimmt sie es nicht auf der Stelle wieder mit in die klimatisierte Wohnung? Aber immerhin, es verschlägt ihr die Sprache. Damit sie gar nicht erst wieder zu sich kommt, schiebe ich noch einen nach. »Die Idee habe ich bereits der *unicef* vorgestellt. Die findet sie revolutionär. Ich bin für den Friedensnobelpreis vorgeschlagen. Haben Sie es nicht kürzlich im SPIEGEL gelesen?«

Ich kann mir ausmalen, welche Prozesslawine mir bevorsteht, wenn Ilona sich einen Kratzer zuzieht. Oder wenn Vera ein Fingernagel abbricht. Es wird Zeit, die Eltern nach Hause zu schicken. Und endlich fliehen sie. Teils lachend, teils mit besorgtem Gesicht. Sie werden die nächste Nacht nicht ruhig schlafen können und ihr Telefon neben das Bett stellen.

Nur eine Mutter ist nicht zur Heimkehr zu bewegen. »Wir müssen jetzt los«, drängle ich sie und reiche ihr die Hand. »Übermorgen kriegen Sie Ihre Tochter wieder. Ich hoffe, unbeschadet. Die Chance liegt bei reellen fünfzig Prozent. Mehr ist nicht drin. Schließlich machen wir keinen Schulausflug.«

»Wieso meine Tochter?«, reagiert sie entrüstet. »*Ich* bin doch die Gewinnerin! Meine Jüngste hat mich nur hergebracht.« Die springt gerade ins Auto und braust davon.

Ich bin einen verständlichen Moment sprachlos. Die Nachfrage ergibt, dass die veranstaltende Zeitschrift geschlampt hat. Sie hat die Altersbegrenzung vergessen. Nun stehe ich da mit fünf unternehmungslustigen Jugendlichen und einer Mutti.

Sie heißt Heike und ist der Prototyp der »lebenslänglichen Hausfrau«. Ich schätze sie auf 50 Jahre. Das Gegenteil eines Survivortyps: recht mollig, langsam in den Bewegungen. Eine Mutti, die den ihr biologisch zugedachten Teil des Daseins erfüllt hat und die nun in Erwartung der Enkel lebt. Und die sollen es garantiert mal besser haben.

Die Schlange hat sie nur aus der Distanz betrachtet. Aber da dachte ich ja noch, sie sei eine der Mütter. Immerhin ist sie eine Frohnatur. Sie lächelt ständig, streichelt ihren großen prallen Rucksack und scheint sich auf ihr Abenteuer zu freuen. Dem Rucksackumfang nach zu urteilen, hat sie sich auf mehrere Monate eingestellt. Aufs Überwintern.

Ich lasse mir den Patzer der Zeitschrift nicht anmerken. Gewonnen ist gewonnen. Heike kommt mit. Jetzt bin ich gefordert.

»Wie kommst du denn zum Survival?«, will ich dann aber doch wissen. Sie sitzt neben mir auf dem Beifahrersitz auf dem Weg zum Buschcamp.

»Wie spricht sich das Wort aus?«, fragt sie überrascht nach. »Zörwaiwel?« Und dann erklärt sie mir, dass es völliger Zufall war. »Ich mache alle Preisausschreiben mit. Egal, ob bei der Edeka oder in meinem Zeitschriftenabonnement. Vor allem, seit ich vor fünf Jahren zum ersten Mal einen Gewinn erzielt habe. Da habe ich eine Tonne Dash-Waschpulver gewonnen!« Und sie fährt fort: »*Was* es zu gewinnen gibt, lese ich oft gar nicht. So bin ich auch zu diesem Gewinn gekommen.«

»Weißt du denn überhaupt, was dich erwartet? Weißt du, was Survival ist?«

»Nö«, gesteht sie. »Aber mein Mann hat gesagt, ›wirste schon sehen‹, und dabei hat er gelacht. Deshalb kann es schon nicht allzu schlimm werden. Ich weiß auch nicht, was hier im Rucksack ist. Das hat er mir eingepackt.«

Unser Nachtlager ist aufgebaut. Das machen wir stets zuerst. Ruckzuck kann das Wetter umschlagen. Dann haben wir zumindest schon mal ein trockenes Lagerplätzchen.

Endlich die erste Übung: abseilen im Dülfersitz. Das bedeutet, die Teilnehmer müssen mittels eines Seils von hoch oben aus dem Baum wie im Fahrstuhl zur Erde fahren. Wie eine Spinne am Netzfaden. Eine Übung, die artistisch und gefährlich aussieht, aber schnell erlernbar und risikolos ist. Richtig vorgeführt, zunächst im Waagerechten geübt, dann von zwei Metern Höhe, wird sie für jeden Anfänger zum überwältigendes Erfolgserlebnis.

Noch niemand meiner Teilnehmer hat den Dülfersitz je praktiziert. Aber die Hälfte der Schüler kennt ihn vom Hörensagen. Oder sie haben Fotos von Bergsteigern gesehen. Mark kennt das von der GSG 9. »Die rutschen so an den Hauswänden herunter.«

»Heike, willst du anfangen?« Ich lasse den Pädagogen raushängen und rede auf sie ein wie eine Mutter, die dem Kind Mut zur Impfung machen möchte. Heike ist entsetzt.

»Nein. Lass mal lieber die anderen. Ich gucke nur zu.«

Die Kids lassen sich nicht zweimal bitten. Einer schafft den Sitz besser als der andere. »Toll! Super! Affengeil!« Ich überschlage mich mit Lob. Es ist berechtigt. Das spornt an. »Heike, nun aber du!«, ermutige ich sie erneut. Sie hat es nun oft genug gesehen, hat genauso wie ich den Kindern Mut gemacht. Aber sie will es nicht selbst versuchen. »Nein, ehrlich, ich gucke lieber nur zu. Dazu bin ich zu alt. Hätte ich gewusst, was Survival bedeutet, hätte ich meinen Sohn hergeschickt.« Doch dafür ist es jetzt zu spät.

Dann soll sie halt zuschauen. Nur niemanden drängen, sage ich mir. Sonst kommt Panik auf. Lieber geduldig üben, abwarten, ganz langsam Vertrauen aufbauen. Für die anderen hat Heikes Verzicht den Vorteil, dass sie die Übung öfter wiederholen können.

Weiter im Programm. Jetzt heißt es, auf schlappem, aber dicken Seil den reißenden Fluss überwinden. Auch das ist eine einfache Sache. Auch das steigert den Erfolgsstolz. Dann heißt es, aus acht Metern Höhe, gesichert per Seil, aus einem Baum in die Tiefe zu springen. Das kostet viel Überwindung. Kurz vorm Boden werden die Springer vom Seil abgefangen. Das Herz, das ihnen oben im Baum noch in die Hose rutscht, schnellt beim Abfangen schlagartig wieder zurück in den Brustkorb. Eine erste Adrenalinübung.

Jetzt geht es an einer Liane von hohem Podest aus schwingend über den Fluss ans andere Ufer. Tarzanmäßig. Dort stehe ich und speie ihnen eine Stichflamme entgegen, durch die sie hindurch müssen. Feuerspuckermäßig. Das Feuerspucken ist dann sogleich die nächste Übung. So geht es ununterbrochen weiter. Mein Repertoire ist groß. Die Kids sollen gefordert werden und das Wochenende nie vergessen. Auch das ist mein Anspruch an mich selbst.

Nur bei Heike greift meine Pädagogik nicht. Egal, was wir machen, beschränkt sie sich aufs Zuschauen. »Nein, lass mal!«, ist ihre stereotype Antwort. Die Kids äffen sie bereits nach. Als es heißt, jetzt gibt es einen Apfel, imitiert sie einer der Jungen: »Nein, lass mal. Ich schaue lieber zu.« Stattdessen wäscht sie sofort jede schmutzige Tasse ab, räumt herumliegende Gegenstände auf und Müll beiseite. Unordnung hat bei ihr keine Chance. Im Moment reibt sie Kartoffeln für die Kartoffelpuffer.

Was macht man mit so einer Frau? Schickt man sie nach Hause? Lässt man sie die Kartoffelpuffer vorbereiten? Soll sie das Feuer in Gang halten? Ich bin ein bisschen ratlos. Aber Not macht erfinderisch. Plötzlich habe ich die Erleuchtung! Wie in der rauen Wirklichkeit ist jede Truppe bekanntlich nur so schnell und stark wie ihr schwächstes Mitglied. Wie eine Leiter, die nur so viel trägt wie ihre schwächste Sprosse.

Ich erkläre Heike kurzerhand zur Schwerverletzten, die sich in Folge eines gebrochenen Beines nicht mehr bewegen kann. Wie im Ernstfall können wir Heike nicht einfach liegen lassen. Wir müssen sie mitschleppen. Wohl oder übel. Sie muss *über* und *durch* alle Hindernisse hindurch. Wenn wir sie liegen lassen, werden böse Verfolger sie töten. Und Heike soll leben. Sie gehört zum Team. Plötzlich hat das Training eine interessante Bereicherung erfahren. Die Kids sind begeistert. Heike ist einverstanden. Die Kartoffeln können sich allein weiterreiben.

Wir wiederholen die Flussüberquerung auf dem Seil. Heikes Bein wird geschient. Sie wird auf eine improvisierte Trage gelegt. Dann hängen wir die Trage mit zwei Seilen ans Überquerungsseil. Nun hängt sie wie an einem Skilift. Eine Rolle, die das Hinüberziehen vereinfacht hätte, haben wir nicht. Stattdessen nehmen wir zwei starke Astgabeln. Sie sollen den Reibungswiderstand auf dem Seil beim Hinüberziehen reduzieren. Einer von uns befestigt ein Zugseil an beiden Astgabeln und kriecht auf dem Seil vorweg ans andere Ufer. Das Überquerungsseil schwingt und schaukelt sich auf. Heike kommt ganz schön ins Pendeln. Fast wird sie seekrank. Aber sie ist tapfer. »Toll!«, meint sie sogar. Vor Überraschung fällt einer der Krabbeler fast in den Bach. Heike findet etwas toll! Das ist die Wende. Das muss gefeiert werden. Wir loben sie, um sie weiter zu motivieren. Ich freue mich über die spontane Idee mit der Verletzung.

Nachdem auch der Letzte von uns drüben angelangt ist, beginnt das Ziehen. Alle gemeinsam auf Kommando:

»Hau-ruck! Hau-ruck!« Eine Sauarbeit wegen des hohen Reibungswiderstandes.

Heike krallt sich fest. »Fall nicht ins Wasser! Da lauern die Krokodile!«, schreie ich ihr zu. Fast glaubt sie es. Ihre Finger werden weiß vor Anstrengung. Es ist sicher weniger die Angst vor den Reptilien als mehr die vorm kalten Wasser. Das eine so schlimm wie das andere. Endlich haben wir sie drüben. Wir sind außer Atem. Heike ist topfit. »Das war hochinteressant, wie ihr da alle über mich hinweg über das Seil ans andere Ufer gekrabbelt seid! Da dachte ich, dass das gar nicht so schwer sein kann. Wenn ihr etwas Geduld mit mir habt, würde ich das doch gern versuchen.«

Ein Freudengebrüll aus sechs Kehlen belohnt Heikes todesmutigen Entschluss. Wir spannen ihr ein dickes Seil zwischen zwei Bäume. Etwa einen Meter hoch. Ein Mädchen macht es ihr vor. »Das linke Bein musst du um das Seil herum einklemmen. Damit verhinderst du das Runterfallen. Das andere Bein lässt du einfach herunterhängen. Damit hältst du dich im Gleichgewicht.«

»Genau!«, ergänzt das andere Mädchen. »Wie ein Eichhörnchen, das sich beim Springen von Ast zu Ast mit dem Schwanz steuert.«

Ich assistiere Heike. Sie liegt ganz ruhig auf dem Seil. »Ja, ich fühle mich gut. Wie auf einer schmalen Liege.«

Sie greift mit beiden Händen fest ums Seil und zieht sich voran. »Huch, das ist ja ganz leicht!« Sie wundert sich über sich selbst. Schon macht sie den zweiten Zug. Und ehe wir es recht begreifen, ist sie am Ende angelangt.

Ein Damm ist gebrochen. Heike ist außer sich vor Begeisterung. »Das hätte ich nie gedacht. Wahnsinn. Kann ich jetzt mal über den Fluss kriechen?« Was für eine Frage! Und ob sie kann!

Schon liegt sie auf dem Seil. Wenn sie nun abstürzt, liegt sie im reißenden Bach. Aber sie schafft es. Zug um

Zug zieht sie sich vorwärts. Alle klatschen. Heike strahlt. Heike ist glücklich.

»Das ist ja super«, stellt sie fest. »Ich komme gleich wieder zurück.« Und schon liegt sie wieder auf dem Seil und robbt zurück. Außer Atem steht sie vor uns. »Das hätte ich nie gedacht. Ich dachte, das ist nur was für junge Leute. Waren die anderen Übungen etwa auch so einfach?«

»Noch viel einfacher!«, lügen wir im Chor.

Und nun ist sie nicht mehr zu halten. »Macht es euch etwas aus, wenn ich das dann schnell nachhole?«

Jubelnd packen wir Heike zurück auf ihre Trage und schleppen sie zu viert und unter Gejohle an jenen Baum, wo wir den Dülfersitz geübt haben. Die Vorübung im Waagerechten will sie gar nicht erst versuchen. Sie hat uns vorhin gut beobachtet, steigt zwei Meter auf die Leiter, legt sich das Seil routiniert und richtig um den Körper. Kaum komme ich dazu, ihr nachzuklettern, um sie zu sichern, als sie sich bereits von der Leiter löst und nun frei in der Luft schwebt. So geht es jetzt Übung für Übung weiter. Nicht nur, dass Heike nun alles mitmacht. Sie meldet sich jetzt sogar oft als Erste, um das nachzumachen, was ich soeben an Neuem vorgeturnt habe. Fast artet Heikes Power in Kamikaze-Fanatismus aus.

Abends sitzen wir am Feuer. Wir wollen uns näher kennen lernen. Jeder erzählt aus seinem Leben. Es geht um das schönste Erlebnis im Leben, um das schlimmste, um Träume und Visionen. Was kennt ihr schon von der Welt? Wohin möchtet ihr am liebsten?

Schnell stellt sich heraus, dass sie alle bereits viel von der Erde gesehen haben. Die Jungen waren bereits in Schweden, der Türkei und in Italien. Die Mädels schwärmen von Kanada und Frankreich. Jetzt ist Heike dran. Da verkriecht sie sich wieder hinter ihrem liebenswürdigen bescheidenen Lächeln. »Nein, erzählt ihr lieber noch mehr. Ich höre gern zu.«

Alle protestieren. »Nein, Heike. Du lebst schon länger auf der Welt. Du hast bestimmt viel tollere Sachen erlebt. Fang mal an.«

Sie blickt gedankenverloren in die Lagerfeuerglut. Als das Drängeln nicht nachlässt, gibt sie sich schließlich einen Ruck.

»Wenn ich höre, was ihr schon alles von der Welt gesehen habt, komme ich mir richtig unerfahren vor. Sicher werdet ihr enttäuscht sein. Bei mir gibt's nicht viel zu erzählen. Ich bin also die Heike, das wisst ihr ja. Ich bin dreiundfünfzig, verheiratet und habe drei Kinder. Zwei Mädchen, ein Junge. Die Jüngste habt ihr ja gesehen. Wir haben einen Gemüsehof in Vierlanden*. Wir haben uns auf Suppengemüse spezialisiert. Das ist viel Arbeit. Jeden Tag bündeln wir Porree, Möhren, Petersilie, Schnittlauch usw., packen das in Kisten und stellen es in den Hof, wo der LKW der Genossenschaft es morgens abholt. Dazu hab ich den Haushalt ...«

»... und die Preisausschreiben!«, witzelt Fabian dazwischen. Heike überhört den Einwurf.

»...und wenn ich genau überlege«, nun macht sie eine Pause und überlegt, »ist dieses das erste Wochenende seit meiner Heirat, an dem ich frei habe.«

Schlagartig sind wir alle mucksmäuschenstill. Mir läuft eine Gänsehaut über den Rücken. 53 Jahre alt und noch nie Urlaub gemacht! Nicht einmal ein Wochenende? Die Kids schauen sich verstohlen an und stochern verlegen im Feuer. Es sprühen Funken. Keiner sagt ein Wort. Es verschlägt uns die Sprache. Bestimmt bereut jeder, eben noch so stolz von seinen Reiseerlebnissen berichtet zu haben. Dazu kommt, dass Heike das ohne jede Effekthascherei, ohne Selbstmitleid erzählt hat. Wir glauben ihr jedes Wort.

---

* ein Gemüseanbaugebiet am Stadtrand von Hamburg

Heike ist die Bescheidenheit und Ehrlichkeit in Person. So und nicht anders ist ihr Leben. Und das bereits lebenslänglich.

Bewegt stehe ich hinter der sitzenden Heike, lege ihr meine Hände auf die Schultern und massiere sie ganz sanft. Nur langsam finde ich wieder Worte.

»Heike! Ab sofort wäschst du hier bei uns keinen Teller mehr ab, du fasst auch keine Kartoffel mehr an. Wir werden dich verhätscheln und verwöhnen. Du kriegst die beste Hängematte und stehst erst auf, wenn der Kaffeetisch gedeckt ist.« An die anderen gewandt sage ich: »Habe ich Recht? Wird Heike hier noch einen einzigen Teller spülen oder eine einzige Kartoffel schälen?«

»Nein!«, brüllt es im Chor. »Wir werden Heike verhätscheln und verwöhnen!« Es klingt wie ein Schwur.

Schließlich soll sie weitererzählen. Das spannendste oder lustigste Erlebnis.

»Da muss ich wieder passen. Ich sagte ja schon. Ich habe früh geheiratet. Wir bauten den Hof auf, dann kamen die Kinder. Da war keine Zeit für irgendwas.«

»Hat es bei euch denn zum Beispiel nie gebrannt?«, will Irina wissen.

»Nein, da hatten wir immer Glück.«

»Oder ein Einbruch?«

»Tut mir Leid. Ich muss euch enttäuschen. Ein Tag war so voller Arbeit wie der ...«

»... andere«, will sie sagen. Da stockt sie. Ihr Zeigefinger fährt hoch. Sie lacht. Ihr muss etwas Heiteres eingefallen sein.

»Doch! Eine Geschichte habe ich auch.« Und sie beginnt zu erzählen. »Als wir vor dreißig Jahren heirateten, mein Mann und ich ...«

»Wer denn sonst?«, quakt Ingo lachend dazwischen. 13 Jahre – und schon so'ne große Klappe, denke ich. Ich gebe ihm verstohlen ein Zeichen. Wir wollen Heike nicht unterbrechen. Sie soll sich ausquatschen. Heike lacht nur, lässt sich aber nicht aus der Ruhe bringen.

»Du hast Recht. Also: Kurz nach der Heirat war auf einmal der Ehering von meinem Mann verschwunden. Wir haben alles abgesucht. Jeden Winkel haben wir durchwühlt. Aber der Ring blieb verschwunden. Als wenig später eine unserer Gartengehilfinnen kündigte, hatten wir sogar sie in Verdacht und waren froh, dass die ›diebische Elster‹ fort war, obwohl sie als Mitarbeiterin gut war.«

Heike gönnt sich einen Nachschlag Tee. Ingo ahnt das Ende: »Und da stellst du fest, dein Mann hat ihn noch, nur am falschen Finger! So geht es meiner Mutter immer, wenn sie ihre Brille sucht.«

Alle gröhlen.

»Weiter, Heike«, fordern die andern. Ihre Hände umfassen die Teetasse und wärmen sich daran. Sie erzählt weiter.

»Und im letzten Jahr haben wir ihn wieder gefunden. Als wir Mohrrüben ernteten, fand ich auf der Schubkarre unter all den tausend Möhren eine, die genau durch den Ring hindurchgewachsen war. Er hatte ihn also vor fünfunddreißig Jahren auf dem Feld verloren. Das stand übrigens ganz groß in der *Hamburger Morgenpost*!« Sie ist traurig, dass es niemand gelesen hat.

Kurz und gut: Heike lässt im weiteren Verlauf unseres Trainings keine der Übungen aus. Sie ist jedes Mal völlig aus dem Häuschen, wenn ihr etwas gelingt. Ob es um das Erklettern der Steilwand geht, um den »Todessprung« aus hohem Baum, die 500 Meter Flucht durch den Sumpf, das Hindurchtauchen unter einer drei Meter langen Brücke ohne Luft zwischen Brücke und Sumpf. Oder ob es heißt, Absprung während sausender Fahrt an einer Rolle über den See. Und genauso erfolgreich ist sie, wenn es gilt, mit Flintstein und Eisen Feuer zu machen. Heike ist die »Survivorin des Tages«.

Nach zwei Tagen ist die schöne Zeit zu Ende. Allen fällt der Abschied schwer. Voneinander und von Heike. Aber morgen ist Schule, morgen hat uns unser Alltag wieder. Und Heike muss zurück zu ihrem Gemüse nach Vierlanden. Zum Abschied sitzen wir in meinem Fachwerkhaus am See. Es gibt Kaffee und frische Waffeln mit Hamburger Roter Grütze. Die Überlebenden tragen sich ins Gästebuch ein. Wir sind in bester Stimmung. Die Eltern trudeln ein, um ihre Kiddys einzusammeln. Meine Bude ist gerammelt voll. Ich muss meine Souvenirs aus aller Welt erklären. Die Vorhaut des beschnittenen Jungen aus Ägypten. Die Goldkörner vom Blauen Nil. Die im Streit abgehackten Finger eines Eritreers. Meine Wohnung, das Museum.

Da poltert auch Heikes Ehemann die schwere Holztreppe hoch. Auf den Armen balanciert er eine Kiste Möhren.

»Hier, ihr Würmerfresser! Damit ihr mal was Schmackhaftes zwischen die Kiefer kriegt, habe ich euch Vitamine mitgebracht. Eine ganze Kiste Vitamine.«

Zwar sind wir rundherum satt von den Waffeln. Aber ich finde die Idee witzig und bedanke mich überschwänglich. In dem Moment drückt er seine kräftige Pranke auf Heikes Schulter. Lauthals ruft er durch den Raum: »Na, Mutti, hast du dir das alles gut angeguckt?«

Heike ist empört. »Was heißt hier angeguckt? Ich habe alles mitgemacht. Ich war da oben auf dem Schornstein, ich hab mich von der Weide abgeseilt, ich bin sogar als einzige über das hohe Drahtseil da hinten überm See gekrochen, ich habe mit der Luftpistole geschossen ...«

Sie ist Feuer und Flamme. Vergessen sind alle Möhren dieser Welt. Aus der Gemüsebäuerin ist eine Abenteurerin geworden. Über Nacht. Wer ihr zuhört, ist überzeugt, dass sie morgen allein mit dem Rucksack durch Lappland streifen wird. Ihr Gemüsemann unterbricht die Begeisterung.

»Mutti, wir sind nun fünfunddreißig Jahre verheiratet. Nu, fang ma' nich' auf deine alten Tage an zu lügen!« Heike verschlägt es die Sprache. Ihr Ehemann bezichtigt sie der Lüge! Sie springt vom Stuhl hoch. Die Kids stehen Heike bei. »Das stimmt. Die hat alles mitgemacht!«

»Wenn du das nicht glaubst, kann ich es dir ja zeigen!«

Das muss sich keiner zweimal anbieten lassen. Ohne dass jemand das Kommando gegeben hätte, bewegt sich der ganze Tross aus dem Haus, am See entlang, ins Trainings-Camp. Wir folgen der voranstürmenden Heike. Kaum vermögen wir mit ihr Schritt zu halten. Die Waffeln haben die Frau in Hochform gebracht. Ihr Mann folgt als Letzter. Er keucht. »Bist du wahnsinnig? Willst du, dass ich einen Herzinfarkt kriege?«

Heike hört das gar nicht. Längst liegt sie auf dem Seil und kriecht über den Fluss. Sie klettert auf den Baum gegenüber und schwingt am Seil zurück. Im hohen Bogen. Vera hat einen großen Schluck der Feuerspuck-Flüssigkeit genommen und empfängt sie mit einer gewaltigen Stichflamme. Eltern und Teilnehmer applaudieren mit stehenden Ovationen. Fotoapparate klicken. Heikes Mann wischt sich mit der Hand über die Augen. Er will nicht glauben, was er da sieht. Seine Frau als Stuntwoman! Ingo, der 13-jährige, amüsiert sich. »Die Mohrrüben sollten Sie lieber selbst essen. Möhren sind gut für die Augen.« Schallendes Gelächter belohnt seinen Witz. Der Junge hat Talent. Er sollte Kabarettist werden. Seine Mutter sieht das auch so. »Ja, ja, unser Ingo!« Mutterglück.

Heike klinkt sich soeben ins Hochseil ein. »Ja, da staunt ihr alle. Das machen die guten Vitamine aus Vierlanden«, brüllt sie von oben herab. Sagt's, rast über den See, springt drüben ab. Wie ein junges Mädchen.

Irgendwann der endgültige Abschied. Für mich ist er oft mit etwas Wehmut verbunden. Selten hatte ich so ein sympathisches Team. Erinnerungen kommen hoch, weil ich selbst einmal ähnlich begonnen habe wie die Kids. Mit Träumen von der großen Welt, von Abenteuern in fernen Ländern, mit ersten Erfahrungen auf dem eigenen Fahrrad.

Heike drückt mir die Hand. Sie ist sichtlich bewegt und will sie gar nicht mehr loslassen. Ihr Mann schaut auf die Uhr. Offenbar rechnet er schon wieder Zeit in Mohrrüben um. Ingo knabbert aus Verlegenheit eine der Möhren. Dann gibt Heike sich einen Ruck.

»Rüdiger und ihr anderen! Das muss ich euch noch unbedingt sagen: Es war so toll mit euch. Ich danke jedem Einzelnen! Ihr müsst mich alle mal auf dem Hof besuchen kommen. Es war das allertollste Wochenende in meinem ganzen Leben!!!« Tränen kullern ihre Wangen herunter.

Da merkt sie, dass ihr Mann das mitbekommen hat. Sie wird ganz verlegen und ergänzt schnell, mit einem Seitenblick auf ihn: »Außer damals, als wir geheiratet haben.«

Der Feinschmecker

Mein Dia-Vortrag war vorüber, der Buchverkauf beendet.

»Ich habe extra gewartet, bis Sie Ihren Abbau beendet haben, damit Sie etwas mehr Zeit haben. Ich möchte Sie um eine Auskunft bitten.«

»Was kann ich für Sie tun?« Der große, kräftig gebaute Zwei-Zentner-Mann stand tatsächlich schon eine geschlagene Stunde an der Tür und hypnotisierte mich. Ich hatte ihn für den Hausmeister gehalten, der darauf hofft, dass endlich Feierabend ist, offenbar verkennend, dass Hausmeister nie herumstehen und hypnotisieren.

Er hatte abgewartet, bis alle Bücher verkauft und die Projektoren abgebaut waren. Ich notierte einen Pluspunkt, denn oft empfinde ich die Frager als nervig, die im dicksten Gedränge ihre komplizierten langatmigen Probleme vortragen. Aber andererseits hatte er auch keinen Finger gekrümmt, um zu helfen. Denn es gab genug zu tun für jemanden, der wachen Auges ist und Tatendrang in sich spürt. Da waren Kabel aufzurollen, die Kisten zum Auto zu schleppen, die Fahnen zusammenzufalten. Also notierte ich flugs auch einen Minuspunkt; und Plus und Minus ergeben Null. Von meiner Mathematik nichts ahnend, steht er wie eine Säule vor mir und fixiert mich.

»Mich interessiert, wie Sie sich ernähren.«

O Gott, denke ich, ein Ernährungsapostel. Ich mag Missionare nicht und möchte mich kurz fassen.

»Ich denke, ich ernähre mich gesundheitsorientiert. Das heißt, ich meide Fett und Zucker, ich mag Obst und

Salate, ich mag Milchprodukte. Aber ich mag ebenso gern ein Steak, ein Hühnchen. Jedenfalls lebe ich nicht von Würmern, wenn Sie darauf hinauswollen.«

»Das ist interessant. Aber Sie kochen wohl alles?«

»Ja, wenn es die Nahrung aufbereitet und sie verdaulicher macht. Salate esse ich roh, aber mein Puddingpulver nicht, sondern ich verwandle die Stärke durch Kochen in eine Süßspeise.« Er schluckt, als hätte ich ihn beleidigt.

»Und was trinken Sie, bitte?«

»Leider zu viel Kaffee, gern auch mal einen Wein. Aber nie bis zur Trunkenheit. Ansonsten Wasser und Milch.« Warum erzähle ich ihm das überhaupt so brav?

»Ich trinke gar nichts.«

Er legt eine Reaktionspause ein. Kein weiteres Wort soll die Wirkung seiner Aussage stören. Gewiss soll ich nun vor Staunen den Mund nicht mehr zubekommen oder gar in Ohnmacht fallen. Ich tue weder noch.

»Das können Sie jemandem anderen erzählen«, entgegne ich gereizt und besserwisserisch. Ich will mich verdrücken. Bestimmt sülzt er mich sonst noch mehr voll mit seiner Weisheit. Und Sülze, das habe ich vergessen zu erwähnen, mag ich ebenso wenig wie Eisbein und McDonald's-Pappburger.

»Doch! Ich decke meinen Wasserhaushalt ausschließlich mit rohem Gemüse und Obst.«

»Und was soll daran so toll sein? Dann müssen Sie ja ständig auf Grünzeug herumkauen. Wie ein Kaninchen. Die meisten anderen Säuger trinken Wasser. Dann kann es so verkehrt ja nicht sein.«

»Der Mensch ist ja auch kein Kaninchen. Er ist etwas Besonderes, denn Gott hat ihm den Verstand gegeben.«

»Okay. Sie trinken Gemüse, ich trinke Wasser. Wollen Sie mir nun Ihre gesamte Lebensphilosophie aufzwingen?« Ich werde ungeduldiger.

»Nein, überhaupt nicht. Mich interessiert einfach, wie andere Menschen sich ernähren. Gerade jemand wie Sie, der in der Öffentlichkeit steht und für viele ein Vorbild ist. Deshalb. Sie sagten, dass Sie auch Fleisch essen. So, als müsste man sich deshalb entschuldigen. Das brauchen Sie nicht. Ich esse auch Fleisch. Die Frage bleibt nur, *wie* essen Sie Ihr Fleisch?«

»Ach, bitte, ich habe wirklich keine Lust, mich über Rezepte, Lebensweisen, Schlafgewohnheiten, Horoskope und Religionen zu unterhalten. Dafür ist mir meine Zeit zu schade.«

»*Lebensweisen* haben Sie gesagt! Das ist genau der Punkt. Darin steckt ja bereits die oberste aller Weisheiten: nämlich *weise* zu leben! Aber ich merke, Sie werden ungeduldig. Dabei ist gerade die Ernährung die Basis allen Lebens. Sie wäre es schon wert, Zeit zu investieren und diskutiert zu werden. Aber ich will Sie überhaupt nicht mit irgendetwas behelligen. Beantworten Sie mir deshalb bitte nur noch meine eben gestellte letzte Frage: *Wie* essen Sie Ihr Fleisch?«

»Wenn es Sie glücklich macht, ich esse meine Steaks am liebsten *medium* bis *well done* und gut gewürzt.«

Ich wende mich ab und will die letzte Bücherkiste zum Auto bringen.

»Um Himmels willen!« Er hält mich am Hemdzipfel fest. »Ich hatte das fast befürchtet!«, röchelt er gequält, Entsetzen und Unverständnis im Blick. Fast weigert sich die Zunge auf so etwas Widernatürliches zu antworten. Aber er zwingt sie dazu, seine Obst- und Gemüsezunge, sie gehorcht ihm. Er braucht diese Einleitung, diesen gespielten Schrecken, um endlich sich und sein Hauptanliegen wirkungsvoll in Szene zu setzen.

»Da unterscheiden wir uns dann doch sehr deutlich voneinander! Das brächte ich niemals fertig!«

»Sie essen es also nur kurz angebraten, englisch, blutig?«

»Nicht einmal das!«, schüttelt und windet er sich. So, als würde sein Fleisch gerade durch den Fleischwolf gedreht. »Ich esse es ausschließlich roh und ungewürzt. Auch nicht gesalzen. Aber auch damit nicht genug. Ich esse ganz bewusst nur Abfallfleisch! Verstehen Sie? Ich esse das, was der Schlachter eigentlich zur Entsorgung gibt, das, woraus auch er nichts mehr herstellen kann, außer vielleicht Hunde- und Katzenfutter. Es darf gern voller Sehnen sein, Schwanzteile, Füße, Kniegelenke, also Teile, auf denen man besonders lange herumkauen muss.«

»Bevor ich Ihnen nun endgültig nicht mehr zuhören werde, sagen Sie mir nur noch schnell eins: Warum sollte ich oder jemand anderer Hundefleisch essen, Knochen abnagen, Gallertmasse aus Gelenken lutschen? Sind Sie Masochist oder Kannibale?«

»Nein, ich lebe einfach gesund. Ich esse dieses Abfallfleisch gerade deshalb, weil es nicht schmeckt. Denn es soll ja nicht schmecken. Dadurch esse ich automatisch entschieden weniger und dieses Wenige kaue ich besonders lange. Und das ist wissenschaftlich unbestritten gut. Wie sagt doch schon der Volksmund: gut gekaut ist halb verdaut. Dahinter steckt viel Wahrheit.«

Längst bin ich ins Auto geflohen.

»Das Abfallfleisch hat noch einen großen Vorteil!«, schreit er hinterher. »Man kriegt es umsonst.«

Waidmannsheil!

Es war mein erstes Wildkaninchen, das ich erlegt hatte. Ich war fünfzehn und entsprechend stolz. In Münsters Kaninchenwelt würde das fehlende Tier keine Lücke hinterlassen, denn in jener Nachkriegszeit wimmelte es in der zerbombten Innenstadt von diesen Nagern wie auf einem Kaninchenfestival. Nur deswegen hatte mir der Kreisjägermeister die auf ein Jahr befristete Erlaubnis erteilt, den Tieren mit einer Kastenfalle nachzustellen.

Ich hatte meinen Fang fachmännisch getötet und ausgewaidet. Ich empfand das stolze Gefühl des Jägers, der seine Familie mit Frischfleisch versorgte. Denn Fleisch war knapp und Wildbret hat ja bekanntlich unter den Fleischsorten einen gehobenen Qualitätsstandard. Doch ich konnte das Waidmanns- und Jungernährerglück nicht voll auskosten, weil meine Eltern, Liselotte und Karl Nehberg, verreist waren. Ausgerechnet jetzt!

Kühlschrank und Gefriertruhe waren noch unbekannt. Die einzige mir geläufige Art nachhaltiger Konservierung war das Einkochen. Oft genug hatte ich meiner Mutter dabei zugeschaut. Was sie da mit Obst und Gemüse gemacht hatte, traute ich mir ohne Probleme auch mit dem Kaninchen zu.

Damals war ich bereits in der Lehre. Mit Kost und Logis, wohnte also außerhalb. Aber ich besaß einen Schlüssel für daheim, und nach Feierabend wollte ich mein Können unter Beweis stellen.

Nachdem ich den toten Nager fein säuberlich in seine Einzelteile zerlegt hatte, passte er bequem in ein Zwei-Liter-Glas, das ich mit Wasser und etwas Salz bis einen Fingerbreit unter dem Deckel auffüllte, mit einem Gummiring und Deckel verschloss. Eine Metallklammer presste Glas und Deckel zusammen. Dann setzte ich alles in einen Topf mit Wasser und kochte es.

Schon nach fünf Minuten brodelte das Wasser des Wasserbades. Ich stellte die Gasflamme kleiner. Auch der Glasinhalt hatte kontrollierbar seine Temperatur erhöht. Die Luft entwich zwischen Glas, Deckel und Gummi. Zur Kontrolle zog ich sanft am Gummiring. Das Glas war fest verschlossen. Ich war stolz auf mein Können.

Anschließend stellte ich mein Präsent auf den Tisch. Dazu legte ich einen Brief. »Liebe Eltern, ihr seht, notfalls kann ich euch schon ernähren. Guten Appetit wünscht euer Rüdiger.«

Leider musste ich meine Ungeduld noch 14 Tage zügeln. Dann erst kamen meine Eltern aus dem Urlaub zurück. Um Punkt 16 Uhr wollten sie wieder daheim sein. Um 17 Uhr wollte ich sie besuchen. Ganz bewusst eine Stunde später, damit sie ausreichend Zeit hätten, sich über meine Fähigkeiten als Fallensteller und Meisterkoch zu wundern.

Pünktlich bog ich mit meinem Fahrrad in die Kolmarstraße. Vor Schreck fiel ich fast aus dem Sattel. Genau vor unserem Haus, unübersehbar, zuckten Blaulichter. Feuerwehr, Krankenwagen, Polizei, Menschenauflauf! Es gab keinen Zweifel. Der Einsatz galt unserem Haus und nicht etwa einem der Nachbargebäude. War meinen Eltern etwas passiert? Hatte es gebrannt? War ein Verbrechen geschehen? Hatte der alte Krüger in der ersten Etage einen Herzanfall erlitten? Schon einmal musste der Notarzt kommen. Aber damals hatte es keinen solchen Aufwand gegeben wie heute. Ein Krankenwagen war damals vorge-

fahren und hatte den alten Herrn mitgenommen. Heute musste jedoch etwas Schlimmeres geschehen sein. Polizei und viel Hektik. Ich war fürchterlich aufgeregt, stellte mein Fahrrad an einen Baum und eilte auf unser Haus zu.

In dem Moment der zweite Schock! Es betraf nicht den alten Krüger. Es war ganz offensichtlich unsere Wohnung, um die es ging. Alle Fenster standen sperrangelweit offen. Ein Feuerwehrmann schaute kurz heraus und verschwand gleich wieder im Inneren. Die Fenster der übrigen Mieter hingegen waren verschlossen. Ich durfte nicht ins Haus. »Ich wohne hier«, wandte ich ein. Aber das half nichts. Die Aufregung war groß. Jemand spannte ein rot-weißes Plastikband mit der Aufschrift »Polizei«. Eine Stimme aus der Menge wusste etwas von »Spurensicherung«, ein anderer etwas von »Leiche«. Hatte meinen Eltern jemand aufgelauert, als sie heimkamen? Oder hatten sie jemanden überrascht, der es sich in unserer Abwesenheit in der Wohnung bequem gemacht hatte? Mein Herz schlug wie wild.

»Was ist denn passiert?«, fragte ich völlig aufgeregt.

»Da muss jemand gestorben sein«, vermutete ein Zuschauer, »aber der muss schon länger tot sein. Es stinkt bis hier.« Jetzt roch ich es auch. Dann konnten es nicht meine Eltern sein. Die waren ja erst eine Stunde zu Hause.

Ein Sanitäter kam aus dem Gebäude und hielt sich ein Tuch vor die Nase. Draußen atmete er tief durch. Jetzt hielt mich nichts mehr. Ich entdeckte eine Lücke zwischen Rettungswagen und Hauswand und stürmte die Treppe hinauf. Drei Stufen auf einmal. Wir wohnten in der zweiten Etage, in der Dachwohnung. Bestialischer Gestank. So also roch eine Leiche.

Dann stand ich vor unserer Wohnung. Die Reisekoffer meiner Eltern standen noch im Treppenhaus. Die Tür war aufgebrochen. Im Türrahmen meine Mutter, ein Taschentuch vors Gesicht gepresst. Mein Vater krabbelte auf dem Fußboden des Wohnzimmers. Mit Handfeger und Kehrblech. Er fegte die dicken gelblichen Fliegenmaden zusammen, die vom Tisch fielen.

Kurz vor ihrer Heimkehr nach Münster hatten Nachbarn die Polizei alarmiert. »Da oben liegt ein Toter«, hatten sie gemeldet. Da hatte die Polizei kurzerhand die Tür aufgebrochen.

»Du hättest das Kaninchen vorher kochen oder braten müssen und dann erst einkochen dürfen. Es ist verwest, das Glas hat sich geöffnet und überall schwirren die dicken grünen Fliegen herum ...«

Adel verpflichtet

»Maggy, mir ist eine Kobra entwichen!« Der Schock saß mir tief in den Gliedern, als ich meine Frau morgens um fünf wachrüttelte.

»Du willst doch nur, dass ich dir einen Kaffee mache«, gähnte sie und drehte sich auf die andere Seite.

»Bitte wach auf! Ich schwöre, eine von den Kobras ist abgehauen. Der Deckel war völlig verrutscht. Womöglich ist sie hier im Bett. Denn die Wohnung ist kalt und dies ein warmer Ort. Bleib jetzt ganz still liegen. Ich ziehe die Bettdecke weg.«

Endlich kapierte sie, dass es mir Ernst war. Sie blieb mucksmäuschenstill liegen und ich riss das Oberbett beiseite.

Keine Kobra.

Auch nicht unterm Kopfkissen. Auch nicht *unterm* Bett. Auch nicht sonst wo. Längst hatte Maggy sich eine lange Hose übergezogen, Stiefel und ein paar Lederhandschuhe und eine Taschenlampe ergriffen. Alles suchten wir in unserer Altbauwohnung an der Eckerkoppel 60 in Hamburg-Farmsen ab. Jedenfalls alles das, was sicht- und greifbar war. Nicht abgesucht wurden die doppelten Wände, der hohle Fußboden. Das hätte bedeutet, das Haus abzureißen. Panik bei dem Gedanken, jemand könnte gebissen werden. Panik bei dem Gedanken, das Haus müsste abgerissen werden. Die Schlange konnte überall sein. Schlangen sind Meister im Verstecken. Sie können sich flach machen wie Stempel auf einer Briefmarke und in jeder Ritze verschwinden. Dabei hatte sie das in unserer Wohnung gar nicht nötig. Sie konnte bequem unter jedem Fußbodenbrett verschwinden. Die Ritzen waren groß genug. Unser Bauherr musste ein Tierfreund gewesen sein. Alle Spalten waren mäusegerecht groß. Oder er war geizig gewesen und wollte mit den Ritzen Baumaterial sparen. Und nun musste ich für seinen Geiz büßen.

»Hoffentlich ist sie nicht unter der Wohnungstür ins Treppenhaus entwischt!« Maggy lief es eiskalt über den Rücken. Denn oben wohnten Müllers. Und die hatten zwei kleine Kinder. Aber längst hatte ich das Treppenhaus untersucht. Damit die Schlange den Fluchtweg nicht doch noch nutzen konnte, verstopfte ich den Türspalt mit einer Decke.

Ich rief meinen Chef an. Unmöglich konnte ich jetzt zum Dienst erscheinen. Nicht, bevor die Kobra eingefangen war. Tot oder lebendig. Er zeigte Verständnis und gab mir frei. Das erste Positive in dieser Situation. Es gab mir die nötige Ruhe.

Gestern war die Lieferung aus Kalkutta eingetroffen. Neun ausgewachsene Kobras. Monokel-Brillenschlangen, 120 cm lang, kinderarmdick. Auf Lateinisch »naja naja«. Na ja, dachte ich, nomen est omen. Oder Amen. Da hatte ich mir etwas eingebrockt! Und dabei hatte alles so hoffnungsvoll angefangen. Erstmals hatte der Händler in Indien prompt geliefert. Zug um Zug. Geld im Voraus, dann die Ware. Sonst hatte das immer nur nach einigen Mahnungen geklappt und mit der Drohung, Beschwerde beim indischen Konsulat in Hamburg einzulegen.

Mit den hochgiftigen Tieren wollte ich mir einen Nebenverdienst aufbauen, um schneller mit der geplanten Konditorei selbstständig werden zu können. Im Hansa-Theater, Hamburgs Traditions-Varieté, wollte ich eine Schlangenbeschwörung präsentieren. Aber nicht mit manipulierten Tieren wie im Orient – dort nimmt man ihnen die Giftzähne und Giftdrüsen und näht ihnen sogar den Mund zu! –, sondern mit gesunden, wehrhaften und jederzeit beißbereiten Tieren. Motto: Dem Restrisiko eine Chance geben! Das Publikum sollte seinen Kitzel haben. Und ich auch.

Ich wollte einen vier Quadratmeter großen Glaskäfig auf die Bühne stellen und von den Zuschauern irgendein Tier auswählen lassen, an dem ich dann zeigen wollte, dass es im Vollbesitz seiner Waffen war. Ich würde seine Zähne vorweisen und das Gift an einem mit Folie überspannten Glas sichtbar ablaufen lassen. Und dann wollte ich mit der so genannten »Beschwörung« beginnen und den Betrug offenbaren. Denn Schlangenbeschwörung ist Betrug am Zuschauer.

Der »Dompteur« sitzt auf der Erde. Die Schlange liegt im Korb und hat nur einen Wunsch – in Ruhe gelassen zu werden.

Dann öffnet man den Korb. Das Tier fühlt sich bedroht, schnellt in die Höhe und spreizt seinen Nackenschild. Eine Eigenart und Fähigkeit, die charakteristisch ist für Kobras. In dieser Imponier- und Abwehrstellung können sie sehr lange ausharren.

Ihr Zuschlagbereich entspricht der Höhe ihres aufgerichteten Körpers. Erst wenn man ihn überschreitet, kommt es zum Biss. Also hält man sich aus ihm heraus. Um auf Nummer Sicher zu gehen, bedient man sich der Flöte. Sie ist Musikinstrument und Abwehrstock zugleich. Die Musik ist allein für die Zuschauer von Bedeutung. Die Schlange hört sie nicht. Sie sieht nur den Beschwörer und mit ihrer hochsensiblen gespaltenen Zunge fächelt sie dessen Duft und die Luft der Umgebung in ihr Riechorgan am Oberkiefer. Sie hält die Flöte für den vordersten Körperteil des Menschen. Darauf fixiert sie ihre Bissbereitschaft. Und damit sie die Flöte auch wirklich deutlich sieht,

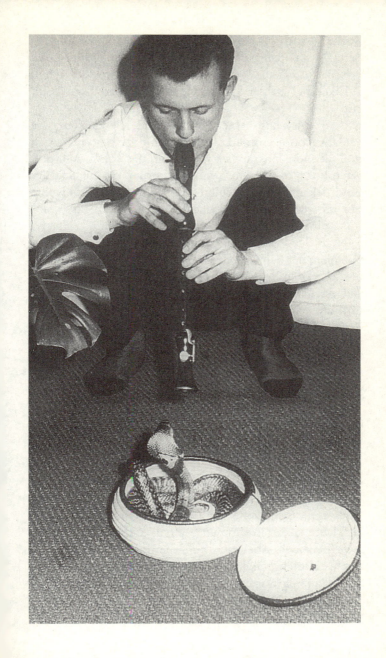

ist das Instrument vorn mit einem Flaschenkürbis vergrößert. Da ich nicht Flöte spielen konnte, sollte das *Lied vom armen Mustafa* aus dem Lautsprecher kommen, der sich in Sulaika, die Tochter des Sultans verliebt hatte. Damals ein Hit.

Man spielt also eine Melodie und alle denken, die Schlange höre aufmerksam zu. Dann bewegt man sich und die Flöte langsam seitwärts, und die Kobra zieht mit. Nach links, nach rechts, vor und zurück. So entsteht der Eindruck eines Tanzes. Und das ist schon alles. Ich wollte das mit drei Tieren gleichzeitig machen, um die Spannung für die Zuschauer und mich zu erhöhen.

Nach der Vorführung stülpt man den Tieren langsam von oben her den Korbdeckel auf den Kopf und drückt sie zurück in den Korb.

Dass ich dennoch nie im Hansa-Theater aufgetreten bin, lag schließlich daran, dass keine Versicherung das Risiko für die Zuschauer, die Theaterdirektion und mich decken wollte.

»Wenn Sie mal ohnmächtig oder gebissen werden und die Tiere über den Glasrand klettern, wer schützt dann die Zuschauer?«

Das könne gar nicht geschehen, beruhigte ich den Versicherungsvertreter. Der Glasrand sei hoch genug. Man könnte die »Manege« oben auch gern abdecken. Dann reduziere sich das Risiko auf mich. Dass ich mich mit Schlangen auskenne, interessierte nicht. Schon als Kind hatten sie mich fasziniert. Um ihre Schönheit, ihre Eleganz, ihre Sauberkeit, ihre Genügsamkeit, ihre Fähigkeit zu klettern, zu schwimmen und zu tauchen habe ich sie stets beneidet. Aber der Versicherungsagent war nicht umzustimmen. Schlangen sind den Menschen suspekt und zu allem fähig. Sogar dazu, eine Versicherung in den Ruin zu treiben. »Nur mal angenommen, aus irgendeinem unerklärlichen Grunde entweichen alle Tiere in die Stadt!

Das wäre eine Katastrophe für Hamburg. Wollen Sie das verantworten?«

Mein Gott, der Typ sah zu viele Horrorfilme! Vielleicht bekäme das Hamburg ganz gut. In der Wärme der Kanalisation würden sie sich wohl fühlen, vermehren und die Rattenplage beenden. Das verriet ich natürlich nicht.

»Dann müssten die Einwohner von ganz Kalkutta längst durch Schlangen ausgerottet worden sein«, wagte ich stattdessen als letzten Einwurf. Aber da packte der Theoretiker bereits seinen eleganten Aktenkoffer. Aus Krokodilleder! Er war Reptilienhasser. Gegen solche Ignoranz war ich machtlos. Wäre ich sein Arbeitgeber, ich hätte ihn achtkantig gefeuert.

Schlangen bleiben immer ein Stück Wildnis. Zwar werden sie in Gefangenschaft ruhiger, aber nie völlig berechenbar. Und das machte für mich die Faszination aus. Sonst hätte ich ja mit einem Kaninchen auftreten können. Für den Fall, dass sie doch zubissen, hatte ich 40 Kubikzentimeter kobraspezifisches Gegengift im Kühlschrank. Dann müsste ich schnell handeln und das Serum spritzen. Es zählte jede Sekunde. Denn war das Gift erst einmal in der Blutbahn, geriet es in Sekundenschnelle ins Gehirn. Dort blockiert es das Nervenzentrum. Man will um Hilfe rufen, und die Zunge formuliert das Wort nicht mehr. Man will sich die Spritze setzen, und die Hand führt den Befehl des Verstandes, den Kolben niederzudrücken, nicht mehr aus. Und letztlich erhält die Lunge keine Befehle mehr zu atmen. Man erstickt.

Das alles raste mir jetzt am frühen Morgen durch den Kopf. Serum und Spritze lagen für alle Fälle griffbereit. Aber von der Kobra keine Spur.

Als die Tiere am Vortag so unerwartet pünktlich bei mir eintrafen, hatte ich das Terrarium noch nicht fertig gehabt. Provisorisch brachte ich sie deshalb in einem großen leeren Aquarium unter. Oben deckte ich es mit einer

Glasscheibe ab. Damit die Tiere sie nicht hochhoben, hatte ich sie mit sechs dicken Bänden *Grzimeks Tierleben* beschwert. »Stilvoll«, hatte Maggy noch gewitzelt. Damit die Tiere Luft bekämen, hatte ich diese Scheibe leicht verdreht, so dass diagonal zwei winzige Schlitze für die Luftzirkulation entstanden.

Vorhin beim Aufstehen hatte ich sofort bemerkt, dass die Scheibe deutlich verschoben war. Wo gestern Abend zwei feine Luftschlitze die Sauerstoffversorgung garantierten, hatte nun jemand nachgeholfen. Was sich meinen Augen mit Entsetzen bot, waren keine Schlitze mehr, sondern wahre Schlünde, durch die ich bequem meine Hand stecken konnte. Ich hatte außer Acht gelassen, dass es den Tieren ein Leichtes gewesen war, die Spitze ihres Kopfes in die Öffnung zu stecken und sich dann hindurchzupressen. Es war zwar unmöglich, die Bücher zu heben, aber es war ein Leichtes, das alles zu verschieben. So sehr ich die Schlangenleiber durchrührte und mir einen Überblick zu verschaffen versuchte – es waren nicht mehr neun, sondern nur noch acht. Eine fehlte.

»Zum Glück ist nur eine ausgebüxt!«, tröstete ich mich laut. Es hätten ja auch alle neun auf die Wanderschaft gehen können. Dann hätte der umweltverachtende Versicherer doch noch Recht bekommen. Und ich Gefängnis.

Wir suchten weiter. Inzwischen war es sieben Uhr geworden. Obwohl die Aufregung das Trinken von Kaffee als »Morgenwecker« überflüssig machte, brühte Maggy einen starken Morgentrunk. Die Küche war komplett durchgecheckt. Da konnte sie keinesfalls sein. Wir saßen am Tisch und ich versuchte klar und sachlich zu denken und zu handeln. Das war schwer. Die Panik nahm zu. Jede Stunde ohne Erfolg bedeutete, dass sich das Tier noch weiter entfernen konnte und sich die Chance des Wiederfindens damit auf null reduzierte. Ich dachte an Fallen, an warme

Kuschelecken, das Vergasen des Hauses, ich war verzweifelt. Und ich dachte an die langjährige Haft in einer trüben Zelle.

Und dann hatte ich die zündende Idee! Ein Jagdhund musste her!

Vor wenigen Monaten hatte ich selbst die Jägerprüfung abgelegt. Zwar bin ich kein Jägertyp, aber der Jagdschein sollte mir ermöglichen, legal an Waffen zu gelangen. Nebenbei wollte ich etwas für die Allgemeinbildung tun. Und im Rahmen dieser Kurse hatte ich Phänomenales von der Wahrnehmungsfähigkeit mancher Tiere erfahren. Zum Beispiel der Rauhaardackel. Jetzt wusste ich, dass sie nicht nur liebenswerte Streicheltiere, sondern auch ausgezeichnete Spürhunde sind. Heute frage ich mich, wie die Sache ausgegangen wäre, wenn ich den Lehrgang nicht besucht hätte.

Ich rief beim Landesjagdverband in der Hansastraße an. Eine Frauenstimme. »Sie müssen verstehen, ich bin ein bisschen überfordert. Einen solchen Fall hatten wir noch nie.« Das konnte ich nachvollziehen. »Ich auch nicht«, tröstete ich sie. Immerhin versprach sie, sofort die gesamte Dackelwelt zu alarmieren. Sie hatte den Ernst der Lage begriffen. Ich hatte von den beiden Müller-Kindern in der ersten Etage gesprochen und an ihr Mutterherz appelliert.

Und sie wurde fündig! Nach nur 20 Minuten meldete sich ein Jägermeister am Telefon. Er sei der Erste Vorsitzende eines Jagdhunde-Zuchtverbandes. Er selbst züchte Rauhaarteckel. Ich war begeistert. Die Frau im Büro des Landesjagdverbandes hatte ganze Arbeit geleistet. *Wenn* mir jemand helfen konnte, dann dieser Mann. Dreimal musste ich ihm die Geschichte erzählen. Er konnte sie einfach nicht glauben. Eine Kobra in Hamburg! Sein Jagdfieber war geweckt. »Das kriegen wir gelöst! In einer halben Stunde bin ich bei Ihnen.«

Und dann stand er vor meiner Tür. Standesgemäß in grünen Loden gehüllt, eine doppelläufige Flinte geschultert, einen wunderschönen Rauhaardackel stramm an der kurzen Leine.

»Das ist Arno von Arnheim«, stellte der Waidmann seinen Gefährten nicht ohne Stolz vor. Und ich erfuhr sogleich, dass es sich bei ihm nicht um einen normalen Dackel, sondern um ein sehr wertvolles blaublütiges Zuchttier handelte. Aber das sah ich auch ohne seine Beteuerung. Ein edles Tier. Ein Rüde.

»Wenn ihm etwas passiert, müssen Sie für den Schaden aufkommen. Das Tier hat einen Wert von fünftausend Mark.«

Das war damals sehr viel Geld. Aber ich war mit allem einverstanden. Lieber 5000 DM als ein totes Müller-Kind und jahrelang Knast wegen fahrlässiger Tötung.

Wir standen vor dem Behälter. Arno von Arnheim nahm Witterung auf. Sein Herrchen hatte ihn hochgehoben und hielt ihn an das auf dem Tisch stehende Aquarium. Unten ringelten sich die Schlangen. Wie Monster-Spaghetti auf einer Gabel. Arno atmete tief ein, speicherte alles in seinem Hirn ab und signalisierte per Schwanz, Nackensträuben, Vibration und leise Laute seinem Herrchen Aktionsbereitschaft.

»Such!«, sagte der.

Augenblicklich und aufgeregt hüpfte Arno von Arnheim zu Boden, ein unterdrücktes Jaulen, die Nase flach auf dem Linoleum, den Schwanz senkrecht erhoben wie einen Zeiger, eilte er schnurstracks auf die Küche zu. Sein Herrchen hatte nur noch Blicke für den Hund und dessen nähere Umgebung. Er achtete auf alle Signale, die der kleine Hundekörper aussandte, an denen er den Wahrnehmungsgrad ablesen und die Zeitspanne bis zum Aufspüren des gesuchten Tieres ermessen konnte. Hund und Herrchen verschmolzen zu einer Einheit. Fasziniert standen Maggy und ich beim Terrarium und beobachteten das einmalige Schauspiel. Welturaufführung.

Aus Liebe zum Tier oder Rücksicht auf meinen Geldbeutel hielt der Jäger seinen Jagdbegleiter an kurzer Leine. Aus den gleichen Gründen legte ich das Serum bereit. »Wie weit kann so eine Kobra vorschnellen?«, erkundigte er sich.

»Maximal sechzig Zentimeter«, antwortete ich. Stolz, einem Profi eine Wissenslücke schließen zu können. Auch ich spürte Jagdfieber.

Die Leine, die Arno von Arnheim mit seinem Herrn verband, war straff gespannt. Mit einem schnellen Griff würde er notfalls aus dem Gefahrenbereich herauszureißen sein. »Er hat die Spur. Ganz einwandfrei. Da ist sie irgendwo! Er ist ganz nah dran.«

»Das mag ich kaum glauben, denn da habe ich bereits alles abgesucht. Da habe ich eben schon Kaffee gekocht«, ließ Maggy Arno über seinen Herrn mitteilen. Jeden Topf hatte ich beiseite geschoben, jedes Geschirr bewegt. Da war wirklich nichts. Und wenn Arno von Arnheim eine noch so gute Nase hatte! Doch beide hörten kaum zu. Sie waren voll mit Adrenalin.

»Ziehen Sie mal den Kohlenwagen unter dem Herd hervor!«

Ich tat es. Lässig und cool und ohne Angst vor der Schlange. Denn natürlich hatte auch ich vorhin schon längst hineingeschaut und wusste, dass es da nichts zu finden gab. Der Hund jaulte jetzt laut auf. So, als hätte ich ihm auf die Füße getreten. Man merkte ihm an, dass er den Wagen am liebsten selbst hervorgezerrt hätte. Der umfunktionierte Kohlenwagen war gefüllt mit drei größeren Töpfen. Und jeder Topf hatte seinen Deckel. »Wie sich das in einem ordentlichen Haushalt gehört«, meinte Maggy später.

»Heben Sie die Deckel bitte hoch!«, befahl der Jäger.

Welch ein Quatsch! Wie sollte eine Kobra in einen geschlossenen Topf gelangen? Doch ich tat wie befohlen. Nur die beiden konnten mich noch vorm sicheren Gefängnis bewahren. Ich durfte sie nicht verärgern und ihre Leistung herabwürdigen. Ich musste jeden Befehl ausführen. Und wenn er noch so absurd schien.

Ich hob den ersten Deckel. Nichts. Hatte ich's doch geahnt!

Ich hob den zweiten Deckel. Nichts. Hatte ich's doch gewußt!

Ich hob den dritten Deckel. Und da lag die Schlange! Das hätte ich nun doch nicht vermutet. Jede Wette wäre ich eingegangen, und ich hätte sie verloren. Arno von Arnheims Nase degradierte mein Schlangenwissen zum Analphabetismus.

Ich konnte mir den Hergang nur so erklären, dass der Deckel, als die Schlange hineinkroch, nicht genau aufgelegen hatte. Dann war er zugerutscht. Und dass sie nicht erstickt war, war zwei Beulen im Deckelrand zu verdanken.

Arno von Arnheim und seinem Herrchen gilt mein ewiger Dank. Sie wollten keine Belohnung. Das Erlebnis war ihnen Ausgleich genug.

Die Müller-Kinder konnten sich prächtig entwickeln. Dass sie nur um Haares- oder Topfdeckelbreite noch leben, erfahren sie vielleicht, wenn sie diese Geschichte lesen ...

Nachwort

Das war die eine Seite meines Lebens. Sie wird bestehen bleiben, solange ich lebe. Ohne Humor und Selbstironie wäre das Leben viel zu ernst.

Die andere ist die meiner Menschenrechtsarbeit. Sie ist manchmal weniger heiter, aber dafür spannend. Adrenalin pur. Zwei Jahrzehnte lang war es der Kampf für das Überleben der Yanomami-Indianer. Inzwischen haben sie Frieden und Schutz erhalten. Das aktuelle Buch *Die Yanomami-Indianer – Rettung für ein Volk* mag Neulingen einen kleinen Einblick in diese Arbeit geben. Es ist ein kurzer Zusammenschnitt meiner fünf Bücher zu dem Thema.

Für mich war der Friede der Zeitpunkt, mir eine neue Herausforderung zu suchen. Die habe ich gefunden. Es ist der Einsatz gegen die weibliche Genitalverstümmelung. Um ihn unabhängig, unkonventionell und effektiv durchführen zu können, habe ich meine eigene Menschenrechtsorganisation gegründet. Vielleicht mögen Sie sich einbringen in die Arbeit. Dann lesen Sie bitte die nachfolgenden Zeilen.

Ein Appell an meine Leserinnen und Leser

Das Verbrechen

Ruth, sieben Jahre, Christin. Sie sitzt auf dem Schoß einer Tante. Die grätscht ihre Beine, hält sie wie im Schraubstock. Eine andere hält die Arme. Ruth schreit. Keine Chance. Die Rasierklinge nimmt ihr die Klitoris. Ohne Betäubung. Kurzer Prozess. Blut. Zitronensaft zur Desinfektion. Ein Lappen zur Blutstillung. Anschließend eine Feier. Immerhin. Der Raub der Klitoris ist die mildeste Form der Verstümmelung.

Fatima muss die härteste Form ertragen. Sie ist acht Jahre, Muslimin, lebt in der Danakil-Wüste, Äthiopien. Sie wird pharaonisch verstümmelt. Wie ihre Spielkameradinnen. Laila zum Beispiel. Sie hat seitdem nie wieder gesprochen. Stumm seit elf Wochen.

Ein Drittel der Mädchen wird nie wieder sprechen. Tod durch Verbluten, schätzt die UNO.

Vier Erwachsene haben Mühe, die um ihr Leben strampelnde Fatima zu halten. Die Rasierklinge raubt die Klitoris, die Schamlippen, alles, unbarmherzig. Auch die Seele. Auch das Vertrauen zu den Erwachsenen. Das Vertrauen in das Leben. Die Schreie werden von deren Händen erstickt. Fatima ist ohnmächtig. Die Scheide wird verschlossen. Mit Akaziendornen. Wie ein Reißverschluss. Gnadenlos. Die Schenkel werden umwickelt. Wie eine Kohlroulade.

Nach vier Wochen sind die Wundränder zusammengewachsen. Was Fatima bleibt, ist eine Öffnung, klein wie ein Reiskorn. Ab jetzt dauert das Urinieren eine halbe Stunde. Die Regelblutung zwei Wochen. Wenn sie Kinder haben will, wird sie aufgeschnitten. Bei der Geburt noch einmal das Messer. Dann die erneute Verschließung. Folter lebenslänglich.

Was will TARGET?

TARGET will dieses Verbrechen an Frauen beenden. Weibliche Genitalverstümmelung (FGM) wird vor allem in vielen afrikanischen Ländern praktiziert. In einigen bereits seit über 5000 Jahren. Unabhängig von Religion und Volkszugehörigkeit.

Heute sind viele der betroffenen Länder islamisch geprägt. Meist und unzutreffend wird der Brauch mit dem Koran begründet. Deshalb sieht TARGET in der Kraft des Islam die stärkste Waffe, den blutigen Brauch zu beenden.

Zusammen mit einflussreichen Rechtsgelehrten des Islam versucht TARGET, Frauenverstümmelung zur *Gottesanmaßung und Diskriminierung des Islam* zu erklären. Bis hin zur Verkündung in Mekka. Zum Wohle der Frau. Für die Würde des Islam. Zur Ehre Mohameds und Allahs. Und nebenbei: als Rüdiger Nehbergs Dankeschön an die hochkultivierte islamische Gastfreundschaft. Zweimal rettete sie ihm und Freunden das Leben. Das verpflichtet.

Was ist TARGET?

TARGET (ZIEL) ist Rüdiger Nehbergs Menschenrechtsorganisation. Sie ist gemeinnützig und arbeitet aktionsbetont am Ort des Geschehens. Einzelkämpfermäßig. Es sind sieben Gründer. Fünf Vertrauensleute sowie Annette Weber und Rüdiger Nehberg als Aktivisten. Das macht TARGET reaktionsschnell, unkonventionell, flexibel und unabhängig von Endlos-Diskussionen. Unsere Kontrolleure: das Finanzamt, eine Rechtsanwaltskanzlei und ein vereidigter Steuerberater.

Außerdem steht TARGET ein hoch qualifizierter Beraterstab zur Seite: Frauen und Männer im Zentralrat der Muslime, im Auswärtigen Amt, in den Botschaften der Bundesrepublik Deutschland vor Ort, im Deutschen Orient-Institut Hamburg, in der Ärzteschaft. Darüber hinaus basiert die Schlagkraft von TARGET auf einem Kreis von Förderern.

Wie realistisch stehen die Chancen?

Nachdem TARGET (Gründung Herbst 2000) auf der so genannten Wüstenkonferenz (2002) bereits das Unvorstellbare erreicht hat, dass der »Oberste Rat für Islamische Angelegenheiten in der Provinz Afar« (Ostäthiopien, drei Millionen Bewohner) als erste Muslime und in beispielhafter Weise die weibliche Genitalverstümmelung verboten und dieses Gesetz in die heilige Stammes-Scharia aufgenommen hat, sehen wir der Vision, der Verkündung in Mekka durch die Saudis, besonders optimistisch entgegen. Für 80 Prozent der Muslime ist die Verstümmelung ohnehin unvorstellbar, und diese schlummernden Kräfte des Islam möchten wir aktivieren.

Es soll die größte Kampagne aller Zeiten zum besseren Verständnis des Islam werden.

Warum ein »Ungläubiger«?

Nehberg: »Ich bin nicht ›ungläubig‹, ich bin ›neutral‹. Weder aktiver Christ noch aktiver Moslem. Am Islam schätze ich das Bekenntnis zu nur *einem* einzigen und einzigartigen Schöpfer und zu Mohammed und Christus als Menschen, als Propheten mit hohen Idealen. Der Islam kennt die Gnade, das Erbarmen, die Liebe. Die beispielhafte Gastfreundschaft der islamischen Welt hat mich immer wieder tief beeindruckt und geprägt. Ethik dieses Ausmaßes sucht ihresgleichen in anderen Kulturen. Bei der Kampagne gegen die Verstümmelung bewegen uns weder missionarische noch finanzielle Interessen. Unser Beweggrund ist ein menschenrechtlicher, und wir möchten unseren Beitrag leisten zum besseren Verständnis der verschiedenen Kulturen.«

Der Fördererkreis

Wenn Sie unsere Arbeitsweise anspricht und überzeugt, möchten wir Sie hiermit herzlich einladen, unserem Fördererkreis beizutreten. Der Mindestbeitrag: **15 € im Jahr!**

So haben auch schon junge Mitstreiter die Chance zum Engagement. 15 € – das entspricht weniger als einer Zigarettenkippe pro Tag! Wer kann und möchte, wird gern mehr geben. Förderer erhalten einmal jährlich einen Arbeitsnachweis und ab 100 € automatisch eine Spendenbescheinigung. Jeder kann jederzeit austreten, das spornt uns an, gut zu sein.

Was geschieht mit dem Geld?

Wir arbeiten aktionsorientiert. Zum Beispiel bei der Beschaffung der Filmdokumente und Organisation der »Wüstenkonferenz«.

Drei aktuelle Beispiele:
- Wir möchten eine fahrende Krankenstation mit deutscher Ärztin und Krankenschwester sowie angegliederter Schule und einheimischer Lehrerin ins Afarland schicken. Um den betroffenen Frauen operativ zu helfen und sie mit Bildung selbstsicherer zu machen. Und als Dankeschön für die mutige Entscheidung der Afar.
- Wir möchten die von uns gegründete »Pro-Islamische Allianz gegen Frauenverstümmelung« vergrößern. Staats- und Religionsführer sollen FGM zur Gottesanmaßung und Diskriminierung des Islam erklären.
- Wir betreuen unsere neue Krankenstation bei den Waiapí-Indianern in Brasilien.

Genug der Worte. Mehr und Aktuelles finden Sie im Internet.

Ihre Rüdiger Nehberg und Annette Weber
Aktivisten für Menschenrechte
… es gibt Schlechtere!

TARGET – Ruediger Nehberg (gemeinnützig),
Großenseer Straße 1a, D-22929 Rausdorf,
Telefon: 0 41 54 – 99 99 40, Fax: 0 41 54 – 99 99 44,
Finanzamt Stormarn Bad Oldesloe/GL-Nr. 830
www.target-human-rights.com
E-Mail: ruediger.nehberg@target-human-rights.com
Spendenkonto: 24240, Sparkasse Stormarn/Bad Oldesloe,
BLZ 230 516 10
Bei Überweisung bitten wir dringend um Ihre Anschrift.

MALIK

Rüdiger Nehberg
Überleben ums Verrecken

Das Survival Handbuch. 493 Seiten mit 16 Seiten Farbbildteil und Illustrationen von Yo Rühmer. Gebunden

Feuer machen, Nahrung suchen, Trinkwassergewinnung, Erstversorgung bei Schlangenbissen, Bedrohung durch Haie oder Insekten – Survival klingt nach Extremsituationen in fernen Ländern, nach lebensmüden Abenteurern. Aber dieses Buch ist mehr. Es zeigt, daß Gefahren kalkulierbar und zu meistern sind, und leitet konkret an, wie man aus Alltagssituationen schnell und unkompliziert das Beste machen kann: Fitness im Straßenverkehr und auf Reisen, Selbstverteidigung für Mann und Frau – Rüdiger Nehberg, der als erster »Survival« in Europa zum Thema machte und zur Kultfigur einer ganzen Bewegung wurde, legt die Summe seiner über 30jährigen Erfahrung vor. Beispiele aus Praxis und Training, spannende Episoden aus Nehbergs faszinierendem Leben und zahlreiche anschauliche Illustrationen runden diesen unentbehrlichen Leitfaden ab.

02/1026/01/R

SERIE PIPER

Rüdiger Nehberg
Die Yanomami-Indianer

Rettung für ein Volk – meine wichtigsten Expeditionen. 414 Seiten mit 32 Farbfotos und einer Landkarte. Serie Piper

Zwanzig Jahre lang hat Rüdiger Nehberg, Deutschlands bekanntester Abenteurer und Überlebenskünstler, sich für die Yanomami in Brasilien engagiert. Das Indianervolk, das von der Goldsuchermafia ausgebeutet wurde und vom Aussterben bedroht war, hat inzwischen einen akzeptablen Frieden erhalten – Anlaß für eine persönliche Bilanz. In diesem Lesebuch erzählt Nehberg von seinen ersten Begegnungen mit den Yanomami und von den spektakulären Aktionen, mit denen er auf ihr Schicksal aufmerksam machte. Er verdingte sich als Goldsucher, arbeitete als Malariahelfer und überquerte im Tretboot und mit einem Floß den Atlantik. Die erreichten Ziele können sich sehen lassen: eine Krankenstation und eine Schule im brasilianischen Urwald – und die Hoffnung auf eine gesicherte Zukunft für das letzte frei lebende Indianervolk Amerikas.

Rüdiger Nehberg
Survival-Abenteuer vor der Haustür

Mit Illustrationen von Marian Kamensky. 296 Seiten. Serie Piper

Wer in eine bedrohliche Situation gerät, wird sich häufig instinktiv zu helfen wissen, denn Not macht erfinderisch. Aber darüber hinaus noch mehr zu können, schwierige Dinge schon mal praktiziert, geübt und wiederholt zu haben – das ist ungleich besser. Überlebenstraining stärkt das Selbstvertrauen, es verlagert die Angstgefühle, und es kräftigt den Körper. Dieses Survival-Buch von Deutschlands bekanntestem Abenteurer ist eine Fundgrube an Tips, Tricks und Vorschlägen für das Survival-Abenteuer gleich direkt vor der Haustür. Man muß dazu nicht in die Ferne schweifen! Rüdiger Nehberg zeigt in vielen erprobten Anleitungen, wie man sich trainiert, die Ausrüstung und einen Übungsplatz selbst baut oder wie man ein echtes Survival-Wochenende inszenieren kann.